Juliane Noack
Erik H. Eriksons Identitätstheorie

Pädagogik: Perspektiven und Theorien
Herausgegeben von Johannes Bilstein

Band 6

Juliane Noack

Erik H. Eriksons Identitätstheorie

ATHENA

Als Dissertation angenommen an der Universität Siegen, Fachbereich 2, unter dem Titel: »Erik H. Eriksons Identitätstheorie«, 2005

Bibliografische Information der Deutschen Bibliothek

Die Deutsche Bibliothek verzeichnet diese Publikation in der Deutschen Nationalbibliografie; detaillierte bibliografische Daten sind im Internet über <http://dnb.ddb.de> abrufbar.

1. Auflage 2005
Copyright © 2005 by ATHENA-Verlag,
Mellinghofer Straße 126, 46047 Oberhausen
www.athena-verlag.de
Alle Rechte vorbehalten
Druck und Bindung: Difo-Druck, Bamberg
Gedruckt auf alterungsbeständigem Papier (säurefrei)
Printed in Germany
ISBN 3-89896-232-6

»Ich aber empfehle in diesen Dingen nicht die ängstliche
oder rechthaberische Vermeidung solcher paradoxen Bedeutungen,
denn keine mit der menschlichen Natur befaßte Wissenschaft
kann solchem Schicksal entgehen, sondern systematisches Studium.«

Erik H. Erikson

Mein Dank gilt allen, die mich bei meinem
systematischen Studium unterstützt und mir beigestanden haben.

Inhalt

Vorwort 9

1	Einleitung	13
1.1	Hintergrund	13
1.2	Problemkonstruktion	16
1.3	Zielsetzung und Relevanz der Arbeit	20
1.4	Methodische Umsetzung	22
1.5	Design: Eriksons Werk als Fallstudie	24
1.6	Disposition	26
2	Leben und Werk Erik H. Eriksons	27
2.1	Biografisches über Erikson	27
2.2	Autobiografisches von Erikson	32
2.3	Eriksons Werk im biografischen Zusammenhang	38
3	Eriksons Vorverständnis	47
3.1	Freuds Entdeckung der Psychoanalyse	48
3.2	Hauptbestandteile des psychoanalytischen Lehrgebäudes	54
3.3	Eriksons Selbstverständnis	59
4	Eriksons wissenschaftstheoretische Position	65
4.1	Eriksons Ontologische Grundannahmen	66
4.2	Eriksons Epistemologische Grundannahmen	68
4.3	Eriksons Menschbild	70
4.4	Eriksons methodologische Position	72
5	Erikson als Forscher	81
5.1	Klinisch-therapeutisches Forschen	82
5.1.1	Klinische Beobachtungen des freien Spiels	83
5.1.2	Therapeutische Arbeit mit Kriegsveteranen	86
5.1.3	Psychoanalytische Arbeit mit akut gestörten Jugendlichen	87
5.2	Anthropologisches Forschen	89
5.3	Psycho-Historisches Forschen	90
6	Eriksons theoretisches Gerüst	95
6.1	Grundannahmen der Theorie der psychosozialen Entwicklung	96
6.1.1	Entwicklungsprinzip menschlicher Existenz	96
6.1.2	Organisationsprinzip menschlicher Existenz	98

6.2	Elemente der Theorie der psychosozialen Entwicklung	103
6.2.1	Psychosoziale Signifikanz der Prägenitalität	103
6.2.2	Modi	105
6.2.3	Modalitäten	109
6.2.4	Ritualisierung	111
6.2.5	Spiel	125
6.3	Lebenszyklus	131
6.4	Epigenetisches Diagramm	135
6.5	Lebensphasen der psychosozialen Entwicklung	137
6.5.1	Ur-Vertrauen gegen Ur-Misstrauen	138
6.5.2	Autonomie gegen Scham und Zweifel	140
6.5.3	Initiative gegen Schuldgefühl	143
6.5.4	Leistung gegen Minderwertigkeit	145
6.5.5	Identität gegen Rollenkonfusion	147
6.5.6	Intimität gegen Isolierung	149
6.5.7	Zeugende Fähigkeit gegen Stagnation	150
6.5.8	Ich-Integrität gegen Verzweiflung	151
6.5.9	Zusammenfassung	153
6.6	Wachstum und Krisen der gesunden Persönlichkeit	155
6.7	Gewissensentwicklung	162
7	Eriksons Identitätstheorie	171
7.1	Kindheit und Epigenese der Identität	174
7.2	Adoleszenz und Identitätsbildung	179
7.2.1	Identitätsverwirrung	191
7.2.2	Identität	202
7.3	Erwachsensein und Folgen/Wirkung der Identität	215
8	Erikson und seine Kritiker: Ein fiktiver Dialog	219
9	Abschließende Einschätzung	227
9.1	Eriksons Werk in Deutschland	227
9.2	Konklusion: Dimensionen einer neuen Identität	237
9.3	Ausblick	248
Tabellen- und Abbildungsverzeichnis		251
Literaturverzeichnis		253

Vorwort

Juliane Noack hat sich in ihrer Arbeit das Ziel gesetzt, die Veröffentlichungen von Erik H. Erikson erneut und vertieft zu lesen, als ein in sich architektonisch wohl gefügtes wissenschaftliches und literarisches Gesamtwerk. Es gibt viele gute Gründe für ein solches Programm des »Zurück zu den Quellen«. Erikson gehört zu den modernen »Klassikern« der Entwicklungspsychologie der Lebensspanne und generell der Sozialwissenschaften des 20. Jahrhunderts. Er gehört aber auch zu den unterschätzten Klassikern, was sich in dem sehr lockeren Umgang der wissenschaftlichen Öffentlichkeit und Nachwelt mit den Quellenschriften dokumentiert. Es gibt keine historisch-kritische Werkausgabe. Kein namhafter Wissenschaftler und kein renommiertes Institut hat sich der Pflege des Nachlasses angenommen. Erikson hat letztlich auch keinen Verleger und keinen Übersetzer gefunden, der das englischsprachige Werk systematisch im deutschen Wissenschaftsraum platziert hätte. Angesichts dieser fehlenden Betreuung und Pflege, insbesondere im deutschsprachigen Raum, nimmt es nicht weiter wunder, wenn man hierzulande sehr frei mit dem Zitieren, mit den Fachbegriffen Erikson'scher Prägung und mit der Interpretation des Werkes umgeht. In gewisser Weise wird Erikson als billig zu habende Referenz und als Steinbruch für gefällige Zitierungen genutzt und missbraucht.

Die Autorin möchte diesem Sachverhalt entgegenwirken. Sie folgt dabei dem Programm, die Werke neu und systematisch zu lesen, und dabei die ursprünglichen Forschungsfragen und die Antworten darauf detailgenau zu rekonstruieren. Das ist aus verschiedenen Gründen nicht einfach. Bereits Erikson selbst ging mit seinem Gesamtwerk und dessen verschiedenen Etappen sehr pragmatisch um, um es vorsichtig auszudrücken – eine Tendenz, die durch die ungeordnete deutsche Rezeptionsgeschichte entschieden verstärkt wurde. Es ist folglich sehr mühsam, den historisch-genetischen Zusammenhang der Werkgeschichte zu rekonstruieren. Es geht zudem um eine Werkgeschichte, die sich im Verlauf eines halben Jahrhunderts kontinuierlichen Forschens und Publizierens entwickelt hat, und die den aktuellen Fragestellungen der therapeutischen und politisch-gesellschaftlichen Entwicklungen gegenüber geöffnet war, was bei aller Systematik auch eine gewisse Unstetigkeit ins Werk einbringt.

Die Autorin leistet einen wichtigen Beitrag zur Rekonstruktion des Gesamtwerkes. So stellt sie in einem erhellenden Kapitel Lebens- und Werkgeschichte synoptisch-chronologisch einander gegenüber. Die Verortung des Werkes in einem biografischen und zeitgeschichtlichen Kontext wird von der Verfasserin um einen kulturellen Vergleich der Publikationen im englischsprachigen und deutschen Sprachraum erweitert. Es stellt sich dabei heraus, um ein Beispiel anzuführen, dass Erik H. Erikson in Deutschland vor allem in einem Jahrzehnt, den 1970er Jahren, populär war und publiziert wurde, während sich die Popularität und Publizität des Werkes im englischsprachigen Raum auf mehrere Jahrzehnte kontinuierlich verteilte (1950er bis 1970er Jahre). Warum dies wohl so war und was dies im Einzelnen für die Rezeption des Werkes bedeutet, dazu stellt die Juliane Noack einige bemerkenswerte Überlegungen an.

Die Autorin stellt in ihrer Arbeit bewusst den »deutschen Erikson« in den Mittelpunkt. Das heißt, sie geht von den in Deutschland publizierten Werken – das Werk ist fast vollständig übersetzt – und von der spezifisch deutschen Rezeptionsgeschichte aus. Das ist von ihrer Zielsetzung her berechtigt, bei einem englischsprachigen Autor allerdings auch nicht ganz unproblematisch. Dabei ist zu bedenken, dass es sich bei Erikson im eigentlichen Sinn um einen Exilautor handelt, dessen Erstsprache Deutsch ist, der die ersten drei Lebensjahrzehnte im deutschsprachigen Raum verbrachte und der ursprünglich in deutscher Sprache publizierte. Die Autorin findet intelligente Lösungen für dieses bikulturelle Wanderungs-Problem. So vergleicht sie Schlüsselzitate aus den deutschsprachigen Publikationen mit dem englischen Original. Sie geht des weiteren sprachanalytisch vor und untersucht die unterschiedlichen Übersetzungen von Fachbegriffen wie »Ego« oder »identity-consciousness«. Dabei stößt sie auf eine Vielzahl von Varianten in den Übersetzungen, einschließlich einiger Fehlinterpretationen, die auf die geringe Standardisierung der Schlüsselbegriffe von Erikson in den deutschen Texten verweisen. Eine eigene Recherche bei den Übersetzern ergibt, wie unprofessionell unterschiedliche Übersetzer und Verlage mit dem Werk umgingen – auch von einem möglichen Gegenlesen und Autorisieren der deutschen Versionen seitens des Autors ist nicht die Rede. Ein weiterer Beleg für die These vom unterschätzten Klassiker, der eher als Essayist denn als Wissenschaftler behandelt wurde. Zugleich lässt sich die Sprachverwirrung auch als Beleg dafür lesen, dass die deutsche Wissenschaftsgemeinde der Psychoanalytiker Erik H. Erikson nicht in den Kreis der von ihr legitimierten Psychoanalytiker aufgenommen hat. Denn in diesem engeren Kreis wird auf die wissenschaftshistorische Korrektheit der Begrifflichkeiten und deren Übersetzung streng geachtet.

Methodisch außerordentlich gut lesbar und originell ist ein fiktiver Dialog, den die Autorin einige Kritiker von Erikson auf der einen und Erik H. Erikson auf der anderen Seite miteinander führen lässt. Auf der Basis ausgewählter »populärer« (Gegen-)Argumente, die von gegenwärtigen Autoren gern vorgebracht werden, und die mit Zitaten belegt werden, lässt sie den mittlerweile verstorbenen Wissenschaftler Erikson, gleichfalls in Form von Schlüsselzitaten, sachgerecht antworten. Dadurch vermag Juliane Noack zu zeigen, wie methodenbewusst Erikson seinerzeit bereits war und wie unsachgemäß bzw. flach manche modische Angriffe der Gegenwart auf den Autor eigentlich sind. Sie stellt mit dem methodischen Kniff, der dem Arsenal literarischer Formen entlehnt ist, eine gewisse Gleichberechtigung zwischen lebendem und verstorbenem Autor her. In ähnlicher Weise gelingt des der Verfasserin, die Modernität und Anschlussfähigkeit der Identitätstheorie von Erikson – insbesondere in seiner reifen Fassung – nachzuweisen. Sie bezieht sich dabei auf eine späte Arbeit von Erikson, die in den Jefferson Vorlesungen von 1973 konzipierten »Dimensionen einer neuen Identität«. So lässt sich die Arbeit als eine innovative Rekonstruktion der Identitätstheorie von Erik H. Erikson beurteilen, die auf einem sorgfältigen Quellenstudium des originalen Werkes in seiner Gesamtheit aufruht, und die vielfältige Nutzungs- und Anschlussmöglichkeiten für aktuelle Forschungsfragen eröffnet.

Jürgen Zinnecker

1 Einleitung

Als Auftakt werden in diesem ersten Kapitel sowohl das Thema und der Forschungsgegenstand umrissen als auch die Zielsetzung, die Relevanz und die Gliederung der Arbeit dargelegt.

1.1 Hintergrund

Das Thema »Identität« erfuhr in den letzten Jahrzehnten eine übermäßige Ausweitung, während der Identitätsbegriff zum Inflationsbegriff Nr. 1 avancierte. Identität meint, sozialpsychologisch betrachtet, die Herstellung einer Passung zwischen dem subjektiven »Innen« und dem gesellschaftlichen »Außen«, also die Bildung einer individuellen sozialen Verortung (Keupp u. a., 1999) und damit die anthropologische Grundaufgabe des Menschen.

Die aktuellen Identitätsdiskurse würden, so Keupp u. a., zeigen, »daß die Suche nach sozialer Verortung zu einem brisanten Thema geworden ist« (Ebd.: 28) und als Reaktion auf Umbruch-, Befreiungs- und Verlusterfahrungen gedeutet werden müsse. Sie würde in prismatischer Form die Folgen aktueller Modernisierungsprozesse für die Subjekte bündeln. »Die Suche nach Identität als krisenhafte Herausforderung an das Subjekt ist durch die Moderne zum Thema geworden.« (Ebd.: 26) Bereits 1959 bemerkt Erikson für den amerikanischen Wissenschaftsraum: Eine genuine Persönlichkeit in einem genuinen Milieu zu sein, sei »heutzutage schwer, weil die raschen Veränderungen im Milieu es einem oft schwer machen zu erkennen, wann man sich selber treu bleiben soll gegen ein sich änderndes Milieu, oder wann man auf eine Chance hoffen darf, seinen Beitrag zur Änderung oder Stabilisierung der Verhältnisse zu leisten. Es ist auch deshalb schwierig, weil wir in einer sich wandelnden Welt immer neue Wege ausprobieren wollen und müssen.« (Erikson 1959, 1974: 120f.)

Insofern ist die Lage nicht nur für den Identitätssuchenden[1] verworren, sondern auch für den, der sich wissenschaftlich mit dieser Thematik auseinandersetzt. Er »findet in der Literatur zwei große Lager vor. Auf

---

[1] Zum Zwecke der besseren Lesbarkeit benutze ich in der Arbeit die maskulinen Formen, schließe aber selbstverständlich die weiblichen mit ein.

der einen Seite steht das populärwissenschaftliche, lebensnahe und fallbeispielreiche Werk von Erik H. Erikson.« (Haußer, 1983: 19) Zehn seiner Bücher, die mehr als 2 700 Seiten umfassen, liegen in deutscher Sprache vor. Beispielsweise habe sein Buch »Identität und Lebenszyklus« (1974) die Auflage von 50 000 bereits 1983 überschritten, wozu Hauser kritisch anmerkt: »Auflagen – so schön sie für den Autor sein mögen – stellen indes kein wissenschaftliches Validierungsinstrument dar.« (Haußer, 1983: 19) Eriksons Erfolgsgeheimnis liege, folge man bösen Zungen, darin, »daß er seinen zentralen Begriff – die menschliche Identität – nirgendwo ordentlich wissenschaftlich definiert« (ebd.). Das andere Lager sei die scientific community, die »Psychologie als Wissenschaft« (ebd.) betreibe und deren Mehrheit den Identitätsbegriff als vor- oder unwissenschaftlich oder »wegen seines komplexen Charakters« (Haußer, 1995: 2) vermeide.

Diese Bestandsaufnahme beinhaltet zwei Implikationen, die erste ist die Frage nach der Bedeutung von Wissenschaftlichkeit und Populärwissenschaftlichkeit des Erikson'schen Werkes, auf die ich an anderer Stelle zurückkommen werde.[2] Hier ist die zweite Implikation von besonderem Interesse. Um den Erikson'schen Identitätsbegriff bzw. dessen Ansatz als unwissenschaftlich ablehnen zu können, muss man sich erst mit Erikson auseinander gesetzt haben.

»Wer über Identität nachdenkt, ist in guter Gesellschaft, wenn er mit dem Ansatz von Erik H. Erikson beginnt.« (Kraus, 2000: 13) Mit dieser Feststellung eröffnet Wolfgang Kraus seine Dissertation zu dem Thema der narrativen Konstruktion von Identität in der Spätmoderne. Lothar Krappmann leitet seinen Aufsatz »Die Identitätsproblematik nach Erikson aus einer Interaktionistischen Sicht« mit der Frage ein: »Können wir noch wertvolle Einsichten gewinnen, wenn wir heute angesichts der offensichtlich so fundamental veränderten Bedingungen des Aufwachsens von Kindheit und Jugend auf Erik Homburger Eriksons Vorstellung von Identität zurückgreifen, die er in der Mitte des Jahrhunderts entwickelt hat?« (Krappmann, 1998) Und auch Keupp, um ein weiteres Beispiel zu nennen, setzt sich am Anfang des Buches »Identitätskonstruktionen« mit Erikson auseinander und gelangt zu folgender Einsicht: »An Erikson kommt niemand vorbei, der sich aus sozialpsychologischer Perspektive mit der Frage von Identitätskonstruktionen beschäftigt.« (Keupp u. a., 1999: 25)

---

[2]   Vgl. Kapitel 4: »Eriksons wissenschaftstheoretische Position«

Keupp führt aus, dass um die Brauchbarkeit des Ansatzes von Erikson heftig gestritten worden sei und man sich in dieser Diskussion habe positionieren müssen (Keupp u. a., 1999). Dabei gehe es um die Frage, ob man sich von Erikson und seinem Konzept verabschieden müsse, weil ihm die gesellschaftliche Basis abhanden gekommen sei. Noch 1988 fasst Keupp seine Überlegungen zu einem Identitätskonzept unter dem Motto »Abschied von Erikson« zusammen. In einer Auseinandersetzung mit dieser Ansicht knapp zehn Jahre später, hält Keupp seine damaligen Ausführungen noch immer für vertretbar, »wenngleich wir auf einige fundamentale Einsichten von Erikson wohl nach wie vor angewiesen sein werden.« (Keupp, 1998: 15) Nochmals zwei Jahre später überschreibt er in dem von ihm herausgegebenen Buch »Identitätskonstruktionen«, im Kapitel zu dem Thema »Identitätsarbeit im Epochenwandel« ein Unterkapitel mit der Überschrift: »Für oder gegen Erikson? Die falsche Frage« (Keupp u. a., 1999: 25) und führt dazu aus, dass es ratsam sei, »bevor solche Fragen ihr Eigenleben beginnen, tatsächlich bei Erikson einzusteigen.« (Ebd.: 26)

Das Ringen um eine Position bezüglich des Erikson'schen Modells, das sich nicht nur in der Arbeit Keupps widerspiegelt, kann als Indiz dafür gesehen wird, dass es sich um ein klassisches Werk handelt. Dies äußert sich zum einen darin, dass Eriksons Werk »als der bekannteste und meistgelesene Ansatz einer Psychologie der Identitätsentwicklung gelten« (Haußer, 1998: 114) kann, zum anderen, dass er zu vielen Weiterentwicklungen angeregt hat. Besonders hervorzuheben ist hier die Arbeit des Entwicklungspsychologen James Marcia, der versucht hat, Eriksons Modell zu präzisieren und zu operationalisieren, so dass es einer empirischen Prüfung zugänglich werde. Dies stellt gleichsam die Basis des so genannten Identity Status Approach dar, der besonders im amerikanischen Wissenschaftsraum populär ist. Im letzten Jahrzehnt ist eine Vielzahl von Ansätzen, im Sinne einer Erweiterung der Erikson-Marcia Konzeptualisierung, der Identitätsentwicklung formuliert worden: »At least 80% of the available data on identity in adolescence were obtained with measures reflecting Marcia's approach [...], in 1993 already covering a body of more than 300 studies [...].« (van Halen, 2002: 55)

Es gibt Argumente, Erikson als Klassiker zu betrachten, und ein Blick ins Lexikon unterstreicht diese Sichtweise. Ein Klassiker sei demnach ein »Künstler, Schriftsteller oder Wissenschaftler, dessen Werk eine unübertroffene, über die Zeit gültige Leistung darstellt.« (Wetzstein, 1987: 75) Aus dieser Perspektive, und hier manifestiert sich denn auch Keupps Lösung seines Ringens, lasse sich auf den Schultern des Riesen stehend, gut fragen, »ob seine Antworten auf die Identitätsfrage ausreichen, ob sie vor allem in den Dynamiken einer sich verändernden gesellschaftlichen Großwetterlage ihre Paßform behalten oder ob sie differenziert und weiterentwickelt werden müssen.« (Keupp u. a., 1999: 26)

1.2 Problemkonstruktion

Wie bereits geschrieben, liegen zehn Bücher von Erikson in deutscher Sprache vor, die mehr als 2 700 Seiten umfassen. Darüber hinaus hat Erikson zahlreiche Artikel, insbesondere vor der Veröffentlichung seines ersten Buches »Kindheit und Gesellschaft« 1950, publiziert. Die Zeitspanne, in denen seine Bücher erschienen sind, umfasst mehr als dreißig Jahre, nämlich von 1950 bis 1982. Von dieser Schaffensperiode, in der Erikson seine Ideen entwickelt und ausgearbeitet hat, legen seine Bücher Rechenschaft ab. Sein Denken ist daher nur aus der Gesamtheit seines Werkes verstehbar, weil jedes einzelne Buch gewissermaßen eine Etappe seines Erkenntnisprozesses kennzeichnet und seinen bis dahin entwickelten Ansatz um weitere Elemente bereichert. Das kann dazu führen, dass einzelne Überlegungen bezüglich eines Themas in zwei verschiedenen Quellen widersprüchlich erscheinen, aber im Kontext der Epigenese seines Werkes nachvollziehbar werden.

Wenn man sich wissenschaftlich mit Identität beschäftigt, kommt man an Erikson nicht vorbei. Dementsprechend findet man in vielen Arbeiten, die sich mit dieser Thematik auseinandersetzen, zumindest einen Verweis auf Erikson, oder weitaus häufiger auf eine sekundärliterarische Quelle. Ein Blick in das Literaturverzeichnis der entsprechenden Arbeit zeigt, dass sich sowohl in Fällen von Einführungsliteratur als auch weiterführender Fachliteratur vielfach nur auf einige wenige Arbeiten seines Gesamtwerkes bezogen wird. Ein Grund dafür könnte das von Lück u. a. beschriebene Problem sein, dass die Psychologie keine Wissenschaft sei, in der sich die Fachvertreter schnell darauf einigen könnten, was die »klassischen« Texte des Fachs seien, sodass trotz einführender Darstellungen zur Geschichte der Psychologie, nach wie vor die Möglichkeit fehle, sich über wegweisende Arbeiten angemessen zu informieren: »Wichtige historische Bücher sind unerreichbar, vergriffen oder aus sprachlichen oder stilistischen Gründen ›unlesbar‹; ein Teil der Sekundärliteratur ist oberflächlich.« (Lück u. a., 2000: 9)

Einleitung

Die Folgen der teilweise oberflächlichen Sekundärliteratur sollen im Folgenden dargestellt und als »stille Post«-Effekt bezeichnet werden. Dieser umfasst die Konsequenzen, die sich daraus ergeben, dass aktuelle Autoren sich nicht auf das Originalwerk Eriksons beziehen, sondern auf andere Autoren, die sich mit der jeweils interessierenden Thematik auseinandergesetzt haben.

Zuerst wird ein Beispiel formaler Natur angeführt. In seinem Buch »Identitätsentwicklung« (1983) legt Karl Haußer dar: »Nach der meistzitierten Definition bestimmt Erikson *Identität* – wie bereits erwähnt – als die ›unmittelbare Wahrnehmung der eigenen Gleichheit und Kontinuität in der Zeit, und die damit verbundene Wahrnehmung, daß auch andere diese Gleichheit und Kontinuität erkennen‹ (Erikson, 1980, 18).« (Haußer, 1983: 115) Dieter Ulich, der sich in seinem Buch »Krise und Entwicklung: Zur Psychologie der seelischen Gesundheit« (1987) auch mit dem Ansatz von Erikson auseinander setzt, macht dies vorrangig auf der Basis von Sekundärliteratur (Ulich, 1987). Obwohl Ulich zu dem Schluss kommt, dass Entwicklung für Erikson Persönlichkeitsentwicklung und vor allem Identitätsentwicklung sei, zitiert er die Definition von Identität nicht aus einem Originalwerk von Erikson, sondern er benutzt die oben zitierte Definition von Karl Haußer. Haußer jedoch hat die Definition von Erikson nicht korrekt zitiert, wie die kursiv gedruckten Buchstaben zeigen: »unmittelbar*en* Wahrnehmung der eigenen Gleichheit und Kontinuität in der Zeit, und *der* damit verbunden*en* Wahrnehmung, daß auch andere diese Gleichheit und Kontinuität erkennen« (Erikson 1959, 1974: 18). Entsprechend wird auch in Ulichs Buch, Eriksons Definition von Identität nicht richtig wiedergegeben.

Das folgende Beispiel hat eher inhaltliche Konsequenzen und betrifft das Konzept der Modalität, einem der Elemente der Theorie der psychosozialen Entwicklung. Dieser Begriff wird von Erikson in den beiden Büchern »Kindheit und Gesellschaft« (1999) und »Der vollständige Lebenszyklus« (1988) umschrieben und in Abgrenzung zu Modi, einem weiteren Element dieser Theorie, dargestellt.[3] Aus den Ausführungen Eriksons geht hervor, dass Modalitäten für ihn »die Definition zwischenmenschlicher Verhaltensweisen« (Erikson 1963, 1999: 69) seien.

Lothar Krappmann legt in einer zusammenfassenden Darstellung von Eriksons Entwicklungsmodell dar: »Erikson nennt das, was die Entwicklungsaufgabe dem Heranwachsenden abverlangt, eine psychosoziale

---

[3] Vgl. Kapitel 6.2.2 »Modi« und 6.2.3 »Modalitäten«

Modalität.« (Krappmann, 1992: 103; 1998: 68) Eine Formulierung, die eine Abgrenzung des Begriffes durch Erikson impliziert, die so nicht in dem Teil seines Werkes zu finden ist, auf den sich Kappmann bezieht. Weiter schreibt Krappmann: »So stützt sich zum Beispiel nach Erikson die Bildung der psychosozialen Modalität des basalen Vertrauens auf die gute und befriedigende Erfahrung, ›gegeben zu bekommen und zu geben‹, die in der Interaktion mit der Mutter im Säuglingsalter entsteht.« (Ebd.) Nach Erikson stellt jedoch gerade diese *gute und befriedigende Erfahrung*, »gegeben zu bekommen und zu geben« die eigentliche soziale Modalität dar: »*Bekommen* (wenn es nicht bedeutet »einzufangen«) heißt: empfangen und nehmen, was gegeben wird. Das ist die erste soziale Modalität, die im Leben erlernt wird.« (Erikson 1963, 1999: 70)

Seine Dissertation beginnt Wolfgang Kraus mit der Darstellung des Ansatzes von Erikson, den er basierend auf der Zusammenfassung von Krappmanns oben darlegten Ausführungen wiedergibt. So gehe Eriksons Modell davon aus, dass eine Neubildung und Erweiterung von Können auf der Grundlage vorangegangener Entwicklungsschritte stattfinde. »Die jeweiligen Entwicklungsaufgaben nennt er *psychosoziale Modalitäten*.« (Kraus, 2000: 13) Erikson bezeichnet ursprünglich mit dem Begriff der psychosozialen Modalität die »Definition zwischenmenschlicher Verhaltensweisen« (Erikson 1963, 1999: 69). Krappmann rekonstruiert diesen Begriff als das, was die Entwicklungsaufgabe dem Heranwachsenden abverlange (Krappmann, 1992). Kraus kommt schließlich zu dem Schluss, für Erikson sei die psychosoziale Modalität die Entwicklungsaufgabe selbst (Kraus, 2000). Hierin offenbart sich deutlich, was ich als »stille Post«-Effekt bezeichnet habe.

Eine andere Folge der Reduktion seines Werkes findet sich in den jeweiligen Kritiken, die häufig derart sind, dass Überlegungen einzelner Arbeiten aus dem Gesamtkontext entnommen und kritisiert werden. Bezogen auf das Gesamtwerk ist die jeweilige Kritik nicht immer haltbar, weil vielleicht gerade in den zitierten Arbeiten der Gedanke noch nicht zu Ende geführt worden ist. Erikson »hat ein theoretisches Modell entworfen, an dem man sich abzuarbeiten hat« (Keupp u. a., 1999: 25f.), und je nach Arbeit und Jahr kann diese Abarbeitung zu unterschiedlichen Resultaten der Kritik und Würdigung führen. Als Beispiel sei hier die Frage »Wer bin ich?« als einfachste Formulierung der Identitätsthematik genannt. Es gibt Autoren, nach denen Erikson die Antwort auf diese Frage mit Identität gleichgesetzt habe: »Für Erikson, den man als den Identitätstheoretiker der ›organisierten Moderne‹ bezeichnen kann, war die Frage ›Wer bin ich?‹ eine, die in der Jugendphase beantwortet werden muß.« (Keupp u. a., 1999: 77) Eine Auffassung, die wiederum bestimmte Kritikpunkte impliziert, also folgenreich für die weitere Auseinandersetzung mit der Thematik aus Eriksons Perspektive ist. Welche aber ist, bezüglich dieser Frage »Wer bin ich?«, Eriksons Perspektive? Dazu finden sich in seinem Gesamtwerk verschiedene Ausführungen.

In »Identität und Lebenszyklus« legt er zum Thema jugendlicher Intoleranz dar, dass es schwer sei tolerant zu sein, »wenn man im tiefsten Inneren noch nicht ganz sicher ist, ob man ein richtiger Mann (eine richtige Frau) ist, ob man jemals einen Zusammenhang in sich finden und liebenswert erscheinen wird, ob man imstande sein wird, seine Triebe zu beherrschen, ob man wirklich weiß, *wer man ist*, ob man weiß, was man sein will, weiß, wie einen die anderen sehen, und ob man jemals verstehen wird, die richtigen Entscheidungen zu treffen, ohne sich ein für allemal mit dem falschen Mädchen, Geschlechtspartner, Führer oder Beruf anzulegen.« (Erikson 1959, 1974: 111f.)

An anderer Stelle schreibt er: »Wenn ich noch einmal die komplementäre Beziehung von Lebensgeschichte und Gesamtgeschichte betone, stelle ich bei mir eine gewisse Ungeduld gegenüber der modischen Gleichsetzung des Ausdrucks Identität mit der Frage ›Wer bin ich?‹ fest, die ich niemals vorgeschlagen habe. Niemand würde sich selbst die Frage stellen, außer in einem mehr oder weniger flüchtigen Krankheitszustand, in schöpferischer Selbstkonfrontation oder in einer jugendlichen Phase, die manchmal beides vereinigt. [...] Die angemessene Frage, wenn man sie überhaupt in die erste Person Einzahl fassen kann, wäre: ›Was will ich aus mir selber machen und was habe ich, um damit zu arbeiten?‹« (Erikson 1968, 1988: 312)

Das zweite Zitat stammt aus dem Buch »Jugend und Krise«, das neun Jahre nach der Veröffentlichung von »Identität und Lebenszyklus« erschienen ist. Betrachtet man das Werk Eriksons in seiner Entwicklung, hat das zweite Zitat Priorität, weil es das aktuellere und eine Weiterführung des sich im ersten Zitat widerspiegelnden Gedankens ist. In diesem Zusammenhang finde ich die zweite Ausführung Eriksons auch deshalb gewichtiger, weil er sich hier direkt mit der Thematik auseinandersetzt und die Gleichsetzung der Frage »Wer bin ich?« mit Identität deutlich ablehnt. Andererseits, und hier zeigt sich die Komplexität der Auseinandersetzung mit Eriksons Werk, setzt er die Frage dennoch an verschiedenen Stellen mit Identität gleich.

Das Problem hat seine Wurzeln in der Tatsache, dass Eriksons Werk eine Schaffens- und Lebensperiode von sechzig Jahren umfasst, in der sich seine Gedanken und Konzepte entfalten. Den konzeptionellen Status von Eriksons Theorie beschreibt David Rapaport in einer Darstellung der vier Entwicklungsphasen der Ich-Psychologie wie folgt: »Erikson's theory (like much of Freud's) ranges over phenomenological, specifically clinical psychoanalytic and general psychoanalytic-psychological propositions, without systematically differentiating among them. Correspondingly, the conceptual status of this theory's terms is so far unclear.« (Rapaport, 1959: 16) In seinem letzten Buch »Der vollständige Lebenszyklus« zitiert Erikson diese Aussage Rapaports und räumt noch 1982 ein: »Der Leser dieses kurzen Kommentars wird wissen, wovon Rapaport spricht.« (Erikson 1982, 1988: 71) Auch heute noch fehlt eine stringente Darstellung seiner Theorie und der mit dieser verbundenen Begriffe und Elemente.

Nach Keupp stehe heute die Identitätsforschung auf Eriksons »Schultern« und »diesen Standpunkt brauchen wir nicht zu verlassen, denn er ermöglicht uns durchaus einen Panoramablick« (Keupp u. a., 1999: 33). Die Metapher des Panoramablicks impliziert aber nicht nur den von Keupp anvisierten Rundblick in die Landschaft, was hier auf Eriksons Schultern stehend angestrebt wird. Bei einem Panoramablick kann es sich auch um ein Rundbild handeln, das einen weiten Horizont vortäuscht. Aus diesem Grund plädiere ich dazu »von den Schultern des Riesen abzusteigen« und von Angesicht zu Angesicht mit ihm in den Dialog zu treten, um ihn, sein Denken und seinen Standpunkt zu verstehen. Nur so ist es möglich, sein Theoriegebäude zu rekonstruieren und als ein kohärentes Konzept darzustellen und darauf basierend von dem Panoramablick im Sinne eines Rundblicks, den uns der Standort auf seinen Schultern bietet, tatsächlich zu profitieren oder um vielleicht sogar zu erkennen, dass es sich um ein Rundbild handelt.

1.3 Zielsetzung und Relevanz der Arbeit

Das Ziel der vorliegenden Arbeit ist die Rekonstruktion der Theorie von Erik H. Erikson, indem ich versuche, die Konzepte und Begriffe aus seinen verschiedenen Arbeiten herauszuarbeiten und zu einer kohärenten Darstellung zu integrieren. Nur durch eine solche zusammenfassende und integrierende Aufarbeitung wird sein Werk in seiner Gesamtheit und seiner Spezifität zugänglich und ermöglicht darüber hinaus eine

Orientierung innerhalb des Werkes selbst. Mein Ziel ist es, Eriksons Werk hinsichtlich verschiedener Kategorien zu filtern, seine diesbezüglichen Überlegungen und Ansätze herauszuarbeiten und sie dazu zu benutzen, seine Theorie der psychosozialen Entwicklung und seine darauf aufbauende Identitätstheorie darzustellen. Damit entspricht das Ziel der vorliegenden Arbeit Rapaports Forderung: »To systematize this theory and to clarify the conceptual status of its terms is a task for ego psychology in the future.« (Erikson, 1959: 16)

Diese Zielsetzung im Rahmen einer Dissertation im Fach Pädagogik zu verfolgen, obwohl Erik Erikson als Psychoanalytiker Vertreter der Nachbardisziplin Psychologie ist, findet seine Rechtfertigung und Notwendigkeit, in Eriksons Zielsetzung selbst, nämlich nach den Gesetzen, nach denen der Mensch lebt, zu suchen. Im Vorwort zu seinem Buch »Kindheit und Gesellschaft« schreibt er, es handele sich um »ein psychoanalytisches Buch über die Beziehung des Ich zur Gesellschaft.« (Erikson 1963, 1999: 11) Es sei, so der nächste Satz, ein Buch über Kindheit, denn alle Menschen beginnen als Kinder und alle Völker gehen aus Kinderstuben hervor; ein nach Erikson bisher eher vernachlässigtes Faktum. Damit ist sein Werk nicht nur für Sozialwissenschaftler oder für Angehörige sozialer und pflegerischer Berufe von unmittelbarer Relevanz, sondern genauso für Eltern und andere Erziehungsberechtigte: »Denn wer heilen oder führen will, der muß spontane Tendenzen der Identitätsbildung verstehen, muß sie in Begriffe fassen und anwenden.« (Erikson 1968, 1988: 68)

Eriksons Überlegungen und Konzepte sind damit integraler Bestandteil einer Wissenschaft der Erziehung und die theoretische Auseinandersetzung mit diesen notwendig, besonders wenn und weil es sich um ein als mittlerweile »klassisch« geltendes Werk handelt. Das Wort »klassisch«, und hier folge ich Eriksons Ausführungen, bezeichne »formale Abgeschlossenheit und Endgültigkeit«. (Erikson 1975, 1982: 100) Jede Wissenschaft habe ihren eigenen klassischen Standpunkt »und doch muß in jeder historischen Periode auch eine gewisse wechselseitige Angleichung aller in den verschiedenen Wissenschaften als klassisch erachteten Begriffe stattfinden« (ebd.). Dazu müssten die Begriffe und deren Einbettung vom jeweils klassischen Standpunkt aus geklärt werden. Dann erst werde konstruktive Kritik und die Weiterentwicklung klassischer Ansätze möglich.

Zudem ist die Identitätsproblematik, besonders aus der hier beschriebenen Perspektive, von pädagogischer Bedeutung, lässt sie sich doch als

Sozialisationstheorie lesen: »Es scheint mir, als hätten die Menschen immer schon gefühlt, was wir erst seit kurzem in Begriffe zu fassen gelernt haben, daß kleine Unterschiede in der Erziehung des Kindes von fortwirkender und oft verhängnisvoller Bedeutung für die Entwicklung verschiedenartiger Weltbilder, Moralbegriffe und Identitätsgefühle bei den Völkern sind.« (Erikson 1963, 1999: 120) Außerdem erfordert die Erziehung zu einer Ich-Identität, die Kraft aus den sich verändernden historischen Bedingungen bezieht, von den Erwachsenen eine bewusste Akzeptierung der historischen Ungleichartigkeit, »kombiniert mit der aufgeklärten Bemühung, der menschlichen Kindheit überall in der Welt einen neuen Fundus an sinnvoller Kontinuität zu verschaffen.« (Erikson 1968, 1988: 68) Insofern impliziert die Identitätsthematik eine ethische Verantwortung, insbesondere in einer Welt universell sich ausbreitender Identitäten, in der viele der Mechanismen der Anpassung, »die früher zur psychosozialen Evolution, zur stammesmäßigen Integration und zum nationalen oder Klassen-Zusammenhalt beitrugen« (ebd.), bedeutungslos geworden sind. »Das Gefühl der Identität wird also um so notwendiger (und problematischer), wo eine große Reihe von möglichen Identitäten ins Auge gefaßt werden muß.« (Ebd.: 243)

1.4 Methodische Umsetzung

Erikson hat seine Theorie in fast 100 Veröffentlichungen über einen Zeitraum von fast sechzig Jahren entwickelt, entfaltet und modifiziert. Das Ziel der vorliegenden Arbeit, die Konzepte und Begriffe seiner Theorie aus seinen verschiedenen Schriften herauszuarbeiten und zu einer kohärenten Darstellung zu integrieren, erfordert eine bestimmte methodische Herangehensweise. Die Methode der Arbeit muss sowohl meinem theoretischen Ziel, die Begriffe und Konzepte der Erikson'schen Theorie integrierend darzustellen, und meiner methodologischen Auffassung, welche am interpretativen Paradigma orientiert ist, als auch Eriksons wissenschaftstheoretischer Position entsprechen, und darüber hinaus zu seinem Werk »passen«. Eine Methode, die diesen Ansprüchen genügt, ist die Einzelfallstudie. Dabei begreife ich Eriksons umfangreiches Werk als Datenmaterial, das in Form einer Einzelfallstudie mit dem Ziel ausgewertet werden soll, seine Theorie der Wirklichkeit zu erfassen.

Nach Yin sei eine Fallstudie »an empirical inquiry that investigates a contemporary phenomenon within its real-life context, especially when the boundaries between phenomenon and context are not clearly evident.« (Yin, 1994: 13) Das Phänomen des Werkes Eriksons ist, ganz allgemein formuliert, *Identität*: »Das Studium der Identität wird daher in unserer Zeit zu einer genau so strategischen Frage, wie es das Studium der Sexualität zu Freuds Zeiten war.« (Erikson 1975, 1982: 44) Den Grund dafür, Identität als zeitgenössisches Phänomen zu betrachten, sieht Erikson in einer zeitbedingten Verlagerung des theoretischen Interesses der Identitätsthematik, »diktiert nämlich von den Revolutionen, die sich eben jetzt zu unseren Lebzeiten ereignen und unser persönliches Geschick wie auch die Symptome und die unbewußten Nöte unserer Patienten bestimmen. Um es auf eine Formel zu bringen: Der Patient unserer Tage leidet vorwiegend unter dem Problem, was er glauben soll und was er sein oder werden soll oder kann [...]« (Erikson 1963, 1999: 275)

Identität ist einerseits untrennbar mit dem jeweiligen »real-life context« der Person oder Personen verbunden, deren Identität im Zentrum der Betrachtung steht; »denn wir haben es mit einem Prozeß zu tun, der *im Kern des Individuums* ›lokalisiert‹ ist und doch auch *im Kern seiner gemeinschaftlichen Kultur*, ein Prozeß, der faktisch die Identität dieser beiden Identitäten begründet.« (Erikson 1968, 1988: 18) Andererseits jedoch auch mit dem Lebenskontext der Person, die sich mit dem Phänomen der Identität auseinandersetzt. Dieser Tatsache trägt Erikson Rechnung, wenn er in seinem Buch »Lebensgeschichte und historischer Augenblick« im Zusammenhang mit der Darstellung der Entstehungsgeschichte des Identitätskonzeptes schreibt: »Um die Entstehung dieses klinischen Konzepts aus meiner Berufstätigkeit und meinem Leben nachzuzeichnen, möchte ich hier einen Bericht über meine klinische Ausbildung anschließen und sodann etwas über meine familiäre Herkunft erzählen.« (Erikson 1975, 1982: 20) Beide Zitate machen deutlich, dass die Grenzen zwischen Identität und deren lebensweltlichem Zusammenhang nicht eindeutig zu ziehen sind. Schließlich findet man auch das Kriterium erfüllt, dass das Phänomen im Kontext des wirklichen Lebens erforscht wird. Eriksons Erkenntnisse beruhen auf seiner eigenen klinischen Praxis, auf teilnehmender Beobachtung in zwei Indianerstämmen und Feldforschungen, zum Beispiel in Indien, um Gandhis Leben verstehen und sein Wirken rekonstruieren zu können.

Das heißt, die einzelnen noch zu beschreibenden Schritte der Einzelfallstudie sowie die Gliederung der Arbeit und die Darstellung beziehungsweise die Struktur, anhand derer ich Eriksons Werk aufarbeite, entsprechen meiner Interpretation seines Werkes. Jede Überschrift als eine Form der Manifestation dieser Struktur stellt eine Hypothese hinsichtlich der Bedeutung seines Werkes dar. Aus dieser Perspektive dient jedes Kapitel der Bestätigung oder Widerlegung meiner Hypothese darüber, welche Theorie Erikson über die Wirklichkeit hat. Um die Differenz zwischen Eriksons Theorie und meiner Theorie seiner Theorie zu minimieren, habe ich längere Zitate seiner Arbeiten als Bestätigung meiner Hypothesen benutzt. Erikson »selbst« sprechen zu lassen, hat den Vorteil, dass der Spielraum eigener interpretativer Schwerpunktsetzungen innerhalb der Kapitel eingeschränkt und dadurch die Validität der Arbeit erhöht wird.

Ein damit verbundenes Problem ist ein sprachliches. Erikson hat seine Werke auf Englisch geschrieben und veröffentlicht. Meine Arbeit habe ich auf Deutsch geschrieben, basierend auf seinen ins Deutsche übersetzten Werken, denen ich die Zitate, die die vorliegende Arbeitet konstituieren, entnommen habe. Insofern ist meine Arbeit eine Darstellung des »deutschen« Erikson. Um die englische und die deutsche Version des verwendeten Datenmaterials vergleichen und somit einschätzen zu können, ob die Darstellung, i. e. Interpretation seines Werkes mit dem englischen Original vereinbar ist, habe ich die verwendeten Zitate mit den englischen Gegenstücken verglichen.

1.5 Design: Eriksons Werk als Fallstudie

Die Fallstudie als Forschungsansatz subsumiere prinzipiell das gesamte Spektrum sozialwissenschaftlicher Erhebungsmethoden und werde deshalb als approach betrachtet (Witzel, 1982). Der Begriff approach bezeichne eine vielschichtige, methodische Vorgehensweise oder Untersuchungsform, in deren Hintergrund jeweils ein theoretisches Paradigma oder eine spezielle Methodologie stehe. Die Darlegung von Eriksons wissenschaftstheoretischer Position ist das Thema des 4. Kapitels, aus welchem gleichzeitig hervorgeht, warum es sich um eine induktive Fallstudie handelt. Diese habe, und hier kristallisiert sich ein weiterer Gliederungspunkt heraus, ihren Ausgangspunkt in den vorgefundenen Daten. Die Empirie, die es zu verstehen gelte, führe zu Theorien über diese Wirklichkeit (Gummesson, 2000). Die Wahrnehmung und die Erklärungsansätze dieser Realität seien beeinflusst vom Vorverständnis des Forschers, welches das Wissen, die Einsichten und die Erfahrungen vor Eintritt in den Forschungsprozess umfasse (ebd.). Eriksons Vorverständnis wird in Kapitel 3 beschrieben.

Einleitung

Der nächste Schritt in der Konzeption einer Fallstudie ist die Datenerhebung, die im 5. Kapitel thematisiert wird. Bezogen auf Eriksons Werk verstehe ich darunter all die Arten, mit denen er sich die diversen Quellen zugänglich gemacht hat, die ihm dazu dienen, sowohl seine Annahmen resultierend aus seinem Vorverständnis zu belegen und zu widerlegen als auch seine eigenen theoretischen Annahmen zu entfalten. In Begriffen der Fallstudie sind dies die teilnehmende Beobachtung in den Indianerstämmen, action research in seiner klinischen Arbeit und psychohistorische Forschung, um seine Bücher »Der junge Mann Luther«, »Gandhis Wahrheit« und »Dimensionen einer neuen Identität« verfassen zu können. Mit all diesen Methoden untersucht, ergründet, entdeckt, entschlüsselt Erikson die Welt. In jeder Situation ist er demzufolge Forscher im eigentlichen Sinne des Wortes, ob als Therapeut oder Wissenschaftler.

Die eruierten Daten werden in einem nächsten Schritt ausgewertet und dienen in einer induktiv ausgerichteten Fallstudie dazu, die Wirklichkeit zu erklären. Bezogen auf Eriksons Werk heißt das, dessen theoretischen Rahmen darzustellen, was in Kapitel 6 getan wird. Dieser hat seine Wurzeln in Eriksons Vorverständnis, ist aufgrund der gewonnenen Daten modifiziert worden und dient schließlich als Basis seiner Identitätstheorie. Die Identitätstheorie von Erikson wird im 7. Kapitel thematisiert und stellt das Resultat oder Ergebnis seiner Fallstudie bzw. seines Lebenswerkes dar. In Kapitel 8 »Erikson und seine Kritiker: ein fiktiver Dialog« werden den verschiedenen Kritikpunkten an Eriksons Theorie Zitate seines Werkes gegenübergestellt. Im letzten Kapitel der vorliegenden Arbeit wird die Rezensionsgeschichte des Erikson'schen Werkes und dessen Aktualität thematisiert.

1.6 Disposition

1. Einleitung	Als Auftakt werden in diesem ersten Kapitel sowohl das Thema und der Forschungsgegenstand umrissen als auch die Zielsetzung, die Relevanz und die Gliederung der Arbeit dargelegt.
2. Leben und Werk Erik H. Eriksons	Thema dieses Kapitels ist das Leben und Werk von Erikson. Die in einem ersten Schritt dargelegten biografischen und autobiografischen Daten werden in einem zweiten Schritt in Bezug zu seinem Werk und dessen Entwicklung gesetzt.
3. Eriksons Vorverständnis	In diesem Kapitel wird das Vorverständnis Erik H. Eriksons rekonstruiert, sowohl sein wissenschaftliches als auch sein berufliches und privates.
4. Eriksons methodologisches Paradigma	Im Folgenden wird Eriksons wissenschaftliche Position entlang der sie konstituierenden Annahmen bezüglich der Ontologie, der Epistemologie, des Menschenbildes und der Methodologie, die sich in Eriksons Werk explizit finden bzw. implizit ableiten lassen, rekonstruiert.
5. Erikson als Forscher	Wie Erikson zu seinem empirischen Material gelangt ist, stellt den thematischen Schwerpunkt dieses Kapitels dar. Die Datengewinnung beruht auf eigener, systematischer Therapieerfahrung, auf kulturanthropologischen und auf psychohistorischen Studien.
6. Eriksons theoretisches Gerüst	In diesem Kapitel wird der theoretische Rahmen des Werkes Eriksons entfaltet. Ausgehend von den Grundannahmen seiner Theorie der psychosozialen Entwicklung und deren Grundelementen werden die Phasen derselben dargestellt.
7. Eriksons Identitätstheorie	Thema dieses Kapitels ist es, Eriksons theoretische Überlegungen, die auf dem psychoanalytischen Lehrgebäude basieren und sich durch seine eigene empirische und theoretische Arbeit entwickelt haben, als Identitätstheorie darzustellen.
8. Erikson und seine Kritiker	In diesem Kapitel werden verschiedenen Kritikpunkten, die gegenüber Eriksons Werk geäußert wurden, Zitate aus Eriksons Werk entgegengesetzt, sodass zwischen Erikson und seinen Kritikern ein fiktiver Dialog inszeniert wird.
9. Abschließende Einschätzung	In diesem Kapitel wird zum einen die Rezensionsgeschichte des Erikson'schen Werkes und zum anderen dessen Aktualität thematisiert.

Tab. 1: Disposition der Arbeit

2 Leben und Werk Erik H. Eriksons

Thema dieses Kapitels ist das Leben und Werk von Erikson. Die in einem ersten Schritt dargelegten biografischen und autobiografischen Daten werden in einem zweiten Schritt in Bezug zu seinem Werk und dessen Entwicklung gesetzt.

2.1 Biografisches über Erikson

Die Darstellung des biografischen Rahmens von Eriksons Leben basiert auf den beiden Arbeiten von Peter Conzen »Erikson und die Psychoanalyse« (1990) und »Erik H. Erikson« (1996) und Eriksons autobiografischen Hinweisen. Im Gegensatz zu Conzens Arbeiten steht hier jedoch die Rekonstruktion des Lebenslaufes von Erikson im Mittelpunkt.

1902-1927: Kindheit und Jugend

Erik H. Erikson wird am 15. Juni 1902 in der Nähe von Frankfurt als Sohn jüdisch-dänischer Eltern geboren. Sein Vater, der Kopenhagener Bankier Waldemar Isidor Salomonsen, verlässt seine Frau, bevor Erikson geboren wird. Nach der Trennung zieht Eriksons Mutter, Carla, geborene Abrahamsen (1877-1960), von Dänemark zu Freunden nach Deutschland und heiratet dort am 8. Juni 1905 den Karlsruher Kinderarzt Doktor Theodor Homburger (1868-1944). Erikson wächst mit seinen drei nach ihm geborenen Stiefschwestern in Karlsruhe auf. Dort besucht er bis 1912 die Volksschule und anschließend das Bismarckgymnasium, wo er am 15. Juli 1920 die Reifeprüfung mit der Gesamtnote »ziemlich gut« besteht.

Die Jahre von 1920 bis 1927 sind eine Zeit der Wanderschaft. Noch 1920 unternimmt er lange Wanderungen durch den Schwarzwald und hält sich für einige Monate in Langenargen am Bodensee auf. Danach kehrt er nach Karlsruhe zurück, um an der Badischen Landeskunstschule Kunst zu studieren. Er bricht jedoch das Studium nach einem Jahr ab und geht nach München, wo er zwei Jahre bleibt. Dort besucht er die Kunstakademie, wobei er aber vorwiegend allein an Radierungen, Zeichnungen oder Plastiken arbeitet. Einige seiner Arbeiten werden neben den Werken von Max Beckmann und Wilhelm Lehmbruck im »Glaspalast« in München ausgestellt. Der Münchener Zeit folgt ein zweijähriger Aufenthalt in Italien, währenddessen er mit Freunden die Toskana bereist. 1927 kehrt er im Alter von 25 Jahren nach Karlsruhe zurück und unterrichtet dort Kunst. In dieser Zeit macht ihm sein Freund Peter Blos den Vorschlag, nach Wien zukommen und ihm dort bei dem Aufbau einer kleinen Privatschule für amerikanische Kinder behilflich zu sein. Diesem Angebot folgend lässt sich Erikson 1927 in Wien nieder.

1927-1933: Ausbildung in Wien

In Wien arbeitet Erikson als Lehrer und unterrichtet in einer in einem kleinen Gartenhaus eingerichteten Schule zwanzig Jungen und Mädchen in den unterschiedlichsten Fächern. Die Eltern seiner Schüler bewegen sich außerhalb der bürgerlichen Konventionen. Eriksons Unterrichtsstil, in dessen Mittelpunkt kindgerechtes Lernen und die Entfaltung von Neugier und Kreativität stehen, nehmen den antiautoritären pädagogischen Experimenten des 20. Jahrhunderts einiges vorweg. Anna Freud zeigt großes Interesse an dem Experiment mit der Privatschule, denn in dieser Zeit wird die Direktbeobachtung der kindlichen Entwicklung und die Anwendung der Psychoanalyse zu einem neuen Interessengebiet. So kommt Erikson in Kontakt mit der jüngsten Tochter von Martha und Sigmund Freud und lernt über sie nicht nur deren Vater kennen, sondern auch dessen Mitarbeiter, die in intensiver gemeinsamer Forschungsarbeit Freuds Denkansätze aufnehmen und weiterentwickeln.

Erik Erikson interessiert sich zunehmend mehr für die Psychoanalyse, die das damalige Menschenbild in seinen Grundfesten erschüttert. In den zwanziger Jahren existieren trotz steigender Popularität noch keine regulären Institute mit festen Ausbildungsrichtlinien, Lehrplänen und speziellen Bewerbungsverfahren. Erikson wird als Kandidat für die psychoanalytische Ausbildung vorgeschlagen. In diesem Zusammenhang erhält er ein Stipendium, das es ihm ermöglicht, jeden Nachmittag eine Stunde Lehranalyse bei Anna Freud zu absolvieren, nachdem er vormittags die Kinder unterrichtet hat. Abends besucht er Seminare über Technik und Theorie der Psychoanalyse. Seine Lehrer am Wiener Institut sind Heinz Hartmann, Paul Federn, Ernst Kris, Helene Deutsch, August Aichhorn und Edward Bibring, die später international bekannte Persönlichkeiten werden.

Neben seiner psychoanalytischen Ausbildung studiert Erikson bei einer Montessori-Gruppe in Wien und legt hier sein Montessori-Diplom ab. Im Jahre 1933 mit Bestehen der Abschlussprüfung beendet Erikson seine psychoanalytische Ausbildung und wird vom damaligen Vorsitzenden des Wiener Prüfungsausschusses Paul Federn nicht nur zum außerordentlichen, sondern zum ordentlichen Mitglied der Internationalen Psychoanalytischen Vereinigung ernannt. Auf einem Faschingsball im Jahr 1929 lernt Erikson Joan Serson kennen, die er wenige Monate später heiratet. Joan ist kanadisch-amerikanischer Abstammung und hat Pädagogik und Soziologie studiert. In Europa hält sie sich im Rahmen ihres Dissertationsprojektes auf, um die Geschichte des modernen Tanzes zu studieren. Zwischen 1930 und 1932 werden ihre ersten beiden Kinder Kai und Jon geboren.

1933-1938: Neue wissenschaftliche Prägung in Boston

Die politischen Wirren der 30er Jahre und die Weltwirtschaftskrise beginnen ganz Europa zu erschüttern und faschistische Massenbewegungen werden dominant. Aus diesem Grund fasst die Familie Erikson 1933 den Entschluss nach Amerika auszuwandern. Vorher ist Erikson mit seiner Familie nach Kopenhagen gegangen, um dort, nachdem er zum Ausbildungsleiter für Dänemark ernannt worden ist, ein psychoanalytisches Ausbildungszentrum für den Bereich Dänemark aufzubauen. Sein Bemühen scheitert jedoch, da er einst in Deutschland naturalisiert worden ist, sodass er die dänische Staatsbürgerschaft nicht zurückerlangen kann.

Bis 1936 bleibt Erikson in Boston und eröffnet mit Hilfe des kleinen Kreises der Bostoner Psychoanalytiker eine kinderanalytische Praxis. Er gilt als der erste Kinderanalytiker in den Vereinigten Staaten. Als einer der letzten Nichtmediziner wird er von der im Vorjahr gegründeten Amerikanischen Psychoanalytischen Gesellschaft angenommen, da er bereits Mitglied der Internationalen Vereinigung ist. Außerdem wird er trotz mangelnder Approbation und fehlenden akademischen Abschlusses Mitglied der medizinischen Fakultät der Harvard Universität. Auf Aufforderung des Psychologen H. A. Murray tritt Erikson in den Stab der Harvard Psychological Clinic ein. Während dieser Zeit arbeitet Erikson an der Harvard Medical School, dem Massachusetts General Hospital und als Berater am Judge Baker Guidance Center, einer Klinik zur Behandlung von Gemütskrankheiten bei Kindern. In dieser Periode wird sein Denken besonders durch die Bekanntschaft folgender Wissenschaftler bereichert und beeinflusst: den Anthropologen Margaret Mead, Gregory Bateson, Ruth Benedict, Martin Loeb und Scudder Mekeel, dem Pädagogen Lawrence K. Frank und dem Sozialpsychologen Kurt Lewin. Außerdem steht Erikson in Kontakt mit der New Yorker Gruppe der Ich-Psychologen um Heinz Hartmann, Ernst Kris und Rudolph Loewenstein.

1936 geht Erikson nach New Haven an das Institute of Human Relations der Yale Universität unter der Leitung von John Dollard und wird Assistenzprofessor an der Yale Medical School. 1936 unternimmt er, angeregt durch Scudder Mekeel, seine erste mehrmonatige kulturanthropologische Forschungsreise in ein Reservat der Sioux-Indianer in Süd-Dakota. Es ist auch das Jahr, in dem seine Tochter Sue geboren wird, die als erstes Kind nach der Geburt im Krankenhaus im Zimmer der Mutter bleibt, was Jahrzehnte später, auch unter dem Einfluss der Kinderanalytikerinnen, zur selbstverständlichen Gewohnheit wird.

1939-1949: Eriksons kalifornische Jahre

Drei Jahre nach seinem letzten Ortswechsel zieht es Erikson 1939 nach Kalifornien, wo er sich insgesamt zehn Jahre aufhält. In San Fransisco eröffnet er eine kinderanalytische Praxis, arbeitet im psychoanalytischen Institut der Stadt und wird zum Lehranalytiker ernannt. Außerdem fungiert er als Berater an Kliniken und Forschungseinrichtungen, während er in gedanklichem Austausch mit Wissenschaftlern der unterschiedlichsten Disziplinen steht. Erikson ist darüber hinaus Mitarbeiter an dem Institute of Human Development der Universität von Kalifornien und an der Durchführung einer großen entwicklungspsychologischen Längsschnittstudie unter der Leitung von Jean Macfarlane zu dem Thema der Verarbeitung von Triebkonflikten im Stadium der Präpubertät beteiligt.

Nach dem Eintritt Amerikas in den Zweiten Weltkrieg führt er zahlreiche Untersuchungen im militärischen Bereich durch. Er berät Mitarbeiter der Regierung mit dem Ziel ihnen ein passendes Deutschlandbild zu vermitteln. Ferner unternimmt er eine Tauchfahrt an Bord eines U-Bootes und versucht die Frage zu beantworten, wie es den Männern der Besatzung angesichts permanenter Belastungssituationen gelingen könne, ihr seelisches Gleichgewicht und die volle physische Funktionsfähigkeit über Wochen aufrecht zu erhalten. Nach Ende des Krieges besucht er im Auftrag verschiedener Regierungskommissionen die Interniertenlager und untersucht die Situation deutscher Kriegsgefangener. Sein besonderes Engagement widmet er der therapeutischen Betreuung von Kriegsveteranen.

1949 unternimmt Erik Erikson, angeregt von dem Anthropologen Alfred Kroeber, seine zweite anthropologische Feldexkursion, diesmal zu dem Indianerstamm der Yuroks an der amerikanischen Pazifikküste.

1949–1960: Klinische Arbeit am Austen-Riggs-Center

1949 kehrt Erikson an die Ostküste zurück, um dort auf Anregung des mit ihm befreundeten Psychoanalytikers Robert Knight im Austen-Riggs-Center in Stockbridge mitzuarbeiten. Dabei handelt es sich um eine psychiatrische Einrichtung für junge Menschen; ein kleines forschungsfreudiges Privatkrankenhaus, das Robert Knight zusammen mit David Rapaport, Henry W. Brosin und Frederik Weniger leitete. Auch in dieser Phase seines Lebens arbeitet Erikson nicht nur in einer Institution. Einen weiteren Arbeitsbereich hat er in der geschlossenen Abteilung des Western Psychiatric Institute der Universität Pittsburgh mit verhaltensauffälligen Kindern aus den unteren sozialen Schichten. Auch der bekannte Kinderarzt Dr. Benjamin Spock ist dort tätig.

Zwischen 1950 und 1960 reist Erikson häufig für längere Zeit ins Ausland und bereist mehrfach Europa, primär England, Österreich und Deutschland. 1953 fährt er nach Genf zu einem Kongress der Weltgesundheitsorganisation und erörtert seine Ideen bezüglich des Lebenszyklus, der psychosozialen Entwicklung und des Identitätsgefühls vor Wissenschaftlern wie Margaret Mead, Jean Piaget, John Bowlby, Julian Huxley und Konrad Lorenz. 1956, anlässlich des sich zum hundertsten Mal jährenden Geburtstags von Sigmund Freud, hält Erikson am 5. Mai in der Aula der Frankfurter Universität eine Festrede, bei der u. a. der damalige Bundespräsident Theodor Heuss anwesend ist. Zudem hält sich Erikson während dieser Zeit in Guadalajara in Mexiko auf, wo sein Buch »Der junge Mann Luther« entsteht (Erikson 1958, 1975).

1960–1970: Forschung und Lehre an der Harvard Universität

Der Fokus von Eriksons beruflicher Aktivität verschiebt sich in dieser Dekade weg von der klinischen Tätigkeit hin zu Forschung und Lehre, ausgelöst durch den Ruf an die Harvard-Universität in Cambridge als Entwicklungspsychologe. Anfangs stehen die älteren Professoren dieser Ernennung skeptisch gegenüber, weil Erikson lediglich ein Reifezeugnis aus Deutschland vorzuweisen hat und auch noch Vertreter der für manche noch immer obskuren Psychoanalyse ist. Er bewährt sich jedoch und gilt bald als sehr anregender Dozent, sodass sein Einführungskurs in die Psychoanalyse »Lebenszyklus des Menschen« jedes Semester überfüllt ist. Außerdem wird er bekannt für sein kleines Seminar, in dem er die Biografien bedeutender Persönlichkeiten psychoanalytisch aufarbeitet. An diesem Seminar nehmen genauso Professoren anderer Fachrichtungen teil.

Auch in dieser Schaffensperiode hält sich Erikson zeitweise im Ausland auf. 1962 unternimmt er seine erste Reise nach Indien, um in der Stadt Ahmedabad ein Seminar über den menschlichen Lebenszyklus abzuhalten. Zwei weitere Forschungsaufenthalte zwischen 1962 und 1964 folgen, um Daten und Fakten über Gandhi und dessen Leben und Wirken zu sammeln. 1968 reist Erikson nach Südafrika, wo er die jährliche »T. B. Davies-Gedächtnisvorlesung« in Kapstadt hält, in der er den Sinn von Gandhis Methode der militanten Gewaltlosigkeit thematisiert, die in Südafrika entwickelt worden ist.

1970-1994: Reifes Erwachsenenalter

Seit 1970 lebt Erik Erikson im Ruhestand, den er im Sommer meist in Massasuchetts und im Winter in Kalifornien verbringt. Trotzdem bleibt er bis weit in die 80er Jahre als Vortragsreisender und wissenschaftlicher Autor tätig. 1972 hält er die Godkin-Lectures an der Harvard-Universität unter dem Titel »Spiel – Vision und Täuschung«, 1973 die Jefferson-Vorlesung vor der National Endowment for the Humanities, der Nationalen Stiftung für Geisteswissenschaften und 1979 den aufsehenerregenden Vortrag über den generativen Grundtrieb des Erwachsenen auf einem Kongress der Internationalen Psychoanalytischen Vereinigung.

Nach Conzen habe Erikson auf ein erfülltes Leben zurückblicken können. Er habe aus der Fülle seiner Erfahrungen, aus unterschiedlichsten geistigen Strömungen und »nicht zuletzt aus der fruchtbaren Widersprüchlichkeit seiner Persönlichkeit« (Conzen, 1994: 42f.) ein eindrucksvolles Lebenswerk geschaffen. Interessanterweise habe er gerade von den akademischen Institutionen, die er anfangs so sehr gemieden habe, Anerkennung im höchsten Maße erhalten. Mehrere Universitäten haben ihm die Ehrendoktorwürde verliehen, Kliniken und Institute sind nach ihm benannt worden und seine Bücher haben eine weltweite Leserschaft erreicht. Am 12. Mai 1994 stirbt Erik Erikson in einem Seniorenheim in New Haven.

2.2 Autobiografisches von Erikson

In diesem Teilkapitel werden zuerst Eriksons Auffassungen bezüglich des Schreibens von Autobiografien vorgestellt. Diese hat er im Zusammenhang mit den psychohistorischen Studien entwickelt, in denen er sich auf autobiografisches Material der Persönlichkeiten bezieht, die er analysiert. In einem nächsten Schritt werden Eriksons autobiografische Auskünfte dargestellt.

»Autobiographien werden in einem späten Lebensstadium zu dem Zweck geschrieben, sich selbst im Abbild der eigenen Methode neu zu erschaffen; und sie werden geschrieben, um dieses Abbild überzeugend zu machen.« (Erikson 1975, 1982: 127) Nach Erikson sei generell ein Element naiver Selbstenthüllung in autobiografischem Material enthalten. Autobiografisches Material umfasse Tagebücher, Gespräche, Korrespondenzen oder Autobiographien. Dabei gehorche jedes einzelne Medium »seinen eigenen formalen Gesetzen, wie auch der Tradition und dem persönlichen Stil. Und was die unbewußten Motive betrifft, so dürfen wir nicht vergessen, daß der Autobiograph keinen therapeutischen Vertrag eingegangen ist, der ihn verpflichtete, alles in Worte zu kleiden, was ihm ›in den Sinn kommt‹.« (Ebd.: 126) Andererseits kommt Erikson zu folgender These: »Jeder Autobiograph befindet sich daher – zumindest zwischen den Zeilen – in Gegnerschaft zu seinem Leser und potentiellen Richter.« (Ebd.: 146) Anschließend fragt er, ob der autobiografische Autor eine Art Übertragung auf den potentiellen Rezensenten seines Werkes entwickele und kommt zu dem Schluss, dass Leser beziehungsweise Rezensent als Externalisierung der Selbstzweifel des Autors erscheinen würden.

Von besonderem Interesse sei das Lebensstadium, in dem der sich Erinnernde ein bestimmtes Medium wähle, »um ein früheres Stadium seines Lebens wiederzuerzählen, wiederzubeleben oder zu reaktivieren – in der Absicht, durch die Erzählung die Wirklichkeit zu überhöhen.« (Ebd.: 126) Erinnerungen, als wesentlicher Bestandteil der Wirklichkeit, aus der sie hervorgingen, verbänden im besten Fall sinnvoll das einst Geschehene mit dem jetzt Geschehenden. Im schlechten Fall retteten sie zumindest aus den Niederlagen der Vergangenheit die Keime ungelebter Möglichkeiten: »Allen Bekenntnissen eignet der Wunsch, einen (großen oder kleinen) Fluch zu sühnen.« (Ebd.)

Autobiografische Ausführungen von Erikson finden sich insbesondere in seinem 1973 auf Deutsch veröffentlichten Artikel »Identitätskrise in autobiographischer Sicht«, der in leicht abgewandelter Form in seinem Buch »Lebensgeschichte und historischer Augenblick« (1982) abgedruckt ist. Der Grund einen solchen Artikel zu verfassen, entspreche, so Erikson, dem Wesen der psychoanalytischen Forschung selbst. Ziel sei es, gewisse motivationale Dimensionen der Entstehung einer neuen Idee zu veranschaulichen, indem man »den zur Diskussion gestellten Begriff Identitätskrise auch einmal auf seine Entstehung in meiner Lebens- und Arbeitserfahrung« (Erikson 1975, 1982: 15) mit einiger selbstanalytischer Ausführlichkeit beziehe.

Was jedoch, so bemerkt er noch in der ersten Version dieses Artikels, »die Erwartung betrifft, ich werde nun auch zeigen, wie ich mein neues Werkzeug auf mein eigenes Leben anwende, möchte ich doch von vorneherein sagen, daß ich mich nicht verpflichtet fühle, so frei mit Bekenntnissen zu sein, wie es die beiden religiösen Aktivisten waren, denen ich psychoanalytische Studien gewidmet habe.« (Erikson, 1973: 795) Auch wenn Erikson behauptet, seine lebensgeschichtlichen Erfahrungen nicht so umfassend wie Luther oder Gandhi auszuführen, so schildert er doch, wie durch seine Erfahrungen das Problem der Identitätskrise zum Zentralproblem geworden sei. Dabei spricht er Ereignisse seines Lebens an, die sich wie ein roter Faden durch sein gesamtes Werk ziehen. Diese Begebenheiten lassen sich drei großen Themen zuordnen, die er in beiden Artikeln als biografisch wichtig herausstellt: seine familiäre Herkunft, seine psychoanalytische Ausbildung und seine Emigration in die Vereinigten Staaten und damit jeweils verbunden seine Identität als Stiefsohn, als Psychoanalytiker und als Amerikaner.

Das erste Thema betrifft die Frage der familiären Herkunft und den Fakt, dass Erik Erikson nicht bei seinem leiblichen dänischen Vater aufgewachsen ist, sondern in Deutschland bei seinem jüdischen Stiefvater, den seine Mutter geheiratet hat, als Erikson drei Jahre alt gewesen ist. Diese Tatsache habe in Eriksons Leben mehrere Konsequenzen gehabt. Erstens sei sie ihm verheimlicht worden, denn seine Eltern »glaubten typischerweise, daß eine solche Geheimhaltung nicht nur möglich sei (denn Kinder schienen damals nur das zu wissen, was man ihnen ausdrücklich sagte), sondern auch ratsam, damit ich mich bei ihnen völlig heimisch fühlen konnte. Ebenso typischerweise machte ich dieses Spiel mit und vergaß mehr oder weniger die Zeit vor meinem dritten Lebensjahr, als ich mit meiner Mutter allein gewesen war.« (Ebd.: 808) Sein »Gefühl, ›anders‹ zu sein, flüchtete sich (wie es sogar bei Kindern ohne solche akute Lebensproblematik geschieht) in Phantasien, wie etwa, daß ich eigentlich ein Findelkind und Sohn viel besserer Eltern sei.« (Erikson 1975, 1982: 25f.)

Zweitens habe man Erikson seine gemischt-rassische, skandinavische Herkunft angesehen, er beschreibt sich selbst als blond und blauäugig und immer länger werdend. »Daher hieß ich in der Synagoge der ›Goi‹, während ich für meine Schulkameraden ein ›Jude‹ war. Obgleich ich mir größte Mühe gab, ein strammer deutscher Patriot zu sein, hieß ich prompt der ›Däne‹, als Dänemark im ersten Weltkrieg neutral blieb.« (Erikson, 1973: 809) Allerdings betont Erikson, dass er von einer Zeit spreche, in der das Jude-Sein noch nicht von der Katastrophe des Nationalsozialismus und der Existenz Israels umgewertet gewesen sei. Trotzdem können solche Bezeichnungen und Kategorisierungen »ein Gefühl der Entfremdung verstärken und wirklich eine Zeitlang mehr das ›eigentliche‹ Selbst repräsentieren als die einfachen, feststehenden sozialen Tatsachen« (ebd.). Schließlich habe er sich heftig von allem losgesagt, wofür seine bürgerliche Familie eingestanden habe, denn jetzt »*wollte* ich anders sein« (Erikson 1975, 1982: 27).

Solche Erfahrungen hätten zu dem geführt, was Erikson als sein Stiefsohndasein (1973) bzw. seine positive Stiefsohnes-Identität (1977) bezeichnet. Diese sei rückblickend betrachtet die Basis seines beruflichen Lebensstiles gewesen; wobei wir hier bei dem zweiten großen Thema angelangt sind, das Eriksons Werk durchzieht: Eriksons »Adoption« im Wiener Kreis. Seine Aufnahme im Wiener Kreis habe ihm nach langen Jahren der Suche und Wanderschaft eine Ausbildung ermöglicht, die der eines Kinderarztes so nahe komme, wie es ohne Studium überhaupt möglich sei. Eine Situation, die es ihm gestattet habe, seine starke Identifikation mit seinem Stiefvater, dem Kinderarzt und seiner Suche nach seinem eigenen legendären Vater zu leben. »Und wenn ich mich heute frage, mit welcher Gesinnung ich damals auf meine wirklich erstaunliche Aufnahme in den Kreis der Freudianer reagierte, so mutmaße ich (nicht ohne Verlegenheit), daß es irgendwie eine positive Stiefsohnes-Identität war, die mich wie selbstverständlich annehmen ließ, ich würde dort akzeptiert, wo ich nicht ganz dazugehörte.« (Erikson 1975, 1982: 28f.)

Die Psychoanalyse habe für Erikson nicht nur die Möglichkeit einer Ausbildung bedeutet, sondern eine Art zweite Geburt in den Schoß dieser Familie, namens Psychoanalyse, deren Vater Sigmund Freud gewesen sei. Die Phase seines jugendlichen Umherziehens beschreibt Erikson als Moratorium, als eine Zeit des völligen Desinteresses für die militärischen, politischen und ökonomischen Katastrophen, die damals die Menschheit bedrückt hätten. Aus dieser Phase habe ihn sein Freund Peter Blos mit der Einladung »errettet«, nach Wien zu kommen, um dort an einer kleinen Privatschule zu unterrichten. »Mit seiner Hilfe lernte ich regelmäßig arbeiten, und dort begegnete ich dem Kreis um Anna Freud –

und Freud selbst. Vielleicht ist es jetzt deutlicher geworden, was Freud mir bedeutete, obwohl ich damals wohl keine Worte dafür gehabt hätte.« (Ebd.: 28)

Seine Stiefsohnidentität habe, so spekuliert Erikson weiter, zu seinem beruflichen Lebensstil geführt, »da ich ja ständig im Rahmen von Institutionen und auf Gebieten arbeitete, für die ich keine Zeugnisse besaß, mit Ausnahme natürlich der psychoanalytischen Ausbildung.« (Erikson, 1973: 811) Seine »psychoanalytische Identität war daher so lange nicht ganz sicher, bis ich viel später zum schreibenden Analytiker wurde – wenn auch wiederum in einer Sprache, die weder meine Muttersprache noch die meiner Schuljahre war.« (Ebd.) Beruflich gesehen könne ein »habitueller Stiefsohn« – wie Erikson kritisch feststellt – seine Begabungen auch dazu benutzen, »immer zu vermeiden, irgendwo ganz hinzuzugehören; sich zwischen alle (Lehr-)Stühle zu setzen, kann auch bedeuten, für keine Aufgabe die notwendige Disziplin aufzubringen; und sich in die ästhetische Gestalt der Dinge zu verlieben, kann dazu führen, daß man ihrer ethischen, politischen und auch begrifflichen Bedeutung ausweicht.« (Ebd.) Diese Elemente konstituieren gleichsam Eriksons negative Identität.

Nach Beendigung seiner Ausbildung habe Erikson mit seiner Frau und seinen zwei Söhnen Wien verlassen wollen, denn es (Wien) »hatte damals anscheinend beschlossen, vor der näherrückenden Gefahr des Nationalsozialismus die Augen zu verschließen – ganz zu schweigen von der totalen Kluft, die schon bald die Länder Europas, wie auch die alte Heimat und die Neue Welt voneinander trennen sollte.« (Erikson 1975, 1982: 38f.) Zuerst habe Erikson versucht, seine dänische Staatsbürgerschaft zurückzugewinnen und ein psychoanalytisches Ausbildungsinstitut in Kopenhagen errichten zu helfen. Da sich dies jedoch als nicht durchführbar erwiesen habe, sei die Familie in die Vereinigten Staaten emigriert und habe sich in Bosten niedergelassen: »Für einen Einwanderer mit Spezialkenntnissen (die Bezeichnung ›Einwanderer‹ war noch nicht durch das Wort ›Flüchtling‹ ersetzt) erwies sich Amerika in der Tat als Land der unbegrenzten Möglichkeiten. Harvard und Yale boten unverzüglich Lehrpositionen an der Medizinischen Fakultät und damit erweiterte klinische Erfahrungen an.« (Erikson, 1973: 813f.)

Um eine Ahnung davon zu bekommen, was diese Emigration für Erikson neben den unbegrenzten Möglichkeiten bedeutet haben mag, sei hier zitiert, wie er sich zur Emigrationsthematik – immer noch unter dem Titel »Autobiographisches zur Identitätskrise« – äußert: »Identitätsprobleme gehören zum psychischen Gepäck von Generationen neuer Amerikaner, die ihre Mutter- und Vaterländer hinter sich gelassen hatten, um ihre überlieferten Identitäten in die umfassendere Identität des Selfmade-Man einzuschmelzen. Emigration kann etwas sehr Hartes und Herzloses sein, im Sinne dessen, was man im alten Land zurückläßt und was man sich im neuen aneignet. Vom Identitätsproblem aus betrachtet bedeutet Migration immer eine grausame Überlebensfrage, denn die gleichen Katastrophen, in denen Millionen umkommen, eröffnen den Überlebenden neue Formen der Identität.« (Ebd.: 816)

Was hier ganz allgemein im Passiv formuliert wie eine abstrakte Theorie klingt, ist aus Eriksons Herzen gesprochen. Nach dem Zweiten Weltkrieg nehmen seine amerikanischen Kollegen im Rahmen der von der Gesundheitsorganisation gegründeten Child Study Group Kontakt zu aufgeschlossenen Wissenschaftlern aus ganz Europa auf. Erikson wird in diesem Zusammenhang von Alexander Mitscherlich eingeladen, eine Rede zu Freuds 100. Geburtstag zu halten. Diese Tatsache stellt Erikson in seiner autobiografischen Auseinandersetzung folgendermaßen dar, was im Zusammenhang mit der Emigrationsproblematik sehr aussagekräftig scheint: »[...] während Alexander Mitscherlich mich einlud, an den verlorenen Schauplatz meiner Kindheit zurückzukehren: zu Freuds hundertstem Geburtstag, 1956, durfte ich an eine neue deutsche Jugend das Wort richten – in meiner Geburtsstadt Frankfurt am Main, in der Anwesenheit des Gelehrten im Präsidentenamt der Bundesrepublik, Theodor Heuss.« (Erikson 1975, 1982: 42) Folgen wir an dieser Stelle Eriksons Aufforderung, »das Ensemble widerstreitender Identitätselemente für sich selbst sprechen zu lassen« (ebd.: 20).

Sein Kampf um seine nationale Identität habe einen Höhepunkt in der Kontroverse um den Treue-Eid 1949 während der Ära McCarthy erfahren und sei gleichzeitig der Grund, weswegen seine erste Professur in Berkley so kurz gewesen sei. Damals habe man von den Mitgliedern des Akademischen Rates zusätzlich zum üblichen Amtseid ein Gelöbnis verlangt, kein Mitglied einer kommunistischen Partei zu sein oder einer Partei anzugehören, die für den Sturz der Regierung durch Zwang oder Gewalt eintrete. Erikson und 90 weitere Mitglieder des Rates hätten sich geweigert zu unterzeichnen, woraufhin allen die Kündigung erteilt worden sei. »Und als ich endlich als politisch zuverlässig anerkannt war, trat ich nochmals wegen der Entlassung von zwei Kollegen, die anders eingestuft worden waren, vom Amt zurück.« (Ebd.: 43) Resümierend hält Erikson fest: »Wenn ich heute an jene Auseinandersetzungen zurückdenke, so erscheinen sie mir als eine Probe auf unsere amerikanische Identität; denn als die Zeitungen uns Ausländern unter den Nicht-Unterzeichnern vorhielten: ›Geht zurück, woher ihr gekommen seid!‹, da waren wir uns plötzlich ganz sicher, daß unsere scheinbare Illoyalität gegenüber den in Korea kämpfenden Soldaten in Wirklichkeit völlig im Einklang mit dem stand, wofür sie – wie ihnen gesagt worden war – kämpften. Inzwischen hat der Oberste Gerichtshof der Vereinigten Staaten unseren Standpunkt bekräftigt.« (Ebd.)

2.3 Eriksons Werk im biografischen Zusammenhang

Erikson, zwei Jahre jünger als das Jahrhundert, in dem er gelebt und gewerkt hat, fasst sein Leben selbst dekadisch zusammen (Erikson, 1973; 1975, 1982). Diese Zusammenfassung ist unter 2.1 wiedergegeben, ergänzt um seine persönliche Sichtweise bedeutsamer Ereignisse unter 2.2. In diesem Kapitel wird ein Überblick über sein Werk gegeben, wobei auch dekadisch vorgegangen wird, um den biografischen Zusammenhang herstellen zu können.

Im Folgenden werden Eriksons Originalarbeiten tabellarisch in der chronologischen Reihenfolge ihrer Veröffentlichung dargestellt. Die Titel seiner Aufsätze und Artikel sind in normaler Schrift, die seiner Bücher sind kursiv geschrieben und in chronologischer Reihenfolge durchnummeriert. In der rechten Spalte der Tabelle stehen die Nummern der Bücher, in denen Erikson Bezug auf die jeweilige Arbeit nimmt, deren Erscheinungsjahr in der linken und deren Titel in der mittleren Spalte der Tabelle aufgeführt sind.

Eriksons Werk der dreißiger Jahre

In den dreißiger Jahren ist Erikson in erster Linie praktizierender Kinderanalytiker und unternimmt in dieser Dekade seine erste Feldforschungsreise zu den Sioux-Indianern in Süd-Dakota. Seine ersten wissenschaftlichen Artikel veröffentlicht Erikson ab 1930 und setzt sich darin vorrangig mit dem Einfluss der Psychoanalyse auf die Schulpädagogik auseinander. In seinem 1939 erschienen Artikel »Observations on Sioux Education« thematisiert er seine Beobachtungen bei den Sioux-Indianern.

Jahr	Titel	aufgenommen in:
1930	Die Zukunft der Aufklärung und die Psychoanalyse	
	Bilderbücher	(10)
1931	Triebschicksale im Aufsatz	
1937	Configurations in Play	(1)(3)(10)
1938	Dramatic Productions Test	
1939	Observations on Sioux Education	(1)(3)(5)

Tab. 2: Eriksons Werk in den Dreißigern

Eriksons Werk der vierziger Jahre

Die vierziger Jahre verbringt Erikson in Kalifornien, wo er mit Jean Macfarlane an der Langzeitstudie über die Kinder aus Berkeley arbeitet. Er unternimmt seine zweite Feldforschungsreise mit Alfred Kroeber zu den Yurok-Indianern. Anschließend eröffnet er wieder seine Privatpraxis. Er ist als beratender Fachmann an mehreren Kliniken tätig, u. a. einer Rehabilitationsklinik für psychisch gestörte Kriegsteilnehmer des Zweiten Weltkrieges.

Jahr	Titel	aufgenommen in:
1940	Problems of Infancy and early childhood	(1)(3)
	On submarine Psychology.	(3)(5)
	Studies of the Interpretation of Play: I. Clinical Observation of Play Disruption in Young Children	(1)(3)
1941	Further Explorations in Play Construction	
1942	Hitler's Imagery and German Youth	(1)(3)(5)
1943	Observations on the Yurok: childhood and world image	
1945	Plans for the Veteran with Symptoms of Instability	
	Childhood and Tradition in Two American Indian Tribes	(1)(3)
1946	Ego Development and historical Change – Clinical Notes	(1)(3)(5)

Tab. 3: Eriksons Werk in den Vierzigern

Eriksons Werk der fünfziger Jahre

Seine fünfziger Jahre widmet Erikson der Verifikation der Symptome der akuten schweren Identitätsverwirrung bei den jugendlichen Patienten des Austen-Riggs-Instituts in den Berkshires. In dieser Dekade veröffentlicht er sein erstes Buch (1950): »Kindheit und Gesellschaft« und verfasst seine erste psychohistorische Studie (1958): »Der junge Mann Luther«.

Jahr	Titel	aufgenommen in:
1950	Childhood and Society (1)	(2)(3)(4)(5)(6)(8)(9)(10)
	Growth and Crisis of the »Healthy Personality«	(1*)(3)(5)
1951	On the Sense of Inner Identity	(3)(5)
	Sex Differences in the Play Configurations of Preadolescents	(1*)(3)(4)
1953	Wholeness and Totality	(3)(4)(5)
	The power of the Newborn (with Joan Erikson)	
1954	The dream Specimen of Psychoanalysis	(3)(4)(5)
1955	The Syndrome of Identity Diffusion in Adolescents and Young Adults	(3)(4)(5)
	The Psychosocial Development of Children	(3)(4)
	A Historic Friendship: Freud's Letters to Fließ	(8)
	Freud's »The origins of Psychoanalysis«	(10)
	Discussion in Proceedings of the international Conference on Student Mental Health at Princeton, N. J. WFFMH	(3)
1956	The Problem of Ego Identity	(2)(3)(5)
	The First Psychoanalyst	(2)(3)(4)(8)
	Ego Identity and the Psychosocial Moratorium	(3)(5)

Jahr	Titel	aufgenommen in:
1957	(with Kai Erikson): The confirmation of the Deliquent	(5)
	Freuds Psychoanalytische Krise	(2)
	Trieb und Umwelt in der Kindheit	
1958	*Young Man Luther. A Study in Psychoanalysis and History* (2)	(3)(4)(5)(6)(8)(10)
	On the Nature of Clinical Evidence.	(2)(3)(4)(8)
	Identity and Uprootedness in Our Time.	(3)(4)
	Sex differences in the Play Constructions of Pre-Adolescents	(4)
	The psychosocial Development of Children	(4)
	The Syndrome of Identity Diffusion in Adolescents and Young Adults	(4)
1959	*Identity and the Life Cycle* (3)	(4)(10)
	Late Adolescence	

Tab. 4: Eriksons Werk in den fünfziger Jahren

Eriksons Werk der sechziger Jahre

In den sechziger Jahren entwickelt Erikson seine Konzeption des Lebenszyklus und der Identitätskrise vor seinen Studenten. Er lässt seine klinische Arbeit ruhen und konzentriert sich auf die universitäre Lehre.

Jahr	Titel	aufgenommen in:
1960	Youth and the Life Cycle	
	Psychosexual Development	
1961	The Roots of Virtue	(4)
	Introduction to: Emotional Problems of the student	
1962	Youth: Fidelity and Diversity	(4)(5)
	Reality and Actuality	(4)

Jahr	Titel	aufgenommen in:
1963	Youth: Change and Challenge (Ed.)	(4)(5)
	The Golden Rule and the Cycle of Life	(4)
1964	The Inner and the Outer Space: Reflections on Womanhood	(4)(5)
	Memorandum on Identity and Negro Youth	
	Insight and Responsibility (4)	(6)(8)(10)
1965	Psychoanalysis and Ongoing History: Problems of Identity, Hatred and Nonviolence	(5)(6)(8)
1966	The Concept of Identity in Race Relations: Notes and Queries	(5)(9)
	Transcript of a workshop on Identity	(5)
	Ontogeny of Ritualisation in man	(5)(6)
	Gandhi's Autobiography: The Leader as a Child	
	Eight Ages of Man	
1967	A questionable Cooperation: The Wilson Book	(6)(8)
	Memorandum on Youth for the Committee on the Year 2000	(5)
1968	The Human Life Cycle	(5)
	Psychosocial Identity	
	Insight and Freedom	(6)(8)
	On the Nature of Psycho-Historical Evidence: In Search of Gandhi	(8)
	Identity: Youth and Crisis (5)	(6)(8)
1969	On the Battlefield	
	Gandhi's Truth: On the Origin of Militant Nonviolence (6)	(9)(10)

Tab. 5: Eriksons Werk in den sechziger Jahren

Eriksons Werk der siebziger Jahre

Mit Beginn der siebziger Jahre emeritiert Erikson. In dieser Phase hält er Vorträge und Lesungen. Er verfasst drei Bücher und zahlreiche Artikel, die teilweise Grundlage und Resultat seiner Vorträge sind.

Jahr	Titel	aufgenommen in:
1970	Reflections on the Dissent of Contemporary Youth	
	Reflections on the Revolt of Humanist Youth	(8)
	Postscript and Outlook	(8)
	Autobiographic Notes on the Identity Crisis	(8)
1972	Erikson among the Indians	
1974	Two Perspectives	
	Dimensions of a New Identity: The 1973 Jefferson Lectures in the Humanities (7)	(8)(9)(10)
	Once More the Inner Space	(8)
1975	*Life History and the Historical Moment* (8)	(10)
1976	Reflections on Dr. Borg's Life Cycle	
	Psychoanalysis and ethics—avowed and unavowed	
1977	*Toys and Reasons: Stages in the Ritualization of Experience* (9)	(10)
1978	Adulthood	

Tab. 6:   Eriksons Werk in den siebziger Jahren

Eriksons Werk der achtziger Jahre

In den achtziger Jahren ist Erikson als Vortragsreisender und wissenschaftlicher Autor tätig. Das Hauptwerk dieses Lebensabschnitts ist sein Buch »Der vollendete Lebenszyklus« (1982), in dem er seine »Ansichten noch einmal kritisch aufgearbeitet und dabei den Schwerpunkt in erster Linie auf die innere Logik gelegt« (Erikson, 1983: 28) hat.

Jahr	Titel	aufgenommen in:
1980	Elements of a psychoanalytic Theory of psychosocial development	(10)
	Psychoanalytic Reflections on Einstein's Centenary	(10)
	On the Generational Cycle: an Address	(10)
1981	The Galilean Sayings and the Sense of ›I‹	(10)
	On Generativity and Identity: From a Conversation with Erik and Joan Erikson	
1982	*The Life Cycle Completed* (10)	
1983	Reflections	
1984	Reflections on Ethos and War	
	Reflections on the Last Stage – and the First	
1985	Pseudospeciation in the nuclear age	
1986	REVIEW/Vital Involvements in Old Age (Book Review)	
1989	Elements of a psychoanalytic theory of psychosocial development	
1995	A way of looking at things: Selected papers from 1930-1980	

Tab. 7: Eriksons Werk in den achtziger Jahren

Zusammenfassung

Als Eriksons Hauptwerk[4] kann sein Buch »Kindheit und Gesellschaft« (1950) gelten, auf das er sich im weiteren Verlauf seines Schaffens immer wieder bezieht. Es habe seine Wurzeln in der Praxis der Psychoanalyse und die wichtigsten Kapitel beruhten, so führt er aus, »auf spezifischen Situationen, die nach Deutung und Abhilfe verlangten: Angst bei kleinen

---

[4] Die Darstellung seines Werkes beruht auf Eriksons eigener Einschätzung und ist den Vorworten der jeweiligen Bücher entnommen. Welchen Stellenwert die einzelnen Arbeiten hinsichtlich seiner Theorie als Ganze oder bezüglich der heutigen Zeit im Vergleich zu der Zeit haben, als sie geschrieben worden sind, muss hier unbeantwortet bleiben.

Kindern, die apathische Passivität der amerikanischen Indianer, psychische Verwirrung von Kriegsteilnehmern, die Arroganz der jungen Nationalsozialisten.« (Erikson 1963, 1999: 11) Diese Deutungen hätten zu seinen Überlegungen bezüglich der Identität, ihrer Entwicklung und ihren möglichen Störungen geführt, die Erikson in seinem zweiten Buch »Der junge Mann Luther« (1958) auf eine Lebensgeschichte anwende. Genosse dieses Buches und Nachfolger von »Kindheit und Gesellschaft« sei sein Werk »Jugend und Krise« (1968), in dessen Vorwort er diese drei Bücher als nahe Verwandte bezeichnet, die Ähnlichkeiten und sogar Wiederholungen enthielten (Erikson 1968, 1988).

»Jugend und Krise« sei eine Zusammenstellung größerer Essays aus den fünfziger und sechziger Jahren, die Erikson überarbeitet und um Auszüge erweitert habe, die er etwa in der gleichen Zeit geschrieben habe (ebd.). Damit zeuge das Buch einerseits von Eriksons Auseinandersetzung mit seiner theoretischen Arbeit, denn erst »wenn man versucht, sie zu einem Buch zusammenzufassen, kann man wirklich erkennen, wovon jeder von ihnen handeln sollte und was sie allmählich zusammen zu bedeuten beginnen.« (Ebd.: 8) Andererseits sei dieses Buch auch Zeugnis für die Jahre, in denen er gemeinsam mit seiner Frau Joan Erikson am Austen Riggs Center gearbeitet habe.

Während der 18 Jahre, in denen dieses Trio erscheint, veröffentlicht Erikson außerdem ausgewählte Aufsätze, nach denen beständig immer wieder von sehr verschiedenen Berufszweigen her als Quellenmaterial nachgefragt worden sei, unter dem Titel »Identität und Lebenszyklus« (1959). Der Titel nenne das Problem: »die Einheit des menschlichen Lebenszyklus und die spezifische Dynamik jeder seiner Phasen, wie sie durch Gesetze der individuellen Entwicklung und gesellschaftlichen Organisation vorgeschrieben werden.« (Erikson 1959, 1974: 7) In seinem Buch »Einsicht und Verantwortung« (1964) seien Vorträge zusammengestellt, die Erikson auf drei Kontinenten gehalten habe und deren Gesprächsebene, wie er es nennt, Einsicht heiße (Erikson 1964, 1966).

Fünf Jahre später wird sein Buch »Gandhis Wahrheit« (1969) veröffentlicht, das »die Suche eines von der westlichen Zivilisation geprägten Mannes und Psychoanalytikers nach der historischen Gestalt Mahatma Gandhi und nach der Bedeutung dessen, was er Wahrheit nannte« (Erikson 1969, 1978: 7) beschreibe. Diese Studie weise eine große Affinität zwischen Gandhis Wahrheit und den Einsichten der Psychoanalyse auf, und zwar insofern, als dass jene Wahrheit und diese Einsichten als die

Erbschaft der ersten Hälfte dieses Jahrhunderts an die kommenden Jahre gesehen werden könnten.

In den 70er Jahren veröffentlicht Erikson die drei Bücher: »Dimensionen einer neuen Identität« (1974), »Lebensgeschichte und historischer Augenblick« (1975) und »Kinderspiel und politische Phantasie« (1977). »Dimensionen einer neuen Identität« ist die Buchfassung der Jefferson Vorlesung, die er 1973 in Washington gehalten hat. Sie thematisiere aus psychoanalytischer Perspektive spezifische Züge religiöser, ethischer und politischer Art, die den dritten Präsidenten der Vereinigten Staaten gekennzeichnet hätten. Sein Buch »Lebensgeschichte und historischer Augenblick« umfasse Aufsätze zu dem Thema: Psychoanalyse – Anpassung oder Freiheit, die Erikson zwischen 1955 und 1974 geschrieben habe. Die Grundlage des Buches »Kinderspiel und politische Phantasie« bildeten die Godkin Lectures der Harvard Universität. Diese hätten einem bestimmten Aspekt der wesentlichen Merkmale einer freien Regierung gewidmet sein sollen. Erikson hält die Beziehung zwischen kindlichem Spiel und politischer Vorstellungsgabe für bedeutungsvoll und macht sie zum Gegenstand dieser Vorlesung, die er 1972 unter dem Titel »Spiel, Vision und Täuschung« hält.

»Der vollständige Lebenszyklus« (1982) könne als Resümee von Eriksons Werk gesehen werden, in dem er die Elemente seiner Theorie der psychosozialen Entwicklung noch einmal kritisch aufgearbeitet hat, sodass der historische und autobiografische Kontext ihrer Entdeckung deutlich werde.

3   Eriksons Vorverständnis

In diesem Kapitel wird das Vorverständnis Erik H. Eriksons rekonstruiert, sowohl sein wissenschaftliches als auch sein berufliches und privates.

Um das Lebenswerk eines Menschen wie Erik H. Erikson verstehen zu können, und auch hier folge ich Eriksons Überlegungen, muss man es zum einen in Bezug zu der Zeit setzen, in der es entstanden ist, zu dessen Wurzeln und zu der Frage, inwiefern es eine Abgrenzung bzw. Weiterentwicklung dieser Wurzeln darstellt. Darüber hinaus ist es notwendig, Eriksons Beobachtungsweise und die Theorie, mit denen er in den Schöpfungsprozess eingetreten ist, darzustellen. Diese Forderungen werden hier unter dem Begriff des Vorverständnisses umgesetzt.

Das Vorverständnis umfasse »things such as people's knowledge, insights and experience before they engage in a research program« (Gummesson, 2000: 57) und führe zu »a certain attitude and a commitment on the part of researchers« (ebd.: 60). Erikson führt dazu aus, der Kliniker bringe »die Theorie mit, die seiner gewohnten Beobachtungsweise immanent« (Erikson 1959, 1974: 8) sei. Darüber hinaus entspricht das Vorverständnis teilweise dem, was Erikson als Einsicht bezeichnet und eine Form der Wahrnehmung darstelle, »die schwer zu definieren und schwerer zu verteidigen ist, denn sie enthält jene vorbewußten Annahmen, die dem erprobten Wissen und der formulierten Theorie sowohl vorangehen wie nachfolgen, und sie enthält auch aufgeklärte Vernunft und wissendes und unterrichtetes Partisanentum.« (Erikson 1964, 1966: 11) Dies stelle seiner Meinung nach die Voraussetzung dafür dar, dass der Psychoanalytiker heilen und lehren könne, was wiederum zur Formulierung von Konzeptionen führen könne, die durch systematische Beobachtung verifiziert werden müssten. Ein Modell, das diesen endlosen Prozess der Erkenntniserlangung oder besser Erkenntniserweiterung widerspiegelt, ist die hermeneutische Spirale (Gummesson, 2000). Bei diesem Konzept wird davon ausgegangen, dass es kein Verstehen ohne Vorverständnis gebe, welches wiederum das Vorverständnis des nächsten Verstehens sei.

Das Vorverständnis werde von den Elementen Wissen, Ansichten und Erfahrungen und damit verbunden einer bestimmten Einstellung und inneren Verpflichtung von Seiten des Forschers konstituiert. Entlang dieser Elemente wird im folgenden Kapitel Eriksons Vorverständnis rekonstruiert und mit dem Ziel dargelegt, seine »certain attitude« und innere

Verpflichtung transparent zu machen. Sein psychoanalytischer Ausgangspunkt wird aus seiner Perspektive in zweifacher Hinsicht rekonstruiert, zum einen in Hinblick auf die Entstehungsgeschichte der Psychoanalyse und zum anderen werden deren wichtigste Elemente wiedergegeben. Die Anfänge der Psychoanalyse, das heißt Freuds einsamen Kampf, legt Erikson eindrucksvoll in einer Ansprache anlässlich Freuds hundertstem Geburtstag am 6. Mai 1956 an der Universität Frankfurt dar. Die Grundlagen der Psychoanalyse, auf die Erikson aufbaut und die er modifiziert, lassen sich in seinem Gesamtwerk in verschiedenen Zusammenhängen finden.

3.1 Freuds Entdeckung der Psychoanalyse

Erst in der Mitte seines eigenen Lebens, so schreibt Erikson, sei ihm durch die Auffindung und Veröffentlichung intimer Briefe von Freud an Fließ, die vor der Jahrhundertwende geschrieben worden seien, der frühe Freud bekannt geworden: »wir Schüler wußten damals fast nichts von seinen Anfängen, nichts von jener geheimnisvollen Selbstanalyse, auf die seine Schriften anspielen. Wir kannten Menschen, die Freud in die Psychoanalyse eingeführt hatte, aber die Analyse selbst war allem Anschein nach seinem Haupt entsprungen, wie Athena dem Haupte des Zeus.« (Erikson 1964, 1966: 14) Aus dieser Vorstellung hätten die Psychoanalytiker, wie Erikson zugibt, eine gewisse, wenngleich reflektierte Omnipotenz bezogen. Erst die Briefe zwischen Fließ und Freud hätten es ermöglicht, »Freud als Anfänger zu vergegenwärtigen, als den ersten und für ein Jahrzehnt den einzigen Psychoanalytiker.« (Ebd.) Marie Bonaparte, Anna Freud und Ernst Kris haben die Briefe unter dem Titel »The Origins of Psycho-Analysis. Letters to Wilhelm Fließ, Drafts and Notes: 1887-1902« herausgegeben. Wie Erikson in seiner Rezension des Buches gesteht, »wirkt dieses Buch irgendwie traumatisch, wiewohl heilsam ernüchternd, wenn es langsam aufgenommen wird.« (Erikson 1975, 1982: 82)

Mit siebzehn Jahren entscheidet sich Freud gegen eine juristische und politische Laufbahn zugunsten einer medizinischen, motiviert durch seine naturphilosophische Begeisterung, die Geheimnisse der Natur zu entschleiern. Während seines »beruflichen Moratoriums« widmet er sein Leben dem physiologischen Laboratorium und dem mönchischem Dienst an der physikalischen Physiologie. Seine Lehrer sind Männer wie Brücke und Meynert. »Die Ideologie jenes bedeutenden Kreises der

Wiener Physiologen fand ihren Ausdruck in dem Gelübde, stets für die Wahrheit einzutreten, daß keine anderen Kräfte als die gewöhnlichen, physikalischen und chemischen im Organismus wirksam seien. [...] Man müsse entweder mittels physikalisch-mathematischer Methoden ihre spezifische Wirkungsweise feststellen oder das Vorhandensein neuer, den in der Materie wirksamen chemisch-physikalischen Kräften gleichwertige Kräfte annehmen.« (Ebd.: 54) Erikson hebt an anderer Stelle hervor, »*neue, an Würdigkeit gleichzusetzende Kräfte* – immer wieder werden wir auf diese Wendung zurückkommen.« (Erikson 1964, 1966: 18)

Im Alter von dreißig Jahren, 1886, verlässt Freud das akademische Kloster und lässt sich als praktizierender Neurologe nieder. Er heiratet das Mädchen, das auf ihn gewartet hat, und will eine große Familie gründen. Zu diesem Zeitpunkt, Erikson formuliert es so, »waren sein Arbeitsstil, seine Publikationspraxis und seine persönliche Haltung bereits so voll entfaltet, daß es, wenn schon nicht für ein einmalig schöpferisches, so doch für ein produktives Leben hingereicht hätte.« (Erikson 1975, 1982: 54) Freud selbst habe sich vor allem als praktizierenden Spezialisten in den neurotherapeutischen Methoden seiner Zeit gesehen. Weder ganz das eine noch ganz das andere, aber es habe ihm einen Lebensunterhalt geboten, wo dies für einen jüdischen Arzt möglich gewesen sei. Die Entscheidung der reinen Wissenschaft zu entsagen, habe andererseits, und darüber gäben Freuds Briefe an Fließ Aufschluss, bedeutet auf »eine in den Gedankenkonstruktionen eines Mannes vorweggenommene Zukunft« (Erikson 1964, 1966: 18) zu verzichten, und diese »bedeutet mehr als einfach noch nicht gelebte Zeit.« (Ebd.) Freud fehlt in der Arbeit als Facharzt die Arbeitsdisziplin und Arbeitsideologie, die er sich im Labor angeeignet hat und zu denen er sich tief hingezogen fühlt. In dieser Phase weist ihn ein älterer Praktiker, Dr. Joseph Breuer, darauf hin, dass selbst in einer neurologischen Praxis ein experimentelles Laboratorium verborgen sein könne.

Freud beginnt seine Patienten als Forschungsgegenstand zu betrachten. Es sind in erster Linie Frauen, die an neuralgischen Schmerzen und Anästhesien, an Teillähmungen und Krämpfen, an Übelkeit und Überempfindlichkeit, an Verlust der Sehkraft und an visuellen Halluzinationen, an Gedächtnisschwund und an qualvollen Überflutungen durch Erinnerungen leiden. Nichtmedizinern zufolge hätten diese Frauen häufig als verwöhnt und sich die Krankheiten nur einbildend gegolten, um Aufmerksamkeit zu bekommen. Nach damals herrschender neuropathologischer Meinung wird ein Teil dieser Störungen als Resultat erblicher, degenerativer Hirnveränderungen aufgefasst, die durch Massage und Elektrisierung der betroffenen Körperzonen behandelt und der Wille durch Hypnose und Suggestion beeinflusst wird. Freud jedoch glaubt nicht an eine einfache lineare Herkunft isolierter Symptome aus Hirnschädigungen und sucht in Anhäufungen von Symptomen nach einem gemeinsamen Nenner. Er sei der Überzeugung gewesen, »daß Phänomene, die die Beachtung und Beobachtung herausfordern, eine verborgene Geschichte besitzen müssen.« (Ebd.: 19)

Unter Hypnose offenbaren ihm seine Patienten Serien von Erinnerungen, die wenn auch fragmentarisch, verschiedene Variationen eines bestimmten Themas zu sein scheinen, das sich häufig in einem historischen Modellvorgang finden lässt. Für Freud wird jedes Detail bedeutend für seine Forschung und die Überprüfung seiner Überzeugung, »daß jedes neurotische Symptom, wenn man es entlang einer Reihe zusammenstimmender Erlebnisse (nicht entlang den neurologischen Wegen der Nervenfasern) verfolgte, zu der Wiederbelebung früherer und immer früherer Konflikte im Gedächtnis führen, und dabei die vollständige Geschichte seines Ursprungs liefern müßte.« (Ebd.: 20) Indem er die Vergangenheit seiner Patienten rekonstruiert, gelangt Freud zu der Einsicht, dass alle Menschen Konflikte, wie die seiner Patienten haben müssten. Der Mensch, so seine Annahme, erinnere und begreife nicht viel von dem, was in seiner Kindheit bedeutsam gewesen sei, und wichtiger noch, er wolle es gar nicht begreifen. »Hier schien eine geheimnisvolle *individuelle Frühgeschichte* aufzutauchen, so wichtig für die Psychologie, wie Darwins biologische Frühgeschichte für die Biologie.« (Ebd.: 21)

Diese Überlegungen führen Freud dazu, anzunehmen, dass Hysterie kein Symptom der natürlichen Minderwertigkeit der Frau und ihrer Neigung zur Degeneration sei. Schließlich hat er der Wiener Gesellschaft der Ärzte einen Fall männlicher Hysterie vorgestellt, jedoch aufgrund der Reaktion seiner Kollegen die Ärztegesellschaft nie wieder besucht. Erikson schreibt, Freud habe in diesem Moment erkannt, dass ihm Jahre der Isolierung bevorstünden, und diese Isolierung akzeptiert. Dies sei ein Aspekt neben »einer Störung im Beobachtungsinstrument selbst, im Seelenleben des Beobachters« (Ebd.: 22) innerhalb einer Krise gewesen, die der neuen Wissenschaft fast das Leben gekostet habe. Anhand der Briefe und frühen Schriften Freuds glaubt Erikson eine dreifache Krise beobachten zu können, die ihrem Wesen nach eine einzige darstelle und die unerlässlichen Dimensionen der psychologischen Entdeckung charakterisiere.

Die erste bezeichnet Erikson als eine Krise in der therapeutischen Technik, deren Lösung im Erschaffen einer neuen therapeutischen Rolle gelegen habe, für die in der Tradition seines Berufes kein Platz vorhanden gewesen sei. Diese Rolle sei zum einen durch eine veränderte Arzt-Patient-Beziehung gekennzeichnet. Das Bild über den Patienten habe sich dahingehend geändert, dass dieser nicht (mehr) als Degenerierter abgetan worden sei. Freud habe den gesunden, wenn auch unterdrückten Teil des Patienten in das Unternehmen integriert, den kranken Teil zu verstehen. Daraus habe sich ein Grundprinzip der Psychoanalyse entwickelt, das besagt, »*daß man das menschliche Seelenleben nur untersuchen kann, wenn man die voll motivierte Mitarbeit des beobachteten Individuums gewinnt und in eine aufrichtige Beziehung zu ihm tritt.*« (Ebd.: 23, Hervorh. im Orig.) Dadurch habe sich auch das Selbstbild des Arztes verändert. Er könne sich nun nicht mehr als der stets allwissende Vater betrachten und verzichte dadurch auch auf die damit verbundene »dominierende lizenzierte Vorzugsrolle« (Erikson 1964, 1966). Dem liege Freuds Einsicht zugrunde, dass er und seine medizinischen Kollegen sich durch Gewohnheit und Konvention auf eine autokratische Verhaltensform, ähnlich des Verhaltens der autoritätsgewaltigen Eltern, festgelegt hätten. Ein weiteres Grundprinzip der Psychoanalyse habe sich so offenbart, das besagt, dass man »*in anderen nichts erkennen kann, was man nicht in sich selbst zu erkennen gelernt hat.*« (Ebd.: 23, Hervorh. im Orig.)

Die zweite Krise, die Erikson als die der begrifflichen Fassung der klinischen Erfahrungen bezeichnet, resultiere aus Freuds starker Bindung an die Physiologie und deren Begrifflichkeiten, die es ihm extrem erschwert habe, in psychologischen Termini darzustellen, was vor ihm nur die Literatur zu sagen gewusst habe. Freud habe danach gesucht, was der Quantität und der Kraft des Seelischen entspreche, nach dem seelischen Mechanismus, der eine derartige Kraft normalerweise konstant halte und nach inneren Bedingungen, ihre zerstörerische Kraft freizusetzen, d. h. nach der »Energie von gleicher Würdigkeit« (Ebd.: 24) Im Frühjahr 1895 habe er seine diesbezüglichen Überlegungen unter dem Titel »Psychologie für Neurologen« niedergeschrieben. Diese Abhandlung habe er an Fließ geschickt und einen Monat später widerrufen: »Ich wollte ja nichts weiter als die Abwehr erklären, aber erklärte etwas mitten aus der Natur heraus. Ich fand, daß ich mit der ganzen Psychologie kämpfte. Nun will ich nichts mehr davon wissen.« (Freud, 1950 zit. nach Erikson 1964, 1966: 25) Erikson bemerkt, dass dieses Manuskript dramatisch dokumentiere, wie Freud es auf sich nehme, ja nicht zufällig die Pfade zu verlassen, die die Tradition ihm vorschreibe.

Das Ziel seiner Abhandlung »Psychologie für Neurologen« formuliere Freud dementsprechend wie folgt: »Es ist die Absicht dieses Entwurfes, eine naturwissenschaftliche Psychologie zu liefern, d. h. psychische Vorgänge darzustellen als quantitativ bestimmte Zustände aufzeigbarer materieller Teile, und sie damit anschaulich und widerspruchsfrei zu machen. Der Entwurf enthält zwei Hauptideen, 1. das, was Tätigkeit von Ruhe unterscheidet, als Quantität (Q) aufzufassen, die dem allgemeinen Bewegungsgesetz unterworfen ist, 2. als materielle Teilchen die Neuronen anzunehmen.« (Ebd.: 63) Entsprechend dieser Zielsetzung habe Freud ein Organisationsmodell dieser Teilchen entwickelt, in dem physikalische Konzepte, beispielsweise das Trägheitsprinzip oder die Erhaltung der Energie mit histologischen kombiniert worden seien. Freud habe, und dies kennzeichne gleichsam den Anfang seiner psychologischen Laufbahn, einen Seelenroboter erschaffen, eine Art empfindliche Maschine der Lenkung von Erregungsqualitäten und Quantitäten, wie sie durch äußere und innere Reize ausgelöst würden (Erikson 1964, 1966). Hierin würden sich nicht nur Freuds physikalisch-biologische Wurzeln seines Denkens zeigen, sondern darüber hinaus auch die mechanischen und ökonomischen Vorstellungen, die seine Zeit geprägt hätten, charakterisiert durch die Suche nach einem inneren Gleichgewicht in einem geschlossenen Universum (Erikson 1975, 1982).

Freud widerruft sein Manuskript mit dem Empfinden, mit der ganzen Psychologie zu kämpfen, die er zu diesem Zeitpunkt als »eine Art Wahnwitz« (Erikson 1964, 1966: 25) bezeichnet. In der Zwischenzeit lässt ihn seine klinische Arbeit mit seinen Patienten annehmen, sie würden an der »Stauung« eines ununterdrückbaren »Affektes« leiden: der sexuellen Sinnlichkeit. Dafür führt er den Energiebegriff einer sexuellen Libido ein, womit er die sexuelle Energie bezeichnet, die den Menschen zu allen Formen angenehmer sinnlicher Erfahrungen antreibt und deren Umformung entsprechend der jeweiligen Ziele und Ideale die psychische Maschinerie lernen müsse. Die Einführung dieses Begriffes sei ein erster Schritt der Lösung des Konfliktes gewesen, denn er sei »die passendste Antwort auf die Fragen, die die Erinnerungsberichte seiner Patienten aufwarfen, und die Theorie, die sich am besten mit seiner Suche nach einer ›würdigen‹ Kraft vereinbaren ließ.« (Ebd.: 26) Die Phantasien seiner Patienten sind sexuell und beziehen sich auf passive sexuelle Erlebnisse in der frühsten Kindheit, die jedoch nicht unbedingt wahr sein müssen. Freud schlussfolgert daraus, dass wenn Hysteriker ihre Symptome auf erfundene Traumen zurückführen würden, sei eben die neue Tatsache die, dass sie solche Szenen phantasieren, und die psychische Realität verlange neben der praktischen Realität gewürdigt zu werden (Erikson 1964, 1966). Freud beginnt die psychische Realität systematisch als die Domäne der Phantasie, der Träume und der Mythologie zu verstehen und in ihr die Bildersprache eines überpersönlichen universalen Bewusstseins zu sehen. Wenn die Phantasien seiner Patienten sexuell seien, dann müsse es auch irgendetwas in den frühen Kinderjahren geben, das sexuell sei. Dieses Etwas bezeichnet er als Psychosexualität, um sowohl den Phantasien als auch Impulsen bzw. der Psychologie und der Biologie in den frühsten Stadien menschlicher Entwicklung Rechnung zu tragen. Erikson hält fest, durch »dieses allmähliche Begreifen des epigenetischen Charakters der menschlichen Entwicklung werden schließlich die erogenen Zonen und Libidophasen erkannt.« (Erikson 1975, 1982: 68)

Seine persönliche Krise habe sich in der Freundschaft zu Fließ zugespitzt, wie die aufgefundenen Briefe enthüllen würden. Freud habe diesem gegenüber das entwickelt, was er, nachdem er es verstehen gelernt, als Übertragung bezeichnet habe – »das heißt jenes eigenartige Gemisch von Überschätzung und Mißtrauen, das der Mensch mit so besonderer Vorliebe Leuten in bedeutungsvollen Positionen entgegenbringt. [...] Die Übertragung bedeutete also auch eine teilweise Regression auf kindliche Haltungen. Es handelte sich dabei gerade um das Gebiet, das Freud in jener Zeit bei seinen Patienten zu verstehen suchte.« (Erikson 1964, 1966: 30) Seine Übertragungen habe er Fließ gegenüber verbalisiert, der sich, schließlich habe er den Briefverkehr nicht zum Zwecke der Selbstanalyse unterhalten, dagegen gewehrt und geschrieben habe, dass der Gedankenleser bei anderen nur seine eigenen Gedanken lesen würde. Eine Unterstellung, die Freud wiederum als Tarnung von Fließ's eigenem Widerstand gedeutet habe. Ein weiteres Grundprinzip, das sich so herauskristallisiert habe, besagt, dass »*die psychologische Entdeckung begleitet ist von einer gewissen irrationalen Beteiligung des Beobachters, und daß sie einem anderen nicht mitgeteilt werden kann ohne eine gewisse irrationale Beteiligung beider.*« (Ebd., Hervorh. im Orig.) Dies habe Freud zu dem Schluss geführt, dass Selbstanalyse eigentlich unmöglich sei, weil es sonst keine Krankheiten gebe. Man könne sich nur selbst analysieren mit objektiv gewonnenen Kenntnissen.

Die Lösungen dieser drei Krisen Freuds seien, so führt Erikson aus, in einer Dreiheit enthalten, die auf vielfache Weise grundlegend für die Praxis der Psychoanalyse und für die Anwendung der Psychoanalyse auf andere Gebiete oder Disziplinen seien. Diese Dreiheit bestehe aus dem *therapeutischen Vertrag mit dem Patienten*, aus dem *begrifflichen Grundriss* und aus der *systematischen Selbstanalyse*. Diese wiederum seien mit folgenden Forderungen an den Psychoanalytiker verbunden,: »daß der Psychoanalytiker als Arzt den Vertrag mit dem Patienten als sein eigentliches Arbeitsfeld akzeptiert und der Sicherheit anscheinend ›objektiver‹ Methoden entsagt; daß er als Theoretiker Verantwortungsgefühl für dauernde begriffliche Neudefinitionen besitzt und der Verlockung scheinbar tiefsinniger oder ansprechenderer philosophischer Abkürzungen widersteht; und schließlich, daß er als Humanist die selbstkontrollierende Wachsamkeit über die Befriedigung scheinbarer professioneller Allmacht stellt.« (Ebd.: 37)

3.2 Hauptbestandteile des psychoanalytischen Lehrgebäudes

Im Folgenden werden die Hauptbegriffe des psychoanalytischen Begriffssystems, wie von Freud entwickelt und wie von Erikson verstanden, dargelegt. Erikson stellt zwar die Berufung zum Psychoanalytiker über die jeweilige Schulrichtung, fühlt sich aber dennoch der Psychoanalyse verpflichtet; »das heißt einem System, das um die Jahrhundertwende von einem in physikalischer Physiologie ausgebildeten Arzt geschaffen wurde«. (Ebd.: 43) Der Grund seiner Bindung an das klassische Begriffssystem sei nicht ›engherziges Partisanentum‹, sondern »kaum jemand wird leugnen, daß aus dieser Übertragung physikalischer Gesetze auf die Psychologie sich in unserer Zeit neue klinische Denkweisen entwickelt haben.« (Ebd.)

Von Freud werden zwei Grundtriebe angenommen: Eros und der Destruktionstrieb, die Energie des ersten habe Freud als »Libido« bezeichnet. Bezüglich der Libidotheorie führt Erikson aus: »Nur derjenige, der sich speziell mit den extremen Verworrenheiten psychischer Störungen, aber auch mit den recht verbreiteten bizarren Charaktertendenzen beschäftigt, kann voll ermessen, welch klares und vereinfachendes Licht die Libidotheorie in diese dunklen Abgründe brachte, die Theorie einer flottierenden[5] sexuellen Energie, die zu den ›höchsten‹, wie zu den ›niedrigsten‹ Formen menschlicher Strebungen beiträgt – und oft zu beiden Formen zu gleicher Zeit.« (Erikson 1963, 1999: 57) Trotzdem »verrät uns unsere Theorie der inneren seelischen Ökonomie nicht, welche Energie die gesamte Erscheinung eines Menschen verändern und tatsächlich seinen Lebenstonus erhöhen kann.« (Erikson 1964, 1966: 147)

Als »sexuell« definiere Freud »eine breite Skala von Impulsen und Affekten, die niemals zuvor unter solcher Bezeichnung zusammengefaßt worden waren.« (Erikson 1975, 1982: 34) Die normale Sexualität, so zeige Freud, »der Physiologe durch Neigung und Erfahrung« (Erikson 1963, 1999: 58), entwickle sich in Phasen, die er in systematische Verbindung mit der gesamten epigenetischen Entwicklung des Menschen gebracht habe. Bezüglich der Entwicklung des Kindes habe die Psychoanalyse »das Verständnis für das eigentlich persönliche Erleben und speziell für die inneren Konflikte beigesteuert, welche die Art und Weise festlegen, wie ein Mensch zu einer individuellen Persönlichkeit wird.« (Erikson 1959, 1974: 58)

Das Konzept der Prägenitalität

Das so genannte Konzept der Prägenitalität spiele in der psychoanalytischen Entwicklungstheorie eine außerordentlich bedeutsame Rolle. Hierbei würden die erotischen Erfahrungen des Kindes als prägenital bezeichnet, da die Sexualität erst in der Pubertät das genitale Primat erreiche. In der Kindheit durchlaufe die sexuelle Entwicklung drei Phasen, die meist als die »orale«, die »anale« und die »phallische« bezeichnet würden, weil jede eine starke Libidinisierung der entsprechenden vitalen Zone des Organismus markiere. Die Trieb-»Komponenten« würden von Freud, so führt Erikson aus, »hauptsächlich als Bausteine zweier komplizierter Gebäude verstanden: erstens als Bausteine der späteren reifen Sexualität, in der alle diese am Anfang isolierten Teile zu einer einheitlichen Gestalt, nämlich der reifen Genitalität, beitragen; zweitens als Bausteine des sublimierten Schaffens, also der Einordnung ursprünglich sexueller und sensueller Regungen in die wertbetonten Strebungen des Gemeinschaftslebens.« (Erikson, 1957a: 54)

---

[5] In der vierten Ausgabe des Buches »Jugend und Krise« von 1971 wurde diese Stelle, wie ich meine, passender, mit »die Theorie einer beweglichen sexuellen Energie, [...]« (Erikson 1963, 1971: 57) übersetzt.

Die Phasen würden als epigenetisch miteinander verbunden angesehen, und zu den weitreichenden Konsequenzen ihrer starken libidinösen Ausstattung für die Schicksale der menschlichen Genitalität gehörten »die spielerische Vielfalt der prägenitalen Lust (falls sie wirklich ›Vor-Lust‹ bleibt), die sich bildenden Perversionen, falls diese oder jene prägenitale Lust fordernd genug bleibt, das genitale Primat zu vereiteln, vor allem aber die neurotischen Folgen einer übermäßigen Verdrängung starker prägenitaler Bedürfnisse.« (Erikson 1982, 1988: 33) »Tatsächlich erweisen sich alle Neurotiker bei näherer Untersuchung als gehemmt in ihrem sexuellen Zyklus: ihre Intimität ist gestört, während sie versuchen, sich möglichen Partnern zu nähern, während sie den sexuellen Akt einleiten, ausüben oder beenden, oder während sie sich von den jeweiligen ›Teilen‹ und vom Partner wegwenden. Hier sind die Spuren der Prägenitalität deutlich zu erkennen, wenn sie auch selten ins Bewußtsein treten.« (Erikson 1963, 1999: 87)

Der Begriff der Prägenitalität bezeichne demzufolge die infantile Sexualentwicklung, deren Endprodukt die reife genitale Sexualität bzw. Genitalität sei, in der die prägenitalen Phasen bis zu einem Punkt der Perfektion integriert seien, so dass sie »es späterhin (nach der Pubertät) möglich machen würde, drei schwierige Punkte in Einklang zu bringen: (1) den genitalen Organismus mit prägenitalen sexuellen Bedürfnissen zu integrieren; (2) den Einklang zwischen Liebe und Sexualität zu schaffen; (3) die sexuellen, die generativen und die werkproduktiven Grundformen des Verhaltens in Einklang zu bringen.« (Ebd.: 86f.) In der »Genitalität«, so bemerkt Erikson, basierend auf der Annahme, ein System bedürfe einer Utopie, liege diese für die Psychoanalyse.

Der seelische Apparat

Die Organisation des Seelenlebens des Individuums habe Freud in einem Strukturmodell dargestellt, in dem zwischen dem Es, Ich und Über-Ich unterschieden werde. Diese Instanzen seien die Bestandteile des »psychischen« Apparates, jedoch keine »streng abgeteilten Kammern innerhalb der Kapsel einer Lebensgeschichte«. (Erikson 1959, 1974: 52) »Freud hielt das Es für die älteste Instanz der Seele, sowohl in individueller Hinsicht – denn er war der Meinung, daß der Säugling ›ganz Es‹ sei – als auch in phylogenetischer Hinsicht, denn das Es ist der Niederschlag der gesamten Evolutionsgeschichte in uns. Das Es ist all das, was an Reaktionen der Amöbe, an Impulsen des Affen, an blinden Spasmen unserer intra-uterinen Existenz und an Bedürfnissen aus unseren frühesten Säug-

lingstagen in unserer Organisation zurückgeblieben ist – all das, was uns zu »bloßen Kreaturen« machen würde. Der Name »Es« weist natürlich auf die Annahme hin, daß sich das »Ich« an diese ursprüngliche, diese tierische Schicht gefesselt fühlt, wie der Zentaur an sein tierisches Unterteil: nur daß das Ich diese Verbindung als Gefahr und Auferlegung empfindet, während der Zentaur das Beste daraus macht. [...]
Die andere innere Institution, die Freud erkannte und benannte, ist das ›Über-Ich‹, eine Art von automatischem Regenten, der den Ausdruck des Es einschränkt, indem er ihm die Forderung des Gewissens gegenüberstellt. Auch hier lag der Akzent zuerst auf der fremden Bürde, die dem Ich durch sein Über-Ich auferlegt wird. Denn dieses auferlegte, dieses überlegene Ich war ›die (introjizierte) Summe aller Einschränkungen, denen das Ich sich unterwerfen muß‹. [...] In Augenblicken des Selbstvorwurfes und der Depression wendet das Über-Ich gegen das Ich so archaische und barbarische Methoden an, daß sie denen des blind impulsiven Es ähnlich werden.« (Erikson 1963, 1999: 188f.)
Freuds Auffassung vom Ich, so legt Erikson dar, sei so alt wie die Psychoanalyse selbst und entstamme seiner physiologischen Periode. »Die psychoanalytische Bedeutung des Ichs kennzeichnet es als einen innerpsychischen Regulator, der die Erfahrung organisiert und diese Organisation sowohl gegen den unzeitigen Einfluß der *Triebe* wie gegen den übertriebenen Druck eines überanspruchsvollen *Gewissens* beschützt. [...] Das Ich der Psychoanalyse ist also dem analog, was es in der Philosophie früher bedeutete: ein auswählendes, integrierendes, zusammenhängendes und fortdauerndes Agens, das das Zentrum der Persönlichkeitsbildung ausmacht.« (Erikson 1964, 1966: 135) Das Ich stehe zwischen Es und Über-Ich und wehre beständig ausgleichend die extremen Bestrebungen der beiden ab. Es »bleibt auf die Realität des historischen Tages abgestimmt, indem es Wahrnehmungen prüft, Erinnerungen auswählt, das Handeln lenkt und auch anderweitig die Orientierungs- und Planungsfähigkeit des Individuums integriert.« (Erikson 1963, 1999: 189)

Die menschliche Umwelt

Der inneren Welt stehe die menschliche Umwelt, die Realität, gegenüber. Freuds Kriterien der Realität seien nach Hartmann »die Kriterien der Wissenschaft, oder richtiger diejenigen, die ihren klarsten Ausdruck in der Wissenschaft finden [...] die als ›objektiv‹ akzeptiert, was *durch bestimmte Methoden verifiziert werden kann*« [...].« (Erikson 1964, 1966: 148) Die Hervorhebungen stammen von Erikson, »aber die Feststellungen besagen deutlich, daß die psychoanalytische Methode schon ihrem Entwurf nach es unternimmt, die Anpassung des Menschen zu fördern, indem sie ihm hilft, Tatsachen und Motive so wahrzunehmen, »wie sie sind, das heißt, wie sie dem rationalen Auge erscheinen.« (Ebd.) Mit Bezugnahme auf eine Fußnote in Freuds Schriften zur Metapsychologie, über die Unterscheidung einer Aktualitäts- von einer Realitätsprüfung an anderer Stelle mehr zusagen[6], führt Erikson aus, dass bei Freuds Verwendung des Wortes Realität der Begriff Wirklichkeit oft stillschweigend mitgemeint sei, welcher Wirkung, das heißt Aktivität und Wirksamkeit, mit Realität vereinige. Freuds »Realitäts«-Begriff kombiniere nach Eriksons Verständnis Faktualität und Aktualität – »d. h. die durch Konsensus validierte Welt der Fakten und die *wechselseitige Aktivierung* gleichgesinnter Menschen. Nur beide zusammen vermitteln ein Gefühl der *Realität.*« (Erikson 1975, 1982: 106)

Fünf psychoanalytische Hauptbegriffe

Die Ausbildung zum Psychoanalytiker habe Erikson außerdem in klinischer Unmittelbarkeit fünf Hauptbegriffe vermittelt, die Freud als die Hauptbestandteile des psychoanalytischen Lehrgebäudes bezeichnet habe. Diese hätten »seither grundlegende Bedeutung für die psychoanalytische Theorie und Technik und mithin auch für das klinische Studium der Identitätsproblematik gewonnen.« (Ebd.: 33) Es handelt sich um den Widerstand, die Verdrängung, das Unbewusste, die ätiologische Bedeutung des Sexuallebens und die Wichtigkeit der Kindheitserlebnisse. Als weiteren wichtigen Aspekt führt Erikson die Übertragung an.

Der innere Widerstand sei der wichtigste Grundbegriff, nicht wertend gemeint, sondern physikalisch bezeichne er die Tatsache, dass Erinnerungen und Gedanken nicht gedacht werden können, auch wenn man es, sei es aus Verzweiflung oder Neugier, gern möchte. Verantwortlich dafür sei die Verdrängung, eine von der psychischen Organisation geleistete Abwehr, wodurch das Unbewusste eine dynamischere Qualität erhalte, als bloßes »Nicht-Wissen«. Jedoch würden Triebe und Wünsche, Erinnerungen und Phantasien nach Beachtung und Erfüllung streben. Im Zweifelsfall geschehe dies auf indirektem Weg, d. h. in symbolischer Verkleidung in Träumen und Tagträumen, in Symptomen des Tuns (dem Täter wesensfremde oder in ihren Folgen ungewollte Handlungen) und des

---

[6] S. Freud (1917): Metapsychologische Ergänzung zur Traumlehre, Ges. Werke X, 412-427, Imago Publishing, London 1949.

Unterlassens, beispielsweise Hemmungen oder Vermeidungen (Erikson, 1973). »Alle psychoanalytischen Techniken haben gemeinsam, daß ihnen der vorherrschende Widerstand als Leitlinie dient und daß die Interpretation der Aufnahmefähigkeit des Patienten angepaßt sein muß.« (Erikson 1959, 1974: 172)

Die ätiologische Bedeutung des Sexuallebens habe Freud aus seinen Beobachtungen der viktorianischen Gesellschaft abgeleitet und meine damit »die pathogene Kraft der verdrängten Geschlechtstriebe« (Erikson 1975, 1982: 33f.). Deshalb halte Freud die systematische Aufmerksamkeit für die Wichtigkeit der Kindheitserlebnisse für einen essentiellen Bestandteil seiner Methode und seiner Theorie. Erikson merkt an, dass die daraus resultierenden Befunde »eine ganz neue Betrachtungsweise der Lebensstadien und damit der Lebensgeschichte des Menschen eröffneten.« (Ebd.: 34) Darüber hinaus betont Erikson ein weiteres Phänomen von zentraler Bedeutung, das von Freud als Übertragung bezeichnet werde und »die universelle Bereitschaft, einen anderen Menschen (natürlich meist unbewußt) in der Weise zu erleben, als erinnerte er einen an eine wichtige Person aus Kindheit und Jugend, so wie sie *damals* erlebt wurde.« (Ebd.)

3.3 Eriksons Selbstverständnis

Eriksons Selbstverständnis konstituiert sich zum einen aus seiner Lebensgeschichte, also seinem im vorherigen Kapitel dargestellten biografischen Hintergrund, und zum anderen, etwas metaphorisch formuliert, der Psychoanalyse. Einer seiner Kollegen an der Harvard-Universität schreibt in einem Artikel über Erikson, er habe über sich selbst gesagt: »Jeder Erwachsene braucht einen Felsen, einen festen Grund für seine Identität – etwas, was er ganz sicher weiß und genau kennt, etwas, was er machen kann, egal, was es ist. Für mich ist dieser feste Grund: Ich bin Psychoanalytiker.« (Keniston, 1983: 31) Das bedeutet für Erikson eine klare innere Verpflichtung: »Freud ist für mich eine Selbstverständlichkeit; die Psychoanalyse ist immer der Ausgangspunkt.« (Ebd.) Mit dieser Einstellung sind verschiedene Konsequenzen hinsichtlich seines Selbstverständnisses verbunden. Erstens resultieren aus der Psychoanalyse zwei sich möglicherweise widersprechende »Rollenbilder«, das des Klinikers und das des Theoretikers. Zweitens ist Erikson als Schüler Freuds den Konflikten ausgesetzt, die er als die doppelte Last der Erben radikaler Neuerungen bezeichnet: »gemeinsam müssen sie vollziehen, was der

Gründer in einsamen Jahren erkämpfte, und sich doch zugleich bemühen, keinen Gewohnheitsbildungen zu verfallen, die aus dem Erfolg resultieren.« (Erikson 1964, 1966: 146)

Die erste Frage ist hinsichtlich der Tatsache interessant, dass Erikson lediglich über den Abschluss als Psychoanalytiker und das Montessori-Diplom als formale Abschlüsse verfügt hat, was ihm die wissenschaftliche Rolle erschwert und ihn vielleicht noch enger an die Psychoanalyse gebunden haben könnte. Dies wiederum könnte seine Abnabelung von seinem geistigen Vater erschwert haben, weil seine Dankbarkeit diesem gegenüber zu Schuldgefühlen geführt haben könnte. In dem folgenden Satz offenbart sich nach meinem Empfinden diese Thematik: »Jedenfalls konnte ich meine Dankbarkeit für meine privilegierte Ausbildung wohl nur in meiner eigenen ›Währung‹ abbezahlen.« (Erikson, 1973: 811)

Erikson selbst zählt sich zu den Klinikern. Diese sprächen »mit relativer Leichtigkeit vom Kern der menschlichen Persönlichkeit und von Stadien seiner Entwicklung« (Erikson 1964, 1966: 124) und hätten ihren Anfangspunkt »bei Beispielen vollständiger *innerer* Veränderung«. (Erikson 1968, 1988: 74) Er meint damit, »daß wir den Menschen kennen, [...] wenn er krank genug ist, um in unterscheidbare Verhaltensfragmente zu zerfallen.« (Erikson 1964, 1966: 124) »Aber dann verlangen unsere Subjekte, ganz zu werden, und der Therapeut muß über einige Theorien und Methoden verfügen, die dem Patienten eine ganze Welt bieten, um in ihr ganz zu sein.« (Ebd. 124f.) Als schreibender Kliniker bestehe seine Aufgabe darin, »Ausdruck für derartige Einsichten zu finden, und die zweite im Aufbau von Theorien.« (Ebd.: 12) Denn die psychoanalytische Wissenschaft ziele darauf, »die klinische Begegnung kommunizierbar, erklärbar und klassifizierbar« (Erikson 1975, 1982: 34) zu machen.

Bezüglich des Identitätsfragments »schreibender Kliniker« ist Erikson ambivalent in seinem Werk. Einerseits sagt er: »Ich habe es nie gelernt, mich in der Rolle eines Autors wohlzufühlen, der über menschliche Entwicklung schreibt und klinisches Beobachtungsmaterial als Teil seiner Beweisführung veröffentlichen muß.« (Erikson 1968, 1988: 7) Andererseits gibt er zu, erst als er zum schreibenden Analytiker geworden sei, habe sich seine psychoanalytische Identität gefestigt (Erikson, 1973). Wahrscheinlich weil »das spezifische Vollzugsorgan« (Erikson 1958, 1975: 163) seiner Identität das geschriebene Wort ist, was sich in seinen Gefühlen als er sein erstes Buch (Kindheit und Gesellschaft) geschrieben hat, offenbart: »da war mir, als sei das wissenschaftliche (klinische) Schreiben nicht nur theoretische, sondern auch künstlerische Ausdrucksform.« (Erikson 1975, 1982: 30)

Schließlich bemerkt er hinsichtlich der Psychoanalyse als Wissenschaft und der Wissenschaftlichkeit seiner Arbeitsweise: »Ich habe immer den Argwohn gehabt (aber vielleicht verstehe ich wirklich zu wenig davon), daß alles, was in der Psychoanalyse so hochwissenschaftlich im Sinne des Physikalismus des 19. Jahrhunderts klingt, vielleicht mehr Szientismus als Wissenschaft ist, wenn ich auch einsehen kann, daß die Psychologie und die Sozialwissenschaft, die sich gegen die Philosophie und Theologie abgrenzen mußten, keine andere Wahl hatten, als zuerst einmal in den verfügbaren Wissenschaftsbegriffen des Jahrhunderts zu denken. Aber Freuds Phänomenologie und Darstellungsgabe, die die Schöpferkraft des Unbewußten widerzuspiegeln schienen, eröffneten Ausblicke, ohne die die psychoanalytische Theorie als solche mir wohl wenig hätte bedeuten können. Das mag mit ein Grund sein, warum ich mich in späteren Jahren so ungeschickt in der theoretischen Diskussion erwies und dazu neigte, die Arbeit mancher Kollegen zu ignorieren – und das leider nicht nur dann, wenn sie Freud bei seinen atomistischsten und mechanistischsten Worten nahmen oder sich neo-freudianisch gaben.« (Erikson, 1973: 806)

Die Psychoanalyse, so führt Erikson in dem Vorwort seines Buches »Kindheit und Gesellschaft« aus, »hat sich heute der Untersuchung des Ich zugewandt, der Erforschung des Kernes des Individuums. Sie verlagert ihren Akzent von der konzentrierten Untersuchung der Bedingungen, die das individuelle Ich entstellen und lähmen, auf die Frage nach den Ursprüngen des Ich in der Gesellschaft.« (Erikson 1963, 1999: 11) Der Grund hierfür liege darin, dass die Theorie Freuds, die auf der Anwendung physikalischer Erkenntnisse seiner Zeit auf die Psychologie basiere, nämlich dass sich die Triebenergie analog zur Erhaltung der Energie in der Physik übertragen, verschieben und umwandeln lasse, nicht mehr zur Erklärung der Erscheinungen ausreiche. Erikson selbst hätten »die mechanistischen und physikalistischen Formulierungen der psychoanalytischen Theorie ebenso wie die ständige Bezugnahme auf die »Außenwelt« (Erikson 1982, 1988: 19) in seiner Ausbildung schon früh irritiert.

In seinen Arbeiten kritisiert Erikson immer wieder am psychoanalytischen Umweltbegriff, dass »Außenwelt« und »Umwelt« häufig noch unerforschtes Revier seien, »das nur das ›äußere‹ genannt wird, weil es eben nicht innen ist – nämlich innerhalb der Körperhaut, oder im Innern des psychischen Systems, oder innerhalb des Selbst im weitesten Sinne.«

(Erikson 1959, 1974: 192) An anderer Stelle legt Erikson bezüglich des Realitätsbegriffes dar, dass er den Eindruck habe, »daß unsere häufig nur mit halbem Herzen vollzogene und zwiespältige Verbegrifflichung der Realität dazu geführt hat, daß es uns nicht gelungen ist, wichtigen Eigenschaften des adaptiven und produktiven Handelns und ihren Beziehungen zu den Hauptphänomenen der Ich-Stärke Rechnung zu tragen.« (Erikson 1964, 1966: 147)

Die »äußere Welt« werde im psychoanalytischen Zusammenhang gelegentlich als die böse Realität, die sich gegen die kindliche Wunschwelt verschwört, aufgefasst oder als die gleichgültige oder störende Tatsache, dass noch andere Menschen existieren; ein andermal als die wenigstens wohlwollende Anwesenheit der mütterlichen Fürsorge, jedoch häufig mit der hartnäckigen Tendenz, die Einheit Mutter-Kind als eine »biologische« Ganzheit zu behandeln, »die mehr oder weniger von der kulturellen Umgebung isoliert ist, worauf diese wieder zu einer ›Umwelt‹ vager Lebenshilfen und blinder Zwänge und bloßer ›Konventionen‹ wird.« (Erikson 1959, 1974: 193) Erikson wendet sich gegen die Auffassung, dass ein individuelles Ich gegen oder ohne eine spezifisch menschliche »Umwelt«, d. h. eine soziale Organisation existieren könne.

Nach Erikson habe die Psychoanalyse den Durchbruch zu vielem geschafft, das vorher in allen Modellvorstellungen vom Menschen vernachlässigt oder verleugnet worden sei, »sie hatte nach *innen* geblickt, um die Innenwelt des Menschen, besonders das Unbewußte, dem systematischen Studium zugänglich zu machen; sie hatte *rückwärts* nach den ontogenetischen Ursprüngen der Psyche und ihrer Störungen gesucht; und sie war nach *unten* zu jenen Triebregungen vorgedrungen, die der Mensch damit überwunden zu haben glaubte, daß er die Kindheit des Individuums – die Primitivität des menschlichen Ursprungs – und der Evolution verdrängte oder verleugnete.« (Erikson 1975, 1982: 39) Nun sei jedoch, so Erikson, der Zeitpunkt erreicht, »die Komplexität der gesamten menschlichen Existenz nach *außen*, von der Selbstbezogenheit zur Gegenseitigkeit von Liebe und Gemeinschaft; nach *vorne*, von der versklavenden Vergangenheit zur utopischen Antizipation neuer Möglichkeiten; und nach *oben*, vom Unbewußten zu den Rätseln des Bewußtseins« (ebd.) zu betrachten.

Besonders deutlich sei ihm das in Anna Freuds »Kinderseminar« geworden, in dem »eine neue Atmosphäre, eine größere Nähe zu sozialen und inneren Problemen und damit eine Haltung zu spüren waren, die dem Wesen der psychoanalytischen Ausbildung am ehesten entsprach.«

(Erikson 1982, 1988: 19) »Heute würde ich nicht zögern, den grundlegenden Unterschied zwischen dem theoretischen und dem klinischen Zugang, der unsere Ausbildung kennzeichnete, als den Unterschied zwischen der Voreingenommenheit bezüglich der Ökonomie der Energie des vergangen Jahrhunderts und der Betonung, die in diesem Jahrhundert auf Komplementarität und Relativität gelegt wird, zu sehen.« (Ebd.: 21f.)

Die so entstandene Lücke solle nun durch Ich-Begriffe geschlossen werden, um den Zusammenhang zwischen den sozialen Leitbildern und den Kräften des Organismus beschreiben zu können – »nicht nur in dem Sinne, daß Leitbilder und Kräfte in einer Wechselbeziehung stehen. Vielmehr stellt das komplementäre Verhältnis von Ethos und Ich, von Gruppenidentität und Ich-Identität sowohl der Ich-Synthese als auch der sozialen Organisation ein größeres Potential zur Verfügung.« (Erikson 1959, 1974: 18) Daraus resultiert folgende Frage: »Sind Konzepte wie etwa die Identitätskrise also nur Erweiterungen des klassischen Schemas, oder fordern sie die Veränderung unserer klinischen und theoretischen Auffassungen?« (Erikson 1975, 1982: 103) Er selbst äußert sich dahingehend, dass in den siebziger Jahren eine deutliche Schwerpunktverschiebung von der klassischen psychoanalytischen Betrachtungsweise zu seiner eigenen stattgefunden habe. Sein eigenes Vorgehen zeigt sich hier von den Werten motiviert, die er Freuds Schaffen bewundernd unterstellt hat: »eine Beharrlichkeit, die mit traditionellen Annahmen nicht aufräumt, indem sie diese aufgäbe, sondern indem sie bis zum bitteren Ende an ihnen festhält, wo sich aus der Matrix traditioneller Denkformen radikal neue Annahmen ergeben – weil sie müssen.« (Ebd.: 64)

Diese Loyalität Freud gegenüber spiegelt sich in Eriksons gesamtem Werk wider und schwankt zwischen Sohnesloyalität seinem (geistigen) Vater gegenüber und der Verehrung eines mythologisierten Idols. Seine Identifikation mit Freud gilt jedoch »nicht dem Labor-Forscher der Frühzeit, der die wandelbaren Triebquantitäten, die unsere inneren Strukturen beleben, beobachten wollte, sondern dem Entdecker der verbalen und visuellen Konfigurationen, die uns zeigen, was immer das Bewußtsein darstellen oder tarnen – und was es offenbaren will.« (Ebd.: 40) Diese Identifikation findet ihren Ausdruck darin, dass Erikson Freuds Gedanken immer aus dessen zeitlichen Kontext resultierend betrachtet und würdigt und in Bezug zu seinen eigenen Gedanken setzt. Die klassische Psychoanalyse ist somit stets sein Ausgangspunkt.

Die Rekonstruktion von Eriksons Vorverständnis und die Offenlegung seines Selbstverständnisses sollen das Verständnis seines Werkes ermöglichen und erleichtern. Zusammenfassend möchte ich die beiden Punkte einschließlich ihrer Konsequenzen wiederholen, die Eriksons Vorverständnis bzw. seine damit verbundene Einstellung charakterisieren und die man sich beim Versuch, Eriksons Schaffen zu verstehen und zu kritisieren, immer vor Augen halten sollte. Erikson versteht sich selbst als Psychoanalytiker, d. h. in Abgrenzung zu allen Nachbardisziplinen, zu denen seine Erkenntnisse beigetragen haben mögen, ist er Vertreter der Psychologie im Allgemeinen und der Psychoanalyse im Speziellen. Zum anderen fühlt er sich seinem geistigen Vater Freud verpflichtet, der für Erikson eine Selbstverständlichkeit ist. Das heißt, theoretische Erwägungen und Weiterentwicklungen werden immer ihren Anfangspunkt in der Psychoanalyse und deren Begrifflichkeiten haben und können auch nur in Bezug zu diesen beurteilt werden.

Außerdem spiegelt sich Eriksons Selbstbild als Künstler in seinen Arbeiten wider: »Das freihändige Skizzieren (diese Erfahrung machte sogar ein Mann wie William James) kann eine wichtige Übung im Festhalten von Eindrücken sein. Viel Freude hatte ich auch an der Gestaltung großflächiger Holzschnitte; ausdrucksstarke Bilder nach der Natur in dieses Material zu schneiden, das vermittelte mir ein elementares Gefühl von Kunst und Handwerk zugleich.« (Erikson 1975, 1982: 27) Hierin zeigt sich meines Erachtens das, was Eriksons schriftliches Werk charakterisiert, nämlich sein freihändiges oder unorthodoxes Skizzieren theoretischer Annahmen, worin sich sein Bedürfnis nach Kunst und theoretischem Handwerk vereint. Manchmal finden sich ganz direkte Formulierungen, die diese Annahme unterstreichen, wie beispielsweise diese: »Hier kann ich nur Impressionen anbieten. Um die Beziehung zwischen Ich-Werten, gesellschaftlichen Institutionen und historischen Epochen systematisch zu untersuchen, fehlt mir das genauere Geschichtswissen.« (Erikson 1963, 1999: 274)

4 Eriksons wissenschaftstheoretische Position

Im Folgenden wird Eriksons wissenschaftliche Position entlang der sie konstituierenden Annahmen bezüglich der Ontologie, der Epistemologie, des Menschenbildes und der Methodologie, die sich in Eriksons Werk explizit finden bzw. implizit ableiten lassen, rekonstruiert.

Ausgangspunkt des Kapitels ist die Behauptung: »All social scientists approach their subject via explicit or implicit assumptions about the nature of the social world and the way in which it may be investigated.« (Burrel/Morgan, 1979: 1) Diese Annahmen lassen sich vier Gruppen zuordnen »related to ontology, epistemology, human nature and methodology.« (Ebd.) Zusammen konstituieren die jeweiligen Standpunkte die wissenschaftstheoretische Position des Forschers. Ziel des Kapitels ist es, Eriksons Standpunkt hinsichtlich der einzelnen Variablen zu rekonstruieren und darzustellen. Da er sich nicht direkt mit diesen Fragen auseinander setzt, müssen die Informationen aus anderen Äußerungen erschlossen werden. Das Kapitel ist in vier Teilkapitel unterteilt, in denen jeweils Eriksons Äußerungen bezüglich der jeweiligen Variable zusammengefasst werden, um darauf basierend auf seinen Standpunkt zu schließen. Schematisch entspricht die Struktur des von Burrell/Morgan entwickelten Schemas zur Analyse der Annahmen des Forschers über das Wesen der Sozialwissenschaften.

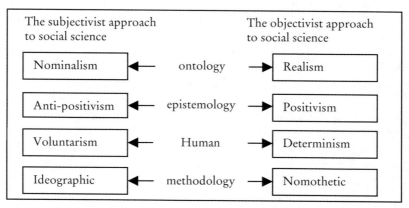

Abb. 1: A scheme for analysing assumptions about the nature of social science (Burrell/Morgan, 1979: 3)

4.1 Eriksons Ontologische Grundannahmen

Die ontologischen Grundannahmen betreffen »the very essence of the phenomena under investigation« (Burrell/Morgan, 1979: 1). Sie lassen sich unter die Fragen subsumieren: »whether the ›reality‹ to be investigated is external to the individual – imposing itself on individual consciousness from without – or the product of individual consciousness; whether ›reality‹ is of an ›objective‹ nature, or the product of individual cognition; whether ›reality‹ is a given ›out there‹ in the world, or the product of one's mind.« (Ebd.) Abhängig von der Beantwortung dieser Fragen lasse sich die Position des Forschers idealtypisch als nominalistisch oder realistisch bezeichnen. Die nominalistische Position drehe sich um die Annahme, dass die soziale Welt außerhalb des individuellen Denkens lediglich aus Namen, Konzepten und Etikettierungen bestehe, die dazu benutzt würden, die Realität zu strukturieren und zu kreieren, da es keine »reale« Struktur der Realität gebe. Der Realismus gehe davon aus, dass die Umwelt des Individuums eine reale Welt sei, die aus objektiven Strukturen bestehe. Für den Realisten existiert die soziale Welt unabhängig von deren Verständnis durch das Individuum. (Burrell/Morgan, 1979)

Um Eriksons ontologischen Standpunkt erschließen zu können, wird im Folgenden sein Begriff von Realität dargestellt. Generell wende sich sein Verständnis der Realität gegen ein radikal rationalistisches und gehe damit über die psychoanalytische Verwendung des Ausdrucks als »die Welt der Dinge, die *wirklich in der Außenwelt existieren*« (Loewald, 1951 zit. n. Erikson 1964, 1966: 148) hinaus. Realität ist für Erikson »die Welt der Erfahrung der Erscheinung, wahrgenommen mit einem Minimum an Entstellung und einem Maximum an der Art der Beweisführung, auf die man sich in einem gegebenen Zustand der Technik und Kultur geeinigt hat.« (Erikson 1964, 1966: 150) Als eine der obskuren Folgeerscheinung der Realität bezeichnet er die Aktualität, die Welt, die sich in unmittelbarer Berührung und Wechselseitigkeit bestätige. Diese umfasse »die Welt der Partizipation, geteilt mit anderen Teilnehmenden, mit einem Minimum an defensiven Manövrieren und einem Maximum an wechselseitiger Aktivierung.« (Ebd.) Erikson unterscheidet hier also die *Realität der Erscheinung* und die *Bedeutung der Realität*, die er als Wirksamkeit bezeichnet; beide könnten nahezu identisch oder direkt antagonistisch sein und werden mit anderen geteilt. Seine Ausführungen hinsichtlich des Realitätsbegriffes lassen sich grafisch folgendermaßen zusammenfassen.

Eriksons Realitätsbegriff

Realitätsprinzip:
➢ Tendenz in adaptiver Weise all das in Betracht zu ziehen, was wir für die wirklichen Eigenschaften eines Objekts oder einer Situation halten (Erikson 1964, 1966)

Realität der Erscheinung	können identisch oder antagonistisch sein	Bedeutung der Realität
je weniger diese Erscheinung verzerrt ist, umso mehr nähert sie sich der Welt der Dinge, die wirklich in der Außenwelt existieren, i. e. der Realität		je weniger defensiv manövriert und je mehr wechselseitig aktiviert wird, nähert sie sich der Welt der Partizipation, geteilt mit anderen Teilnehmenden, i. e. der Aktualität

Realität/Faktualität	Aktualität
»ist die Welt der Erscheinung, wahrgenommen mit einem Minimum an Entstellung und einem Maximum an der Art der Beweisführung, auf die man sich in einem gegebenen Zustand der Technik und Kultur geeinigt hat« (Erikson 1964, 1966: 150)	»ist die Welt, die sich in unmittelbarer Berührung und Wechselbezug bestätigt« (Erikson 1964, 1966: 149), d. h. »die Welt der Partizipation, geteilt mit anderen Teilnehmenden, mit einem Minimum an defensivem Manövrieren und einem Maximum an wechselseitiger Aktivierung« (ebd.: 150)

Realitäten und Aktualitäten werden mit anderen geteilt:
➢ Mitglieder der gleichen Altersgruppe haben analoge Kombinationen von Fähigkeiten und Möglichkeiten gemeinsam (Erikson 1964, 1966).
➢ Mitglieder unterschiedlicher Altersgruppen sind in Bezug auf die wechselseitige Aktivierung ihrer komplementären Ich-Stärken voneinander abhängig (ebd.).

Hier begegnen sich Untersuchungen der »äußeren« Bedingungen und der »inneren« Stadien in einem Brennpunkt:
➢ »Man kann sagen, daß Aktualitäten co-determiniert sind durch das *Entwicklungsstadium* eines Individuums, durch seine *persönlichen Umstände* und durch *historische und politische Prozesse*« (ebd.: 150)

Realitätsbewusstsein:
➢ Ist die jeweils historische Art, die gegebenen Tatsachen, Zahlen und Techniken in einem Bewusstsein zu vereinigen (Erikson 1974, 1975).

Abb. 2: Realitätsbegriff bei Erikson

Realität und Aktualität würden mit anderen geteilt. Die Mitglieder der gleichen Altersgruppe hätten analoge Kombinationen von Fähigkeiten und Möglichkeiten, wohingegen Mitglieder unterschiedlicher Altersgruppen in Bezug auf die wechselseitige Aktivierung ihrer komplementären Ich-Stärken voneinander abhängig seien (Erikson 1964, 1966). Was die Menschen verbinde, sei sozusagen ein Weltbild, »das sie mit jenen verbände, die nicht nur die gleichen Verifikationsmethoden gebrauchen, sondern auch ähnlich denken und einander das Gefühl von Aktivität und Realitätsbeherrschung vermitteln: nur gemeinsam erkennen sie so etwas wie *Wahrheit* in Erfahrungen von gesteigerter Relevanz.« (Erikson 1975, 1982: 106) Die Auslegung von Wahrheit hänge konsequenterweise davon ab, welcher Kultur man angehöre. Für die Menschen der westlichen Zivilisation sei Wahrheit beispielsweise »die Summe dessen, was sich isolieren und zählen läßt. Sie ist das, worüber in logischer Form Rechenschaft gegeben werden kann, wovon sich beweisen läßt, daß es geschehen ist, oder was man in selben Augenblick auch denkt, in dem es ausgesprochen wird, während es in irgendeiner Form zur Übereinstimmung mit demjenigen gebracht werden muß, was man früher gedacht hat oder wovon man erwartet, daß man es später sagen wird. Abweichung von solcher Art der Wahrheit macht einen zum Lügner [...]« (Erikson 1969, 1978: 43)

Erikson konzipiert Realität als etwas, das nicht unabhängig vom Individuum existieren könne, sondern als etwas, das vom Individuum geschaffen werde. Die soziale Welt beginne erst mit der Existenz und dem Bewusstsein des jeweiligen Menschen zu existieren. Folglich vertritt er eher einen nominalistischen ontologischen Standpunkt. Er betrachtet die Realität als von den Individuen konstruiert und nimmt in Abhängigkeit von der jeweiligen Umwelt des Individuums multiple Realitäten in an. Er selbst drückt es derart aus: »so bin ich heute der Überzeugung, daß die grundlegende klinische Haltung der Psychoanalyse als eine Erfahrung anzusehen ist, die auf der Anerkennung multipler Realitäten beruht.« (Erikson 1982, 1988: 22)

4.2 Eriksons Epistemologische Grundannahmen

Verbunden mit den ontologischen seien die epistemologischen Grundannahmen »about the grounds of knowledge – about how one might begin to understand the world and communicate this as knowledge to fellow human beings.« (Burrell/Morgan, 1979: 1) Diese Annahmen würden Ansichten darüber enthalten, welche Formen von Wissen erlangt werden könnten und wie entschieden werden könne, welches Wissen als »falsch« oder »richtig« gelte. Dem lägen wiederum Hypothesen über das Wesen des Wissens als solches zugrunde, d. h. darüber, ob Wissen objektiv und real oder eher subjektiv und abhängig von Erfahrung und Einsicht des Individuums sei. Die beiden Pole der epistemologischen Dimension sind die positivistische und antipositivistische Position. Burrell/Morgan weisen auf die uneinheitliche Verwendung des Begriffes »positivistisch« hin. Ihnen diene der Begriff der Charakterisierung von Epistemologien, die versuchen würden zu erklären und vorherzusagen, was in der sozialen Welt passiere, indem sie nach Gesetzmäßigkeiten und Ursache-Wirkungs-Zusammenhängen zwischen den sie konstituierenden Elementen suchen würden. Die positivistische Perspektive basiere im wesentlichen auf den traditionellen Ansätzen wie sie in den Naturwissenschaften dominant seien (Burrell/Morgan, 1979).

Erikson spricht sich gegen eine positivistische Position aus, wie sich anhand der folgenden Auseinandersetzung mit dem psychoanalytischen Vorgehen in der Forschung zeigen lässt: »In der Naturwissenschaft entspricht unsere Fähigkeit, atomistisch zu denken, in hohem Maße dem Wesen der Sache und führt so zur Herrschaft über die Materie. Aber wenn wir das atomistische Denken auf den Menschen anwenden, zerbrechen wir ihn in isolierte Fragmente statt in konstituierende Elemente. Ja, wenn wir den Menschen im pathologischen Zustand ansehen, ist er schon fragmentiert, so daß in der Psychiatrie ein atomisierender Geist auf ein Phänomen der Fragmentation stoßen und die Fragmente dann irrtümlich als Atome auffassen kann. In der Psychoanalyse wiederholen wir zu unserer eigenen Ermutigung und als Argument gegen andere, daß die menschliche Natur am besten im Zustand des teilweisen Zusammenbruchs untersucht werden kann, oder auf alle Fälle im Zustand des erkennbaren Konflikts, weil – wie wir zu sagen pflegen – ein Konflikt die Grenzen abzeichnet und die Kräfte klärt, die an diesen Grenzen zusammenstoßen. Wie Freud selbst das ausdrückte: wir sehen die Struktur eines Kristalls nur, wenn es bricht. Aber ein Kristall einerseits und ein Organismus oder eine Persönlichkeit andererseits unterscheiden sich, insofern das eine unbelebt ist und das andere ein organisches Ganzes, das nicht zerbrochen werden kann, ohne daß seine Teile zugrunde gehen.« (Erikson 1968, 1988: 273)

»Der Mensch, der Gegenstand der psychosozialen Wissenschaft, hält nicht still genug, um sich in sowohl meßbare wie relevante Kategorien aufteilen zu lassen.« (Ebd.: 39) Aus diesem Grund reiche es nicht den

Dingen etwas anzutun, denn damit lässt sich nur das »Wesen der Dinge« (Erikson 1964, 1966: 208) untersuchen, »etwas über die eigentliche Natur lebender Wesen kann man nur lernen, wenn man etwas *mit* ihnen oder *für* sie tut.« (Ebd.) Insofern sieht Erikson sich als Psychoanalytiker, »der weniger durch Beschäftigung mit der Theorie als durch Ausweitung seiner klinischen Beobachtungen auf andere Gebiete (Sozialanthropologie und vergleichende Erziehungslehre)« (Erikson 1959, 1974: 123) zu neuen Begriffen kommt, »wobei er zugleich erwartete, daß diese Erweiterung seines Gesichtsfeldes wiederum für seine klinische Arbeit fruchtbar werden könnte.« (Ebd.) Hierin offenbaren sich Kriterien, die Erikson als Vertreter der antipositivistischen Auffassung auszeichnen. Nämlich, dass die soziale Welt ihrem Wesen nach relativ sei und deshalb nur vom Standpunkt des Individuums aus verstanden werden könne, das direkt mit dem Forschungsgegenstand verbunden oder in ihn involviert sei. Insofern müsse der Forschungsgegenstand im Bezug zu seiner Umwelt verstanden werden, wobei der Forscher die Innenperspektive einnehme und nicht außerhalb als »Observer« fungiere (Burrell/Morgan, 1979).

4.3 Eriksons Menschbild

Die Annahmen bezüglich des Menschenbildes im Allgemeinen und der Beziehung zwischen Mensch und Umwelt im Speziellen seien mit den ontologischen und epistemologischen Annahmen verbunden, würden jedoch ein eigenes Konzept darstellen. Die Frage des Menschbildes beinhalte die Voluntarismus versus Determinismus Debatte. Vertreter der deterministischen Position würden den Menschen und sein Handeln als vollständig von der Situation oder der jeweiligen Umwelt determiniert betrachten. Wohingegen die Voluntaristen den Menschen als gänzlich autonom und mit einem freien Willen ausgestattet konzipieren (Burrell/Morgan, 1979). Um Eriksons Standpunkt bezüglich des Menschenbildes einer Position zuordnen zu können, wird im Folgenden dargestellt, wie er den Menschen sieht.

Erikson geht davon aus, dass der Mensch ausgestattet mit Trieben, die Freud als Triebquellen verstanden habe, geboren werde. Der Unterschied zwischen Mensch und Tier bestehe darin, dass die Triebkraft und die Anpassungsform des Tieres, d. h. die wechselseitige Regulation von »instinktiver« Kontaktsuche beim jungen und »instinktivem« Kontaktgewähren beim alten Tier nahe beieinander liegen würden. Dadurch werde das junge Tier in kurzer Zeit auf das Funktionieren innerhalb eines begrenzten Teils der Natur vorbereitet (Erikson, 1953). Der Triebbegriff, wie in der Psychoanalyse gebraucht, bezeichne »eine von den angeborenen Anpassungsschemata mehr oder weniger losgelöste, dranghafte Triebenergie [...] häufig mit der Nebenbedeutung einer quantitativen Menge, die mit der Triebqualität, dem vorgezeichneten Schema der Anpassung des betreffenden Verhaltens, in mehr oder weniger gutem Verhältnis steht.« (Erikson, 1968: 487) Der evolutionäre »Sinn« einer frei verfügbaren Menge der Triebausrüstung liege laut Erikson darin, »dass der Mensch, dieses ›generalistische Tier‹, bei seiner Geburt imstande ist, relativ nicht-spezialisierte Triebe in eine spezialisierte Kulturwelt hineinzugeben, in welcher dann Lernerfahrungen und soziale Begegnungen in einer langen Kindheitsperiode eine spezielle Kombination von Gegenseitigkeit, Leistung [...] und Identität aufbauen müssen, was alles durch entsprechende Ritualisierungen in positivem Sinne befestigt und unterstützt wird.« (Ebd.: 488)

Bezogen auf den Menschen seien das, »was man hier als eingeborene Instinkte im Sinne des »Instinktiven« bezeichnen kann, [...] wohl nur Fragmente einer eingeborenen Bereitschaft zur Gegenseitigkeits-Beziehung, deren anderer Pol die Umwelt ist. Im menschlichen Kind ist die Bereitschaft zur langsamen, stufenweisen Entwicklung angelegt, und zwar mit einer großen Variabilität instinktueller Liebesfähigkeiten, die für die Fülle der Begegnungsmöglichkeiten mit der mütterlichen Umgebung offen bleiben.« (Erikson, 1957a: 50) »Vieles deutet darauf hin, daß dem Menschen das Bedürfnis nach einer solchen regelmäßigen Bestätigung und Sicherung angeboren ist. [...] Dieses Bedürfnis wird sich in jedem Lebensabschnitt aufs neue als Verlangen nach immer neuen, immer stärker formalisierten und immer mehr Menschen gemeinsamen Ritualisierungen (und schließlich Ritualen) geltend machen, in welchem dieses ›Erkennen‹ des erhofften Gesichts und der erhofften Stimme wiederholt.« (Erikson 1977, 1978: 71) Denn »nichts im menschlichen Leben [...] ist in seinen Ursprüngen gesichert, ehe es nicht in intimen Begegnungen von Partnern in günstigen sozialen Umwelten bestätigt wird.« (Erikson 1964, 1966: 104) Damit die soziale Realität dem Individuum selbstverständlich erscheine, müsse dessen damit verbundenes Weltbild dreifach verankert sein: »in kognitiv erkannten und logisch geordneten Tatsachen und Symbolen, in emotional bestätigten Erfahrungen sowie in einem kooperativ bejahten sozialen Leben.« (Erikson 1974, 1975: 88)

Hierin liege der Grund für die dem Menschen so eigentümliche verlängerte Kindheit, »während welcher das Neugeborene, das ›natürlicherweise‹ darauf angelegt ist, das ›verallgemeinertste‹ aller Tiere zu sein und an weit sich unterscheidende Umgebungen anpaßbar, als Mitglied einer menschlichen Gruppe spezialisiert wird, mit ihrem komplizierten Wechselspiel von ›innerer Welt‹ und sozialer Umgebung.« (Erikson 1968, 1988: 295) Die jeweiligen Gruppen seien durch die Aufteilung des Menschen als Art entstanden, um gleichsam sein Überleben zu sichern, indem »wir heranwachsend lernen müssen, die ständige Aktivität unseres Unbewußten und die Topologie unserer inneren Konflikte der Bilderwelt und der Sprache unserer ›Art‹ anzupassen, die durch ihren geografischen und historischen Ort ebenso definiert ist wie durch ihr jeweiliges kulturelles und technisches Stadium.« (Erikson 1977, 1978: 61) Diese Arten bezeichnet Erikson als Pseudospezies.

Basierend auf diesen Ausführungen lässt sich Eriksons Menschenbild, also seine Annahme darüber, wie er den Menschen in Bezug zu seiner Umwelt sieht, eher einer voluntaristischen als einer deterministischen Position zuordnen. Diese Annahme findet in folgender Aussage Bestätigung: »Jedes Menschleben beginnt auf einer gegebenen Evolutions- und Überlieferungsstufe und bringt einen bestimmten Bestand an Energien und Anlagen mit in seine Umwelt. Diese Energien und Anlagen dienen dem Kinde dazu, sich zu entwickeln und in den sozialen Prozeß hineinzuwachsen; sie liefern aber auch ihren Beitrag zu diesem Prozeß selbst.« (Erikson 1958, 1975: 280)

4.4 Eriksons methodologische Position

Die drei bisher dargestellten Kriterien hätten direkte Implikationen für die methodologische Position des Forschers und die Methoden, mit denen er versuche, Wissen über die soziale Welt zu erlangen. Idealtypisch werde hinsichtlich der Methodologie zwischen ideographischen und nomothetischen Ansätzen unterschieden. Die letzteren würden die soziale Welt behandeln als sei sie außerhalb des Individuums objektiv und real vorhanden. Insofern würden nomothetische Ansätze die Wichtigkeit objektiver Methoden, wie quantitativer Techniken, Umfragen, Persönlichkeitstests und standardisierter Forschungsinstrumente betonen. Der ideographische Ansatz gehe davon aus, dass die soziale Welt nur auf der Basis von Wissen aus erster Hand verstanden werden könne. Deshalb werde versucht, das Subjekt mit und vor seinem Hintergrund und seiner

Lebensgeschichte zu untersuchen und zu verstehen. Aus dieser Perspektive stehe die Analyse der Berichte im Mittelpunkt, die der Forscher erzeuge, wenn er in die Situationen »reingehe« und sich in den Alltag der Subjekte integriere (Burrell/Morgan, 1979).

Eriksons methodologischer Standpunkt lässt sich basierend auf seinem Menschenbild und seinen ontologischen und epistemologischen Grundannahmen als ideographisch charakterisieren. Ontologisch vertritt er eine nominalistische gegenüber einer realistischen Anschauung, nach der die Realität als konstruiert angesehen werde. Das Individuum sei jedoch nicht nur Konstrukteur seiner sozialen Welt, sondern Akteur, der die Symbole, auf denen sein Handeln basiere, selbst schaffe. Konsequenterweise würden mehrere Realitäten angenommen. Dies setzt eine Sicht des Menschen voraus, die ihn nicht als bloß determiniert, also als reines Produkt seiner Umwelt oder seiner Triebe verstehe, sondern als voluntaristisch, d. h. seine Umwelt selbst gestaltend bzw. zwischen seinen Trieben vermittelnd. Aus diesen Annahmen folgt Eriksons epistemologischer Standpunkt, der als antipositivistisch bezeichnet werden kann. Wissen über die Welt könne nur über deren Interpretation und über die Rekonstruktion der Handlungen und des Bezugrahmens der untersuchten Individuen erlangt werden.

Bezüglich seiner Methodologie betont Erikson an verschiedenen Stellen, dass »die einzige methodologische Gewißheit, die ich für mein Fach, die psychotherapeutische Begegnung beanspruchen kann, in der ›disziplinierten Subjektivität‹« (Erikson 1975, 1982: 115) liege. Diese Formulierung zeigt, dass Erikson der Subjektivität des ideographischen Ansatzes die Grenzen der psychoanalytischen Disziplin setzt und ihn dadurch gewissermaßen objektiviert. Erikson versucht durch alltagsweltliches und therapeutisches Fragen und Forschen zu den Tiefenstrukturen vorzudringen: »Ich war Psychoanalytiker, [...] und Menschen meines Schlages fragen nicht bloß nach Tatsachen, die lediglich aneinandergereiht werden, sondern wollen Bedeutungen entdecken, die in den Tatsachen und zwischen den Zeilen versteckt sind.« (Erikson 1969, 1978: 70) Erikson nimmt an, »daß der Patient sich der Bedeutung, die ich in seinen Mitteilungen erkenne (in unterschiedlichem Maß), *unbewußt ist* und daß ich ihm helfe, indem ich ihm dasjenige voll bewußt mache, was völlig verdrängt, kaum bewußt oder nur von der Kommunikation abgeschnitten sein kann.« (Erikson 1964, 1966: 70f.)

Eriksons Forschungsmethode ist die teilnehmende Beobachtung. Hinsichtlich der Beobachtung als Methode der Psychologie führt er aus:

»Die Geschichte der Psychologie zeigt aber auch, mit wieviel Beharrlichkeit der Mensch die Beobachtungsmethoden, die er an der restlichen Natur erprobt hat, auf sich selbst nur nachlässig und mit Verspätung anwendet. Daß der Mensch als Beobachter von der beobachteten Welt in ganz wesentlicher Weise abgesondert steht, ist klar. Aber nur eine jeweils formulierte Definition dieser Besonderheit im Lichte neuer Denkformen kann ihn davor bewahren, auf einer eitlen anstatt einer weisen Sonderstellung zu beharren.« (Erikson 1964, 1966: 21) Für den Therapeuten bedeute dies, dass er sich seiner Reaktion auf das beobachtete Objekt bewusst sein müsse: »seine ›Gleichungen‹ als Beobachter werden zu den eigentlichen Beobachtungsinstrumenten. Daher können und sollen weder die terminologische Anpassung an die objektiveren Wissenschaften noch eine würdevolle Distanzierung von den Forderungen des Zeitgeistes die psychoanalytische Methode davon abhalten, das zu sein, was H. S. Sullivan »teilnehmend« nannte, und zwar systematisch teilnehmend.« (Erikson 1963, 1999: 12)

Eriksons Forschungsgebiet ist die klinische Untersuchung des menschlichen Lebenszyklus und das Forschungsprinzip, dem er sich verpflichtet fühlt, sei das der klinischen Wissenschaft (Erikson 1964, 1966). »Die Pathologie ist die traditionelle Quelle psychoanalytischer Einsicht.« (Erikson 1959, 1974: 153) Einsicht ist gewissermaßen das Bindeglied von klinischer und wissenschaftlicher Arbeit, denn »die Einsicht kommt aus dem leidenschaftlichen Erleben ebenso wie aus der Struktur der Dinge« (Erikson 1975, 1982: 179) und ohne sie kann der Arzt weder lehren noch heilen. Einsicht umfasse vorbewusste Annahmen, die dem erprobten Wissen und der formulierten Theorie sowohl vorangehen wie nachfolgen. Außerdem enthalte sie aufgeklärte Vernunft und wissendes und unterrichtetes Partisanentum (Erikson 1964, 1966).

Einsicht und Wissen

Um zu erklären, was er mit dem Begriff Einsicht meine, stellt ihn Erikson dem Wort »Wissen« gegenüber: » ›Etwas wissen‹, das kann vieles bedeuten; aber zunehmend bezeichnet ›Wissen‹ doch das, was durch Methoden der Beobachtung und Kommunikation definiert und verglichen, gezählt und manipuliert werden kann – und dies überall, in jeder Sprache.« (Erikson 1975, 1982: 178) Wissen allein aber könne den Menschen – bei aller akademischer Freiheit – zum Sklaven seiner Methoden machen oder schlimmer, das Wissen selbst könne zum Sklaven der politischen und ökonomischen Macht werden: »im Namen des Strebens nach Wissen können Gelehrte mitwirken, die Maschinerie der Ausbeutung und Zerstörung zu bauen. Wissen braucht also das Korrektiv der Einsicht, und damit meine ich eine generell fragende Haltung, die uns hilft, etwas Wesentliches über uns selbst zu erfahren, wie auch die Welt der Fakten um uns her zu begreifen.« (Ebd.)

Einsicht definiert Erikson, als »das Vermögen, eine Situation *und* mich selbst gleichzeitig einzusehen.« (Ebd.: 179) Einsicht sei nach innen gerichtet und vermittele eine Ahnung davon, welchen Einfluss die innersten Emotionen und Motive auf die Wahl und die letztendliche Beurteilung dessen, was wir beobachten, ausüben würden. »Und da unsere Motive stets partiell unbewußt – d. h. unserer Vernunft resistent – sind, stellt diese schwer faßbare Fähigkeit zur Einsicht uns vor ungeheure methodologische Probleme.« (Ebd.) Ausgehend von der Definition des Unterschieds zwischen Ethik und Wissenschaft – »nämlich daß Wissenschaft deskriptiv (beschreibend) sei und Verifikation erfordere, während Ethik perskriptiv (vorschreibend) sei und nach Rechtfertigung verlange« (Ebd.: 258), lasse sich Einsicht als die ethische Komponente der Wissenschaft verstehen. Eine psychoanalytische Einsicht definiert Erikson als eine Einsicht, die sich in den Koordinaten eines dynamisch-ökonomischen, eines topologischen und genetischen Gesichtspunkts formulieren lasse. Die besondere Richtung der neuen Wissenschaft Psychoanalyse ergebe sich genau »aus der Einführung eines *dynamisch-ökonomischen Gesichtspunktes* in die Psychologie, eines Gesichtspunktes, der sich aus den früheren Energiebegriffen entwickelte; ferner aus der Einführung eines *topologischen* Gesichtspunktes, was eine Verfeinerung jenes frühen Golems bedeutete, und aus der Einführung des *genetischen* Gesichtspunktes, der sich aus der Bedeutung der Kindheitserlebnisse ergab.« (Erikson, 1957a: 27) Der psychoanalytischen Einsicht komme eine wichtige Rolle zu, »wenn es gilt, die verschwenderischen Aspekte des historischen und kulturellen Wandels zu kritisieren – eine Verschwendung nämlich, die die Jugend als Generation und die Menschheit als ganze sich nicht leisten können.« (Erikson 1975, 1982: 200)

Psychotherapeutische Technik als Forschungsmethode

Die »klassische psychoanalytische Technik ist und bleibt unser wichtigstes Forschungslabor. Wie menschliche Natur im ›wirklichen Leben‹ funktioniert, ist zwangsläufig eine Frage der spekulativen Anwendung klinischer Befunde auf die ›Außenwelt‹.« (Ebd.: 107) Insofern konstituieren Eriksons methodologische Annahmen erst vor dem Hintergrund der psychoanalytischen Technik und Wissenschaft seine wissenschaftstheoretische Position.

Erikson definiert die psychotherapeutische Begegnung als eine historische Begegnung, wobei er sich bei der Definition des Begriffes »historisch« auf Collingwood bezieht, für den historisch ein Prozess darstelle, bei dem die Vergangenheit, soweit sie historisch bekannt sei, in der Gegenwart überlebe. »Da er also ›selbst ein Denkprozeß ist‹ [...] existiert er nur insoweit, als die Bewußtseinsträger, die Teil dieses Prozesses sind, sich als seine Teile erkennen.« (Erikson 1964, 1966: 46) Wenn der Psychoanalytiker eine Geschichte aufnehme, in der Absicht sie zu erhellen, dann sei er am Leben eines anderen Menschen beteiligt und mache Geschichte. Dazu führt Erikson aus: »Wir Kliniker stehen dabei natürlich in einem hippokratischen Kontrakt mit unseren Patienten; und die Art, wie wir ihre Geschichte interpretieren, ist eine besondere Form der Geschichtsschreibung, die bestimmt ist durch deren Gefühl der Fragmentierung und Isolation sowie durch unser Bemühen, ihnen in der Begegnung mit uns so etwas wie Ganzheit, Unmittelbarkeit und Mutualität zu vermitteln.« (Erikson 1975, 1982: 115)

Aus der Perspektive des Klienten lässt sich festhalten, dass er seinen Notstand erkläre und seine Selbst-Regulierung einer Behandlungsprozedur unterwerfe. Damit sei er »nicht nur zum subjektiven Patienten geworden, sondern hat auch die Rolle des förmlichen Klienten akzeptiert.« (Erikson 1964, 1966: 47) Bis zu einem gewissen Maße müsse er seine autonome Lebensgeschichte, wie er sie im unbewussten Gleichgewicht seines privaten und öffentlichen Lebens lebe, unterbrechen, um für einige Zeit einen Teilaspekt seiner selbst »bevorzugt zu behandeln« und ihn mit der diagnostischen Hilfe einer Heilmethode zu beobachten. Unter Beobachtung, so führt Erikson weiter aus, werde der Patient selbstbeobachtend. Als Patient neige er dazu und als Klient werde er dazu ermutigt, »seine eigene Position historisch anzusehen, indem er an den Beginn seiner Störung zurückdenkt und erwägt, welche Weltordnung (sei sie magisch, wissenschaftlich oder ethisch) verletzt wurde und wiederhergestellt werden muß, ehe seine Selbstregulierung von neuem aufgenommen werden kann. Er nimmt selbst daran Teil, zu einem *Fall* zu werden, eine Tatsache, die er sozial vielleicht überwinden wird, die aber trotzdem seine Ansicht über sich selbst für immer verändern kann.« (Ebd.)

Der Therapeut auf der anderen Seite, der dazu berufen sei, das ihm vorgelegte Stück unterbrochenen Lebens zu beurteilen und sich selbst und seine Methode in es einzufügen, finde sich selbst als Teil der intimsten Lebensgeschichte des anderen. Er bleibe zugleich der Funktionär eines Heilberufes mit einer systematischen, auf einem kohärenten Weltbild beruhenden Orientierung und, indem er seinen Klienten dazu auffordere, sich mit der Hilfe professioneller Theorien und Techniken selbst zu beobachten, mache er sich zum Teil der Lebensgeschichte des Klienten, ebenso wie der Klient damit zum Fall in der Geschichte des Heilens werde (Erikson 1964, 1966).

Die Elemente, die den klinischen Kern der medizinischen Arbeit als Begegnung zweier Menschen ausmachen, von denen der eine der Hilfe bedürfe und der andere im Besitz professioneller Methoden sei, seien der Vertrag, die Klage, die Symptome, die Anamnese und die Untersuchung. Der Vertrag sei ein therapeutischer und bestehe darin, dass der Therapeut im Austausch zum Honorar verspreche, die ihm anvertrauten Mitteilungen innerhalb der Grenzen seines beruflichen Ethos zum Vorteil des individuellen Patienten zu nutzen. »Gewöhnlich besteht eine *Klage*, die aus der Darstellung eines mehr oder weniger umschriebenen Schmerzes oder einer Dysfunktion besteht, und dann sind *Symptome* da, die entweder sichtbar oder sonst lokalisierbar sind. Nun folgt der Versuch, eine *Anamnese* zu erheben, eine ätiologische Rekonstruktion der Störung, und eine *Untersuchung*, die mit Hilfe der bloßen Sinne des Arztes oder unterstützt durch Instrumente ausgeführt wird, welch letztere auch Laboratoriumsmethoden umfassen können.« (Ebd.: 44) Der Arzt werte das Ergebnis aus und komme zu diagnostischen und prognostischen Schlüssen, d. h. seiner Form der klinischen Voraussage. Der Arzt denke klinisch, denn er überprüfe im Geist verschiedene Modelle, in denen sich verschiedenartige Wissensformen niedergeschlagen hätten: die anatomische Struktur des Körpers, das physiologische Funktionieren von Teilen des Körpers oder die pathologischen Prozesse, die den klassifizierten Krankheitsbildern zugrunde liegen würden.

Im Gegensatz zu diesem mehr oder weniger traditionellen Kern der klinischen Begegnung, unabhängig, ob es sich um körperliche oder seelische Klagen handele, würden in der psychotherapeutischen Begegnung die Klage, die Anamnese und die Deutung alle anderen Punkte beiseitedrängen. Der Psychoanalytiker, so legt Erikson dar, gelange von der verbalen Mitteilung der Klage durch den Patienten zur verbalen Deutung, die er als Antwort darauf gebe, indem er folgende Punkte wechselseitig miteinander verknüpfe: »die Diagnose des Patienten und was wir über seine Krankheitsform und seinen körperlichen Gesundheitszustand wissen; sein Entwicklungsstadium und was wir über die ›normative‹ Krise seiner Altersgruppen wissen; die Koordinaten seiner sozialen Position und was wir über die Chancen eines Menschen seines Typus, seiner Intelligenz und Erziehung in der sozialen Wirklichkeit unserer Zeit wissen.« (Ebd.: 72)

Das impliziere die Frage, wie der Psychotherapeut angesichts des rein verbalen und sozialen Ausdrucks des Patienten und beim Fehlen nichtverbaler Hilfsinstrumente seine eigenen Wahrnehmungen und Gedanken zuverlässig gestalten könne. Dazu müsse der Psychotherapeut mehr als jeder Arzt in sein Beobachtungsfeld ein spezifisches Gewahrwerden seiner selbst aufnehmen, besonders wenn er die Aktionen und Reaktionen des Patienten wahrnehme. »Kurzum, das Element der Subjektivität, sowohl in der Klage des Patienten wie in den Deutungen des Therapeuten, dürfte bei weitem größer sein als in den strikt medizinischen Arzt-Patient-Begegnungen, obwohl im Prinzip dies Element in keiner klinischen Methode völlig fehlt.« (Ebd.: 45) Die einzige methodologische Gewissheit, die Erikson für sein Fach, die psychotherapeutische Begegnung beanspruchen könne, sei die der »disziplinierten Subjektivität«.

Der Begriff der »disziplinierten Subjektivität« verweise auf die ursprünglichen Dimensionen der Freud'schen Entdeckung, den Vertrag mit den Patienten, die Verpflichtung zur Theorie und die systematische Selbstheilung, die die Verpflichtung enthalten, »daß der Psychoanalytiker den Kontrakt mit dem Patienten als das Zentrum seiner klinischen Forschung anerkennt und die scheinbare Sicherheit ›objektiverer‹ Methoden opfert; daß er die systematische Begriffsbildung im Auge behält und der Versuchung zur scheinbaren philosophischen Tiefe widersteht; und daß er schließlich die nüchterne Selbstbeobachtung jener unkritischen Allmacht vorzieht, die ihm in seinem Gebiet allzu leicht gemacht wird.« (Erikson, 1957a: 28)

Eriksons wissenschaftstheoretische Position

Eriksons wissenschaftstheoretischer Standpunkt soll entlang der Dimensionen, in denen sich die Arbeit des Psychoanalytikers bewege, zusammengefasst werden, wobei nochmals betont werden soll, dass Forschung und therapeutische Arbeit für Erikson die zwei Seiten der Medaille Psychoanalyse sind. Das heißt, wenn er sagt, die einzige Gewissheit, die er für sein Fach beanspruchen könne, sei die der »disziplinierten Subjektivität«, dann bezieht sich das sowohl auf die Forschung als auch auf seine therapeutische Arbeit. Die erste Dimension umfasse die Pole Heilung und Forschung. Im Akt der Heilung stehe dem Psychotherapeuten ein Modell-»Experiment« zur Verfügung, das es ermögliche, menschliche Probleme anzugehen, während der Mensch lebendig und zur Teilnahme motiviert sei. Im Gegensatz zum Experiment, in dem ein menschliches Wesen Teile seiner selbst als isolierte Funktionen zur Verfügung stellen könne, werde nur in der Arzt-Patient-Situation »der volle Motivationskampf eines menschlichen Wesens Teil einer zwischenmenschlichen Situation, in der Beobachtung und Selbstbeachtung zum gleichzeitigen Ausdruck einer wechselweisen Motivation, einer Arbeitsteilung, einer gemeinsamen Aufgabe werden.« (Erikson 1963, 1999: 413)

Objektivität und Teilnahme bezeichnen die Pole der zweiten Dimension. Um objektiv sein zu können, müsse der Arzt wissen, aber gleichzeitig sein Wissen in der Schwebe halten können, denn: »jeder Fall, jedes Problem ist neu, nicht nur, weil jedes Ereignis individuell ist und jedes Individuum ein eigener Knotenpunkt von Ereignissen ist, sondern auch, weil er und sein Patient historischen Veränderungen unterliegen. Neurosen verändern sich, wie sich auch die weitreichenden Folgeerscheinungen der Therapie ständig ändern.« (Ebd.) Aus diesem Grund müsse das ärztliche Wissen immer wieder dem Experiment unterworfen, neue Eindrücke ihrem gemeinschaftlichen Nenner in den Gestaltungen untergeordnet und diese Gestaltungen in überzeugende Begriffsmodelle abstrahiert werden.

Die dritte Dimension klinischer Arbeit »verläuft daher entlang der Achse von *Wissen und Phantasie*. Indem er eine Mischung von beiden benutzt, wendet der Arzt ausgewählte Einsichten auf Methoden an, die exakter experimentell sind.« (Ebd.) Die Achse Toleranz und Entrüstung führt Erikson als letzte Dimension der psychotherapeutischen Arbeit an. Er legt dar, dass viel über die moralische Distanz des Therapeuten zu der Vielzahl seiner Patienten, die ihm alle Arten von Konflikten und Lösungen vorbringen würden, gesprochen worden sei und noch immer werde, nämlich dass es der Arzt dem Patienten überlassen müsse, seinen eigenen Stil der Integrität zu finden. Jedoch sei diese Zurückhaltung so weit gegangen, dass der Therapeut, symbolisch am Kopfende der Couch sitzend, vorzugeben versuche, dass seine eigene Wertskala verborgen bleibe. Heutzutage wisse man, dass Kommunikation keineswegs nur eine Angelegenheit von Worten ist, denn Worte seien nur Werkzeuge dessen, was sie bedeuten. Bezüglich der Achse Toleranz und Entrüstung führt Erikson aus: »In einer aufgeklärten Welt und unter viel komplexeren historischen Bedingungen muß der Analytiker noch einmal das ganze Problem besonnener und wägender Partnerschaft ins Auge fassen, die den Geist analytischer Bemühungen viel schöpferischer zum Ausdruck bringt, als völlig passive Toleranz oder autokratische Führung das tun.« (Ebd.: 414)

Eriksons wissenschaftstheoretische Position lässt sich im Sinne der von Thomas Wilson eingeführten Unterscheidung eines interpretativen und eines normativen Paradigmas als interpretativ charakterisieren und »am ehesten als eine grundlagentheoretische Position bezeichnen, die davon ausgeht, daß alle Interaktionen ein interpretativer Prozeß ist, in dem die Handelnden sich aufeinander beziehen durch sinngebende Deutungen dessen, was der andere tut oder tun könnte.« (Matthes, 1973: 201) Die von Erikson gewählte Bezeichnung seiner einzigen methodologischen Sicherheit: »disziplinierte Subjektivität« verweist gleichzeitig auf die Grenzen der Methodologie, wie er sie vertritt. Grenzen deshalb, weil klinische Forschung davon ausgeht, dass es Tatbestände gebe, die der Befragte nicht artikulieren könne, weil sie ihm nicht bewusst seien, d. h. das angestrebte Ziel sei die Suche nach eben diesen unbewussten Bedeutungsstrukturierungen, indem systematisch Material erhoben werde, das Rückschlüsse auf solche unbewussten Gehalte erlaube. Die Äußerungen des Befragten werden vor dem Hintergrund einer bestimmten theoretischen Vorstellung betrachtet, was dazu führt, dass die Deutung der vom Interviewten gegebenen Bedeutungszuweisungen eher im Sinne der zugrunde liegenden Theorie erfolgt, als aus dem Verständnis des Befragten heraus. Das methodologische Postulat der Offenheit hinsichtlich der theoretischen Konzepte wird bei Eriksons klinisch-ideographischer Methodologie »tendenziell durchbrochen« (Lamnek, 1995: 81).

5 Erikson als Forscher

Wie Erikson zu seinem empirischen Material gelangt ist, stellt den thematischen Schwerpunkt dieses Kapitels dar. Die Datengewinnung beruht auf eigener, systematischer Therapieerfahrung, auf kulturanthropologischen und auf psychohistorischen Studien.

Dieses Kapitel stellt in der Sprache des Einzelfallansatzes den empirischen Teil dar und ist entsprechend seiner Untersuchungseinheiten gegliedert. Innerhalb dieser Unterkapitel wird jeweils auf die Datengewinnung und die Datenauswertung eingegangen, insofern sich die entsprechenden Daten in Eriksons Darstellungen finden lassen. Im Folgenden stelle ich beide methodische Schritte zusammenfassend dar, sodass diese Informationen als Orientierung beim Lesen des Kapitels über Eriksons empirisches Vorgehen dienen können, ohne dass Eriksons Ausführungen in diese Schablone gepresst werden. Das Vorgehen dient darüber hinaus dazu, die methodische Systematik in Eriksons empirischen Vorgehen zu verdeutlichen.

Die Datengewinnung ziele darauf ab, »die Ungewißheit, die über den zu untersuchenden Objektbereich besteht, in eine tendenzielle Gewißheit zu verwandeln.« (Lamnek, 1995: 94) Das heißt, mit der Datengewinnung werde »eine Reduktion der Unwissenheit« (ebd.) angestrebt. Für den erfolgreichen Verlauf der Datengewinnung müssten zwei Schritte eingehalten werden, die Datenerhebung und die Datenerfassung. Datenerhebung meine den Prozess des Messens der relevanten Sachverhalte durch die Anwendung eines Erhebungsinstruments auf die zu untersuchenden Phänomene. Demzufolge sei das Messinstrument die Messlatte, die an den Gegenstand angelegt werde (Lamnek, 1995). Der zweite Schritt der Datengewinnung sei die Datenerfassung. Dieser sei erforderlich, da in der empirischen Sozialforschung das Vorgehen systematisch und in irgendeiner Weise intersubjektiv prüfbar sein müsse, um als wissenschaftlich zu gelten. Damit sei die Datenerfassung ein unverzichtbarer Bestandteil des Forschungsprozesses, um die Güte der Daten und Interpretationen zu sichern (ebd.).

Qualitative Auswertungsmethoden interpretieren verbales bzw. nichtnumerisches Material (Bortz, 1995). Auswertung und Analyse qualitativer Daten lassen sich hinsichtlich ihrer Orientierung am entweder mehr qualitativen oder quantitativen Paradigma extremtypisch drei Formen zuordnen, der quantitativ-statistischen, der interpretativ-reduktiven oder der interpretativ-explikativen. Qualitatives Material in Form von Interviewtranskripten, Beobachtungsprotokollen und Gegenständen (Fotos, Zeichnungen etc.) könne sowohl anhand quantitativer als auch qualitativer Inhaltsanalysen ausgewertet werden. Dabei gehe es um die Interpretation der Daten in Bezug auf die manifesten und latenten Inhalte des Materials in ihrem Kontext und Bedeutungsfeld. Im Vordergrund stehe die Perspektive der Akteure. Angestrebt werde eine Interpretation, die intersubjektiv nachvollziehbar und inhaltlich möglichst erschöpfend sei (ebd).

Die hier gewählte Darstellungsform dient nicht dazu, den Eindruck entstehen zu lassen, als habe Erikson im induktiven Sinne erst alle Daten erhoben, diese dann ausgewertet und daraufhin seine theoretischen Annahmen entwickelt. Das Gegenteil ist der Fall, sein Forschen stellt einen iterativen Prozess im Laufe seiner sechzigjährigen Schaffensperiode dar. Die Daten haben dazu gedient, seine Theorien zu präzisieren und zu modifizieren, wobei seine Theorien wiederum dazu gedient haben, seine praktischen und wissenschaftlichen Tätigkeiten zu gestalten, denn jede »neue klinische Erfahrung fördert die theoretische Entwicklung und wird ihrerseits von ihr gefördert.« (Erikson 1958, 1975: 8)

5.1 Klinisch-therapeutisches Forschen

Zunächst einmal zum Begriff »klinisch« selbst, der sehr alt sei und sich einst auf die Spendung des Priesters am Totenbett wie auf die medizinische Verabreichung an den Kranken bezogen habe. »In unserer Zeit und innerhalb der westlichen Welt dehnt sich der Umfang des Klinischen rapide aus und umfaßt nicht nur medizinische, sondern auch soziale Überlegungen, nicht nur das körperliche Wohlsein, sondern auch die geistige Gesundheit, nicht nur Heilung, sondern auch Vorbeugung, nicht nur Therapie, sondern auch Forschung.« (Erikson 1964, 1966: 43)

Die klinische Arbeit sei heutzutage mit vielen Arten der Beweisführung verknüpft. Erikson bemerkt dazu »wir Kliniker haben in den letzten Jahren gelernt, daß wir die Geschichte eines Falls nicht aus der Historie herauslösen können. Wir argwöhnen bei dem Versuch, die Logik des geschichtlichen Ereignisses von der der Lebensgeschichten, die sich in ihm überschneiden, zu trennen, eine Anzahl wesentlicher historischer Probleme zu vernachlässigen.« (Erikson 1958, 1975: 16) Diesen Sachverhalt führt Erikson unter der Bezeichnung *Relativität in der menschlichen*

Existenz[7] näher aus und meint damit, dass der Prozess des menschlichen Lebens von drei Prozessen, dem somatischen, dem sozialen und dem psychischen konstituiert werde. Diese seien voneinander abhängig und ein Einzelpunkt, der in einem der drei Prozesse lokalisiert sei, werde mitbestimmt durch seinen Sinn in den beiden anderen Prozessen.

Die Untersuchungseinheiten, um das Vorgehen der klinisch-therapeutischen Erkenntnisgewinnung in wissenschaftliche Begriffe zu übersetzen, sind Kinder, Jugendliche und Kriegsveteranen.

5.1.1 Klinische Beobachtungen des freien Spiels

Erikson sei Kindern zuerst in einer kleinen amerikanischen Schule in Wien begegnet und seine klinische Karriere habe als das begonnen, was man gewöhnlich einen Kinderanalytiker nenne. Die Grundbedingung für das diagnostische Zutrauen zur Spieltherapie bilde die Tatsache, dass man bei einem Kind damit rechnen könne, »daß es jeweils seine strapaziertesten Ichanteile in das ihm angebotene Einzelspiel hineintragen wird.« (Erikson 1963, 1999: 216) Die moderne Spieltherapie stütze sich auf die Beobachtung, dass ein Kind imstande scheine, die schützende Billigung eines Erwachsenen dazu zu nutzen, um im Spiel wieder zu einem gewissen Frieden zu gelangen. Die Entfaltung der Spielabsichten dürfe dabei nicht durch irgendeine Art plötzlicher Unterbrechung gestört werden, denn »das natürliche Mittel der Selbstheilung, das in der Kindheit zur Verfügung steht, liegt im ›Ausspielen‹.« (Ebd.: 217)

Das Versagen einer Spielsituation könne sich als Bruch im Spiel äußern, was Erikson als Spielabbruch bezeichnet, d. h. die plötzliche und vollständige oder diffus und langsam sich ausbreitende Unfähigkeit zu spielen. »Die Antithese zum Spielabbruch bildet die Spielsättigung, das Spiel, von dem das Kind sich erfrischt erhebt wie der Schläfer aus ›wirksamen‹ Träumen. Sowohl Abbruch als auch Sättigung sind nur in seltenen Fällen sehr deutlich und klar erkennbar.« (Ebd.: 224) Dem spontanen Spiel sei eine Selbstheilungstendenz immanent, von der Spieltherapie und Spieldiagnostik systematischen Gebrauch machen würden und die dem Kind helfen könnten, sich selbst zu helfen. Einige wenige Spielstunden könnten dazu dienen, den Therapeuten über Dinge zu unterrichten, die das Kind nie in Worten ausdrücken könnte. »Geübte Beobachter, die genügend Angaben über das Kind besitzen, können aus wenigen Spiel-

---

[7] Vgl. Kapitel 6.1.2: »Organisationsprinzip menschlicher Existenz«

kontakten erkennen, welche dieser Daten subjektiv bedeutsam für das Kind sind und warum.« (Ebd.: 227)

Systematischer habe Erikson seine vergleichenden Ansichten über Kindheit im Verlauf von Untersuchungen angeregt von Lawrence K. Frank entwickelt. Unterstützt durch Stipendien habe er sich zum einen einer Untersuchung über den frühen Beginn infantiler Neurosen in Yale am Department of Psychiatry, School of Medicine and Institute of Human Relations angeschlossen. Zum anderen habe er für einige Zeit an Jean Walker Macfarlane's Guidance Study des Institutes of Child Welfare der University of California in Berkeley teilgenommen (Erikson 1963, 1999). Hierbei handelt es sich um Repräsentativ-Erhebungen 10- bis 12-jähriger kalifornischer Mädchen und Jungen, die über einen Zeitraum von zwei Jahrzehnten regelmäßig zweimal im Jahr gekommen seien, um gemessen, interviewt und getestet zu werden (Erikson 1968, 1988).

Bevor sich Erikson der Studie angeschlossen habe, habe sein Interesse darin gelegen, »Spielverhalten zu deuten«. (Ebd.: 266) Die klinische Beobachtung des freien Spiels stelle für ihn eine nonverbale Methode zum Verständnis dessen dar, was Kinder nicht in Worten mitteilen könnten und somit ein »wichtiges Werkzeug zum Aufspüren der zentralen Probleme eines gestörten oder ängstlichen Kindes.« (Erikson 1975, 1982: 237f.) An der Studie habe Erikson mit dem Ziel teilgenommen, »eine Anzahl von Spielkonstruktionen von jedem Kind zu beschaffen und dann ihre Form und ihren Zusammenhang mit anderen erreichbaren Daten« (Erikson 1968, 1988: 266) zu vergleichen. Er habe sich erhofft, dass sich das, was er aus Krankengeschichten gelernt habe, vielleicht auf fortschreitende Lebensgeschichten anwenden lasse (Erikson 1963, 1999). Die Analyse von Spielkonstruktionen stelle für Erikson eine Forschungsmethode dar, und zwar eine offene Beobachtungsmethode, in der er nach seinen Erfahrungen kein »Experiment« sehe und auch nicht das, »was Kritiker halb-spöttisch als ›Experiment‹ zum ›Beweis‹ einer ›Theorie‹ bezeichneten« (Erikson 1975, 1982: 237), »sondern eine erprobte klinische Methode zur Beobachtung der Entwicklung.« (Erikson 1977, 1978: 25) So wie für Freud der Traum die »via regia« in die Tiefen des Seelenlebens gewesen sei, sei diese für Erikson das Kinderspiel: »Für mich war das Kinderspiel der Königsweg zum Verständnis der Konflikte und Triumphe des heranwachsenden Menschen, seiner immer wieder aufgenommenen Auseinandersetzung mit der Vergangenheit und seiner schöpferischen Selbsterneuerung in wahrhaft spielerischen Momenten.« (Erikson 1975, 1982: 39f.)

Die Instruktion der Kinder habe darin bestanden, mit Spielsachen eine aufregende Szene aus einem erdachten Film auf einem Tisch aufzubauen und dann den Inhalt der Szene zu erzählen. Dazu hätten sich die Kinder vorstellen sollen, der Tisch sei ein Filmstudio, die Spielsachen Schauspieler und Requisiten und sie selber Filmdirektoren. Die Spielsachen hätten aus Figuren bestanden: einer Familie, ein paar uniformierten Figuren (Polizist, Flieger, Indianer, Mönch etc.), wilden Tieren und Haustieren, Möbeln, Autos und einer großen Zahl von Bauklötzen. Die erbauten Szenen seien fotografiert und die erzählten Geschichten auf Band aufgenommen worden. Anschließend seien die einzelnen Konstruktionen mit den biografischen Daten aus etwa zehn Jahren mit dem Ziel verglichen worden, herauszufinden, ob dies ein Schlüssel zu den Hauptdeterminanten der inneren Entwicklung des Kindes liefern könne (Erikson 1968, 1988).

Ein Resultat dieser Untersuchung sei folgende Überraschung: »Obgleich im Verlauf von mehr als anderthalb Jahren etwa 150 Kinder zusammen ungefähr 450 Szenen aufbauten, waren nicht mehr als ein halbes Dutzend echte Filmszenen darunter, und nur wenige Puppen wurden nach einem bestimmten Schauspieler benannt. Stattdessen arrangierten die Kinder, nach einem Moment des Nachdenkens, wie von einem inneren Vorhaben geleitet ihre Szenen, erzählten mir ihre kurze Geschichte mehr oder weniger aufregenden Inhalts und überließen mir die Aufgabe, herauszufinden, was (wenn überhaupt) diese Gestaltungen bedeuteten.« (Erikson 1963, 1999: 92f.) Erikson vermutet, dass solche unbestimmten Instruktionen denselben Effekt hätten, »wie die Aufforderung, ›frei zu assoziieren‹ in der psychoanalytischen Sitzung (d. h. die Aufforderung, ohne Selbstzensur die Gedanken wandern und die Worte strömen zu lassen), wie es tatsächlich im Interview mit Kindern auch der Vorschlag hat, zu spielen: scheinbar zufällige Themen tauchen auf, die sich bei näherer Untersuchung als in enger Beziehung zur Dynamik der Lebensgeschichte des Betreffenden bestehend erweisen.« (Ebd.: 93)

Zusammenfassend lässt sich festhalten, »daß Kinder auch außerhalb der klinischen Situation gerne – manche sogar begierig – eine Spielszene erfinden und dabei auf die Spiel-Konstruktion (unbewusst, wie man annehmen muß) Themen projizieren, die – das zeigte sich oft – in signifikantem Zusammenhang mit den Lebensthemen standen, die sich aufgrund zahlreicher anderer Daten, die Beobachter mit unterschiedlichster theoretischer Orientierung in jahrelanger Arbeit gesammelt hatten, als zentral und dominierend erwiesen.« (Erikson 1975, 1982: 238) In der

Analyse der Spielkonstruktionen unterscheidet Erikson die einzigartigen und die gemeinsamen Elemente in der Gestaltung der Kinder, wobei die einzigartigen Elemente häufig den Schlüssel zu den Lebensthemen gebildet hätten. Die Studie habe darüber hinaus einen Vergleich aller Spielkonstruktionen untereinander ermöglicht und zu der Erforschung der räumlichen Gestaltungen »in Beziehung zu Stadien des Lebenszyklus im allgemeinen und zu den Formen neurotischer Spannung in der Vorpubertät im besonderen« (Erikson 1968, 1988: 267) geführt. Ein Phänomen habe Erikson zu dieser Zeit ganz besonders fasziniert, das er »als die ›Sprache‹ der räumlichen Repräsentation« (Erikson 1975, 1982: 238) erkannt und im Gegensatz zu den einzigartigen Elementen, als die gemeinsamen Elemente in den Gestaltungen der Kinder bezeichnet hat (Erikson 1963, 1999).

Hinsichtlich der Sprache der räumlichen Repräsentation sei die Tatsache gemeint, »daß Jungen und Mädchen den Raum verschiedenartig nutzen und daß gewisse Strukturen erstaunlich oft bei den Bauten des einen Geschlechts und selten bei denen des anderen auftraten.« (Erikson 1968, 1988: 267) Als die bedeutsamsten Unterschiede zwischen den Geschlechtern bei der Verwendung des Spielraumes benennt Erikson die folgenden: »Bei den Knaben waren die hervorstechenden Variablen Höhe, Absturz und starke Bewegung (Indianer, Tiere, Autos) und deren Kanalisierung oder deren Aufhalten (Polizist); bei den Mädchen waren es einfache Innenräume, die geöffnet sind, einfach eingefriedet und friedlich, oder in die eingedrungen wird. Knaben schmücken hohe Strukturen, Mädchen Tore.« (Erikson 1963, 1999: 100) Die Erkenntnis dieser Untersuchungen lasse sich schlagwortartig so formulieren: »die Mädchen betonen den *inneren*, die Jungen den *äußeren* Raum.« (Erikson 1968, 1988: 267)

5.1.2 Therapeutische Arbeit mit Kriegsveteranen

Erikson hat auch mit Kriegsveteranen in der Mount Zion Rehabilitationsklinik gearbeitet, die als »Psychoneurotiker vor dem Ende der Feindseligkeiten aus der Armee entlassen worden waren«. (Ebd.: 62) Die Diagnose der Ärzte habe Kriegsneurose gelautet und ihre Opfer hätten sich in einem dauernden Zustand latenter Panik befunden. Sie »fühlten sich sowohl von plötzlichen, lauten Geräuschen, wie von Symptomen, die blitzartig ihren Körper erfaßten, gefährdet oder attackiert: plötzlichem Zittern, Wellen von Fieberhitze, von Kopfschmerzen. Aber ebenso hilflos waren sie ihren Gefühlen gegenüber: alles, was zu plötzlich oder zu intensiv auf sie einstürmte, erregte merkwürdig kindischen Ärger oder eine grundlose Angst: sei es eine Wahrnehmung oder ein Gefühl, ein Gedanke oder eine Erinnerung.« (Erikson 1963, 1999: 34f.)

Die Symptome der Zusammenbrüche der Veteranen seien »mit Schockeinwirkung oder Erschöpfung, mit konstitutioneller Schwäche oder Simulantentum erklärt« (Erikson 1975, 1982: 46) worden. Erklärungen, die Erikson während seiner Arbeit mit diesen Menschen dahingehend modifiziert habe, dass er in den Symptomen den teilweisen Verlust der Ich-Synthese erkannt habe, d. h., »[i]hre Ich-Grenzen hatten ihre schock-absorbierenden Strukturierungen verloren.« (Erikson 1968, 1988: 62) Den Veteranen sei die Eigenschaft gemein gewesen, dass sie sich nicht »auf die typischen *Prozesse des richtig funktionierenden Ich* verlassen« (Erikson 1963, 1999: 35) haben können, die dazu beitragen, sowohl Raum und Zeit zu organisieren als auch die Realität zu prüfen und zu erkennen. Das Ergebnis seiner Arbeit mit den Kriegsveteranen offenbart sich in folgender Bemerkung Eriksons: »Auf diesem Gebiet der klinischen Beobachtung fand ich zuerst meine Annahme eines zentralen Verlustes eines Identitätsgefühls unerläßlich und gleichzeitig unmittelbar klärend.« (Erikson 1968, 1988: 62)

5.1.3 Psychoanalytische Arbeit mit akut gestörten Jugendlichen

Eriksons Formulierung der ernsthaften Phänomene der Identitätsverwirrung »beruht auf klinischen Beobachtungen aus den fünfziger Jahren an jungen Leuten, die als präschizophren oder größtenteils als ›Grenzfälle‹ diagnostiziert worden waren. Die Fälle stammen aus dem *Austen Riggs Center* in den Berkshires und aus dem *Western Psychiatric Institute* in Pittsburgh.« (Ebd.: 161)

Am Austen Riggs Center, einem kleinen forschungsfreudigen Privatkrankenhaus ohne geschlossene Abteilungen, ist Erikson knapp zehn Jahre therapeutisch und forschend tätig gewesen. Die Mitarbeiter dieser Einrichtung haben es sich zur Aufgabe gemacht, im Gegensatz zu den trostlosen psychiatrischen Verwahranstalten, die in den 50er Jahren vorherrschten, neue Behandlungsmethoden schwerer Jugendstörungen auf der Basis psychoanalytischer Erkenntnisse zu entwickeln. Im Mittelpunkt der Therapie habe zwar immer noch die Aufarbeitung von Kindheitserfahrungen gestanden, jedoch sei sie durch heilende Gruppen- und Kreativitätstherapie ergänzt worden, d. h. die praktische Anleitung konkreter Schritte der Lebensbewältigung sei zu einem integrativen Bestandteil der Therapie gemacht worden. Erik Erikson und seine Frau Joan Erikson haben zusammen ein richtungweisendes Aktivitätsprogramm entwickelt, das auf Aktivierung und Selbstverantwortung abziele (Erikson 1958, 1975).

Um in wissenschaftstheoretischen Begriffen zu sprechen, umfassen seine erhobenen Daten ein umfangreiches Material, das aus seinen eigenen Behandlungen und dem Studium der Akten von Lehr- und Kontrollanalysen resultieren. Diese klinisch-wissenschaftliche Arbeit habe zu der Erkenntnis geführt, dass nicht in erster Linie organische Ursachen für die Sexual- und Arbeitsstörungen oder für paranoid feindseligen Haltungen der Jugendlichen verantwortlich seien, sondern eine allgemeine Zukunftsangst, die durch unverarbeitete Kindheitskonflikte und entmutigende Erfahrungen in der Adoleszenz hervorgerufen würden. Basierend auf diesen Einsichten benennt Erikson diesen Zustand als »Identitätsdiffusion« oder »Identitätsverwirrung« und beschreibt entsprechende Charakteristika und Kennzeichen dieses Zustandes[8].

Zusammenfassend lässt sich festhalten, dass in der »klinisch-therapeutischen Forschung« der Anfangspunkt bei der vollständigen inneren Veränderung liege und klinisches Material den ursprünglichen Ausgangspunkt weiterer Untersuchungen und der Formulierung theoretischer Annahmen darstelle, weil »die psychoanalytische Methode nur in der Arbeit mit akut leidenden Individuen, seien es Erwachsene oder Kinder, entwickelt werden konnte.« (Erikson 1968, 1988: 264) Die Schlussfolgerungen aus dieser pathographischen Skizze erweitert Erikson um Aspekte des Gesellschaftsprozesses, die, so führt er aus, eigentlich Domäne der Soziologie, notwendig seien, um brauchbare Verallgemeinerungen hinsichtlich der allgemeinen Pathologie machen zu können. »Eine psychosoziale Untersuchung der Kranken- oder der Lebensgeschichte kann es sich [...] nicht leisten, diese Aspekte zu vernachlässigen.« (Ebd.: 183)

---

[8] Vgl. Kapitel 7.2.1: »Identitätsverwirrung«

5.2 Anthropologisches Forschen

Seine beiden kulturanthropologischen Studien hat Erikson bei dem Indianerstamm der Sioux in Süd-Dakota und bei dem der Yuroks an der pazifischen Küste durchgeführt. »Die Menschen, die kollektiv als amerikanische Indianer bezeichnet werden, bilden heute eine sehr mannigfaltige Minderheit. Als stabile Gesellschaft sind sie ausgerottet« (Erikson 1963, 1999: 108), d. h. kein Teil einer sich selbst erhaltenden sozietären Existenz. Erikson begründet die Tatsache, gerade amerikanische Indianerstämme als Illustration seiner Überlegungen zu verwenden, damit, dass er sich nicht nur mit Fakten befasse, sondern auch mit der klinischen Erfahrung, diese Fakten herauszufinden.

Seine Erkenntnisse resultieren aus den Beobachtungen des jeweiligen Indianerstammes, des Vergleichs beider Stämme untereinander und jeweils mit zivilisierten Gesellschaften. Besonders lohnenswert an dieser interdisziplinären Form der Datenerhebung sei gewesen, dass Erikson beide Anthropologen persönlich gekannt habe: H. Scudder Mekeel, der ihn in das Arbeitsgebiet eingeführt, indem er ihn in ein Reservat der Sioux-Indianer mitgenommen habe: »I met Scudder Mekeel, you probably never heard of him, he died very young, who was field representative of the commission of Indian Affairs. He simply said, ›Why don't you come out to the Sioux Indians with me? Because there, the government is trying to send the Indian children to schools which are primarily staffed by non-Indians, in fact by Easterners. And the previous childhood of these children is not art all taken into account. And I think you could be helpful there.‹ « (Erikson in Davidson Films, 1991)

Und Alfred Kroeber, der Erikson später geholfen habe, das Bild des Sioux stichhaltigen Vergleichen zu unterziehen, indem er ihn mit zu »seinen« Yuroks genommen habe. Beide Forscher haben Erikson jeweils vor Reisebeginn persönliche Notizen und anderes Material überlassen und »ihre vertrauten und ihnen vertrauenden Gewährsmänner unter den ältesten Mitgliedern des Stammes, die sich als einzige noch an die alten Gebräuche der stammesgemäßen Kindererziehung erinnerten.« (Erikson 1963, 1999: 109) Hinzu komme, dass beide Anthropologen eine gewisse psychoanalytische Ausbildung genossen und sich darum bemüht hätten, diese in ihre anthropologische Arbeit zu integrieren.

Die aus seinen kulturanthropologischen Studien resultierenden Erkenntnisse, die sich gleichsam als grundlegend für seine psychosoziale Theorie erwiesen haben, seien erstens, Kindererziehung »ist in solchen

Gruppierungen die Methode, mit der eine Gruppe ihre grundlegende Art der Organisation von Erfahrung (ihr Gruppen-Ethos, wie wir es nannten) den frühen Körpererfahrungen des Kindes und durch sie den Anfängen des Ichs vermittelt.« (Erikson 1982, 1988: 24) Zweitens: der Stil der Kindererziehung sei »nicht nur für die innere Ökonomie des individuellen Lebenszyklus, sondern auch für das ökologische Gleichgewicht einer bestimmten Gemeinschaft unter sich verändernden *technischen* und *historischen* Bedingungen« (Ebd.: 25) bedeutend.

Eine weitere Einsicht seiner anthropologischen Studien sei die, »daß der Primitive seine eigene erwachsene Normalität, seine eigene Form der Neurosen und Psychosen hat und daß er, was am wichtigsten ist, auch seine eigenen Variationen von Kindheit besitzt.« (Erikson 1963, 1999: 107) Diese Erkenntnis ist deshalb von Bedeutung, weil Erikson noch an früherer Stelle ausführt: Wende man sich von den Kindern und Kranken (vgl. Kapitel 5.1) zu den Indianern, »so folgen wir damit dem traditionellen Vorgehen der modernen Forschung, die sich in den Randgebieten unserer komplizierten, erwachsenen Welt nach einer vereinfachten Darstellung jener Gesetze umsieht, nach denen der Mensch lebt.« (Ebd.: 107) Doch obwohl, so führt Erikson weiter aus, die vergleichende Forschung auf diesen drei Gebieten viele Analogien zulasse, habe sich doch »der konsequente Versuch, diese scheinbaren Parallelen zwischen der gesamtmenschlichen Situation eines Wilden, eines Kindes und eines symptombesessenen Erwachsenen auszuwerten« (ebd.) als irreführend erwiesen.

5.3 Psycho-Historisches Forschen

Neben seinen beiden großen Studien »Der junge Mann Luther« (1958) und »Gandhis Wahrheit« (1968) hat sich Erikson unter anderem mit den Lebensgeschichten von Thomas Jefferson, Sigmund Freud, Charles Darwin, Bernhard Shaw etc. auseinandergesetzt. In diesen Arbeiten wende er auf »eine Lebensgeschichte das an, was ich hier in vielen Leben und Zeiten schweifend erforsche.« (Erikson 1968, 1988: 10) Sein Werk »Der junge Mann Luther« sei ursprünglich als Kapitel eines Buches über Gefühlskrisen im ausgehenden Jugend- und frühen Erwachsenenalter gedacht gewesen, aber da sich Luther dafür als zu groß erwiesen habe, habe Erikson das klinische Kapitel zum historischen Buch erweitert (Erikson 1958, 1975). Seine Motivation, eine Studie über Gandhi zu verfassen, stellt Erikson folgendermaßen dar: »Ich habe ein psychoanalytisches Buch über Gandhi geschrieben, mit dem Versuch aufzuzeigen, in welchem Bezug die persönlichen Konflikte des Helden zu seinen historischen Taten stehen. Mein Ziel war klarzumachen, wie Gandhi in diese Zeit, in den historischen Augenblick, paßte, und was Gewaltfreiheit – seine Wahrheit – für ihn bedeutete.« (Erikson 1983: 40)

Seinem Ziel entsprechend, das individuelle und kollektive Leben dieser Personen zu studieren, habe sich Erikson sowohl den Methoden der Psychoanalyse als auch denen der Geschichtswissenschaft bedient, eine Methode, die als psycho-historischer Forschungsansatz bezeichnet werde. »Ein solcher Bindestrichname kennzeichnet gewöhnlich ein Gebiet, auf dem noch niemand methodologisch so recht zu Hause ist, das aber eines Tages fest etabliert und ohne alle Grenzstreitigkeiten und Doppelbegriffe anerkannt sein wird.« (Erikson 1975, 1982: 116) Sehr interessant ist es, an dieser Stelle zu zitieren, wie sich Erikson bezüglich dieser Bindestrichkonstruktion fast zwanzig Jahre früher in seinem ersten großen psycho-historischen Werk »Der junge Mann Luther« geäußert hat: »So werden wir die geringe Unklarheit riskieren müssen, die in dem Bindestrich von ›psycho-historisch‹ ebenso enthalten ist, wie in allen anderen durch Bindestrich vermittelten Annäherungen. Diese sind der Komposthaufen der heutigen gemeinsamen Bestrebungen wissenschaftlicher Disziplinen, der helfen mag, neue Felder fruchtbar zu machen und zukünftige Blumen größerer methodologischer Klarheit zu züchten.« (Erikson 1958, 1975: 16)

Beide wissenschaftlichen Disziplinen stünden sich insofern nahe, als dass der Historiker und der Therapeut es mit Prozessen zu tun hätten, »bei dem ausgewählte Abschnitte der Vergangenheit erneut in unser Bewußtsein treten und weiterhin Aktualität für unser gegenwärtiges Tun behaupten.« (Erikson 1975, 1982: 115) Der Psychoanalytiker analysiere Fallgeschichten und der Historiker Lebensgeschichten. Der Unterschied zwischen beiden bestehe darin, dass in einer Fallgeschichte die Frage im Mittelpunkt stehe, warum sich ein Mensch nicht oder nicht weiter entwickele. Mit Hilfe psychodynamischer Ansichten werde versucht, eine Diagnose zu stellen, und darauf basierend würden Therapievorschläge gemacht. In einer Lebensgeschichte stehe dagegen die Frage im Zentrum, »wie ein Mensch sich zu einer Persönlichkeit entwickelte, die auch für das Leben anderer eine bedeutsame Rolle spielt. Auch der Held einer Lebensgeschichte hat gewöhnlich einen chronischen neurotischen Konflikt, der seinen Charakter kennzeichnet, aber ein solcher Held wird nur in dem Maße zu einem Fall, in dem er seinem Konflikt ausgeliefert ist.« (Erikson 1974, 1975: 14)

Nach Erikson treffe es zwar zu, dass große Männer mitunter ausgeprägte Neurosen hätten, ihre »tödlichen Konflikte lassen sich offenbar aber nicht in diesen oder jenen Symptomen erfassen, selbst (oder gerade weil) jene uns den Gefallen tun, weitschweifige Bekenntnisse abzulegen, die dem Material ähneln, wie wir es aus unseren Fallgeschichten kennen.« (Erikson 1975, 1982: 125f.) Gerade weil es Zeit sei, dass »wir sowohl die Gefahr wie das Wesen dessen verstehen, was wir ›Größe‹ nennen, genügt es nicht, dieses Phänomen mit irgendeinem außergewöhnlichen Defekt gleichzusetzen.« (Ebd.: 125)

Dementsprechend müsse die Gesetzmäßigkeit, nach der beim Studium der Lebensgeschichte einer historischen Persönlichkeit gesucht werde, »einer doppelten Forderung genügen: sie muß die Ziele dieser Persönlichkeit im Bezugsystem ihrer Zeit klären, und sie muß diese Persönlichkeit und ihre Zeit auf das Wertsystem des Psychohistorikers beziehen.« (Erikson 1974, 1975: 15) »Die psycho-historische Aktualität hat daher zwei Komponenten: die Relevanz historischer Veränderungen für die Identitätsbildung des Einzelnen und die Relevanz für den weiteren historischen Wandel jener Arten von Identitätsbildung, die in einer gegebenen Geschichtsperiode dominant geworden sind.« (Erikson 1964, 1966: 190) Wolle man eine solche Persönlichkeit charakterisieren, müsse man »die verwickelten Bewegungen der Geschichte genauso gründlich studieren wie die des Staatsmannes« (Erikson 1974, 1975: 17), »zumal eine solche Gestalt auch einen Teil ihrer Welt zusammenhält. Ferner muß eine solche Gestalt in ihrer Einzigartigkeit wie in ihrer Widersprüchlichkeit und Fehlerhaftigkeit als prototypisch für ihre Zeit gesehen werden sowie unter dem Gesichtspunkt, wie sie die spezifischen Bedürfnisse im Leben derer, die ihr folgen, erfüllt.« (Ebd.: 14)

Hierin spiegele sich die ethische, oder wie Erikson es formuliert, die hippokratische Verantwortlichkeit der Psychohistorie wider: »wer ist ausgebildet (und worin besteht die Ausbildung), historische Gestalten zu ›diagnostizieren‹ und die Geschichte zu ›kurieren‹?« (Ebd.: 15) Die Gesetzmäßigkeit, nach der beim Studium der Lebensgeschichte einer historischen Persönlichkeit gesucht werde, müsse aus dieser Perspektive nicht nur der Forderung genügen, die Ziele dieser Persönlichkeit im Bezugsystem ihrer Zeit zu klären, sondern auch diese Persönlichkeit und ihre Zeit auf das Wertsystem des Psychohistorikers zu beziehen.

Erikson hat entsprechende Kriterien gültiger psychohistorischer Aussagen formuliert: »Ein Faktum aus einer Autobiographie sollte nämlich, erstens, auf seine Bedeutung im jeweiligen *Lebensstadium des Erzählers* und, zweitens, auf seine Bedeutung im *Verlauf seiner ganzen Lebensgeschichte* untersucht werden. Und dies heißt, daß es zugleich im unmittelbaren Zusammenhang der *zeitgenössischen Geschichte* und im historischen Prozeß gesehen werden muß, in dem jene Periode nur ein Stadium ist.« (Erikson 1975, 1982: 130) Gemäß des zweiten Kriteriums »sollte ein frühes Ereignis mit dem *Entwicklungsstadium vereinbar* sein, in das es angeblich eingetreten ist.« (Ebd.: 131) Das dritte Kriterium, das erfüllt sein müsse, um ein psychohistorisches Faktum für wahrscheinlich halten zu können, sei das folgende: »Es muß sich durch hohe Wahrscheinlichkeit innerhalb der *zeitgenössischen Kultur* der betreffenden Gesellschaft, wie auch (wiederum) innerhalb der *Geschichte dieser Kultur* auszeichnen.« (Ebd.: 135) »Ein letztes Kriterium für einen gewissen Wahrscheinlichkeitsgrad solcher Rekonstruktionen ist natürlich, daß der Interpret in seine Methode auch die unvermeidbare Tatsache einbezieht, daß seine Interpretation seiner *eigenen Lebensstimmung* unterliegt und in einer bestimmten *Tradition der Begriffsbildung* steht.« (Ebd.: 149)

Zusammenfassend lässt sich festhalten, angewendet als Forschungsmethode zielen Eriksons psychoanalytische und historische Studien darauf, »einen historischen Abschnitt (in diesem Fall die Jugend eines großen Reformators) neu [zu] bewerten, wobei sie die Psychoanalyse als geschichtliches Werkzeug« (Erikson 1958, 1975: 17) einsetzen und auch Licht auf die Psychoanalyse als Werkzeug der Geschichte werfen. »Denn Geschichtswissenschaft zeichnet nicht bloß die fortwirkenden Veränderungen in der politischen Macht und in der Macht von Ideen nach sich ziehenden Interaktionen zwischen Führern und Geführten auf, sie hält auch fest, wie Auffassungen von Geschichte das Schreiben *und* das Machen von Geschichte beeinflussen und reflektieren.« (Erikson 1974, 1975: 15) Als Beobachtungsmethode habe die Psychoanalyse Geschichte zum Gegenstand und als Ideensystem mache sie Geschichte (Erikson 1958, 1975).

6   Eriksons theoretisches Gerüst

In diesem Kapitel wird der theoretische Rahmen des Werkes Eriksons entfaltet. Ausgehend von den Grundannahmen seiner Theorie der psychosozialen Entwicklung und deren Grundelementen werden die Phasen derselben dargestellt.

Die klassische Psychoanalyse »hatte sich radikal nach *innen* gewendet und hatte das Unbewußte im Menschen der systematischen Erforschung eröffnet; sie hatte sich nach *rückwärts* gewendet und die ontogenetischen Ursprünge des Seelenlebens und seiner Störungen erkannt; und sie drang *hinab* zu den Triebstrebungen, die die Menschheit überwunden glaubte, indem sie sowohl die Frühkindheit als auch die Evolution der Gattung verleugnete. [...] Aber Eroberer verlieren sich leicht im neuen Gelände – die Entdeckungen mit dem bekannten Hinterland zu verbinden, ist Sache der zweiten Phase.« (Erikson 1973: 805) Als Akteur dieser zweiten Phase hat Erikson die klassische Theorie ausgehend von der noch offenen Frage modifiziert, »ob einem Menschenbild, das in erster Linie auf der Grundlage der Beobachtung im klinischen Laboratorium, dem Behandlungsraum, nicht etwas fehlte, das im Gesamtkonzept des Menschen nach *außen* führte, nämlich von der Selbstzentriertheit weg zur Gemeinschaftlichkeit, *vorwärts* über die versklavende Vergangenheit hinaus zu utopischen und wirklichen Möglichkeiten und *aufwärts* aus dem Unbewußten zum Rätsel des Bewußtseins.« (Ebd.: 805f.)

Die klassische psychoanalytische Theorie und die aus den dargestellten Überlegungen resultierenden Modifikationen konstituieren Eriksons Theorie der psychosozialen Entwicklung. Diese stellt das theoretische Gerüst dar, auf dessen Basis Erikson seine Identitätstheorie aufgebaut hat[9]. Insofern sind die Veränderungen und Weiterführungen der Freud'schen Theorie notwendige Voraussetzung für die Formulierung einer Identitätstheorie, da die traditionelle psychoanalytische Methode Identität nicht ganz habe fassen können. Sie habe keine Ausdrücke entwickelt, um die Umgebung in Begriffe zu fassen. »Eine der methodologischen Vorbedingungen, um die Identität zu erfassen, wäre also eine Psychoanalyse, die verfeinert genug wäre, um die Umwelt mit zu umfassen; die andere wäre eine Sozialpsychologie, die psychoanalytisch verfeinert

---

[9]   Vgl. Kapitel 7: »Eriksons Identitätstheorie«

ist; zusammen würden sie offensichtlich ein neues Feld begründen, das seine eigene historische Verfeinerung zu schaffen hätte.« (Erikson 1968, 1988: 20)

6.1 Grundannahmen der Theorie der psychosozialen Entwicklung

Ausgangspunkt seiner Theorie der psychosozialen Entwicklung sind Eriksons Ansichten bezüglich des Entwicklungsprinzips und der Organisationsprozesse menschlicher Existenz.

6.1.1 Entwicklungsprinzip menschlicher Existenz[10]

Als eine Grundannahme der Theorie der psychosozialen Entwicklung wird hier das epigenetische Prinzip dargestellt. Die Epigense sei das organismische Prinzip, das sich für Eriksons Untersuchungen der somatischen Fundamente psychosexueller und psychosozialer Entwicklung als unerlässlich erwiesen habe. In der anfänglichen Zeit seiner Beschäftigung mit diesen Themen habe der Begriff sein Verständnis für die Relativität gefördert, die alle menschlichen Phänomene beherrsche, die mit organismischem Wachstum verbunden seien (Erikson 1982, 1988). So propagiert er denn auch an nicht nur einer Stelle: »Wenn wir das Phänomen ›Wachstum‹ verstehen wollen, tun wir gut daran, uns an das *epigenetische Prinzip* zu erinnern [...].« (Erikson 1959, 1974: 57)

Der Begriff der Epigenese stamme aus der Embryologie und die epigenetische Entwicklung beschreibe die schrittweise Ausbildung der fötalen Organe. Sie basiere auf der Annahme, dass jedes Organ seine eigene Entstehungszeit und seinen eigenen Entstehungsort habe. Verfehle ein Organ seinen Entwicklungszeitpunkt, so habe dies zur Folge, dass es seinem Untergang geweiht sei, weil ihm die vollständige Entwicklung nicht mehr gelingen könne, da bereits der Zeitpunkt eines anderen Organs gekommen sei. Darüber hinaus gefährde es gleichzeitig die gesamte Hierarchie der Organentwicklung (Erikson 1982, 1988). Zusammenfassend »besagt dieses Prinzip, daß alles was wächst, einen Grundplan hat, und

---

[10] Der vollständige Lebenszyklus (1988)
Jugend und Krise (1988)
Kindheit und Gesellschaft (1999)
Identität und Lebenszyklus (1974)

daß die Teile aus diesem Grundplan heraus erwachsen, wobei jeder Teil seinen Zeitpunkt der speziellen Aszendenz besitzt, bis alle Teile entstanden sind, um ein funktionierendes Ganzes zu bilden.« (Erikson 1968, 1988: 87)

Erikson versucht, das Phänomen der Entwicklung der Persönlichkeit als Wachstum derselben zu begreifen, und benutzt das epigentische Prinzip als Modell zu dessen Verständnis, »demzufolge in jedem Stadium des Lebens eine gegebene Kraft einer sich erweiternden Gesamtheit hinzufügt und in jedes spätere Stadium reintegriert wird, damit sie im gesamten Lebenszyklus ihre Funktion übernehmen kann – wo und insofern Schicksal und Gesellschaft es gestatten.« (Erikson 1969, 1978: 39) Die Annahmen, die einer solchen Überlegung zugrunde liegen, sind: »1. daß sich die menschliche Persönlichkeit im Prinzip gemäß bestimmter Schritte entwickelt, die in der Bereitschaft der wachsenden Person vorgegeben sind, seinen sozialen Radius beständig zu erweitern, seiner gewahr zu werden und mit ihm in Wechselbeziehung zu treten; und 2. daß die Gesellschaft im Prinzip darauf eingerichtet ist, dieser Aufeinanderfolge von Möglichkeiten zur Wechselwirkung gerecht zu werden und ihnen entgegenzukommen, und daß sie versucht, das richtige Maß und die richtige Reihenfolge ihrer Entfaltung zu sichern und zu ermutigen.« (Erikson 1963, 1999: 265)

Nach Erikson könne man damit rechnen, »daß das gesunde Kind bei richtiger Anleitung im Verlauf bedeutsamer Erfahrungen den epigenetischen Gesetzen der Entwicklung folgt, denn diese halten nun wichtige Interaktionsmöglichkeiten mit einer wachsenden Zahl von Individuen und den Sitten, die sie lenken, bereit.« (Erikson 1982, 1988: 31) Diese Interaktionen im Speziellen betrachtet er als kulturabhängig, jedoch müssten alle Kulturen ein fundamentales »richtiges Maß« und eine »richtige Reihenfolge« garantieren. »Gemeint ist damit das, was alle Menschen nötig haben und was von ihnen bewerkstelligt werden kann, gleichgültig, wie unterschiedlich ihre Persönlichkeiten und das kulturelle Grundmuster sind.« (Ebd.) »Man kann daher von der Persönlichkeit sagen, daß sie sich entsprechend einer Stufenfolge entwickelt, die in der Bereitschaft des menschlichen Organismus prädeterminiert ist, auf einen sich erweiternden Radius bedeutsamer Individuen und Institutionen zugetrieben zu werden und mit ihm in Wechselwirkung zu treten.« (Erikson 1968, 1988: 88) Die menschliche Persönlichkeit definiert Erikson als eine »Verbindung von Fähigkeiten, die in ferner Vergangenheit gründen, mit Möglichkeiten, die in der Gegenwart erahnt werden; eine Verbindung von vollkommen unbewußten, im individuellen Wachstum entwickelten Voraussetzungen mit sozialen Bedingungen, die im wechselvollen Spiel der Generationen geschaffen und verändert wurden.« (Erikson 1958, 1975: 14)

Die Frage, die sich hier jedoch stellt und die auch Erikson entsprechend formuliert, ist, warum das epigenetische Prinzip so geeignet erscheine und ob die Verwendung dieses Prinzips nicht bedeute, einem somatischen Prozess den ausschließlichen Einfluss auf einen sozialen Prozess einzuräumen. Dazu führt Erikson an gleicher Stelle aus: »Diese Frage muß mit dem Hinweis beantwortet werden, daß die Lebensphasen durchweg an somatische Prozesse ›gekoppelt‹ bleiben, auch wenn sie von psychischen Prozessen der Persönlichkeitsentwicklung und der ethischen Kraft sozialer Prozesse abhängig bleiben. Man kann daher davon ausgehen, daß sich der epigenetische Charakter dieser Leiter in einer bestimmten linguistischen Kohärenz aller Begriffe widerspiegelt.« (Erikson 1982, 1988: 75) Epigenese möchte Erikson dabei keinesfalls als eine bloße Aufeinanderfolge von Phasen verstanden wissen, sondern erstens habe sie einen bestimmenden Einfluss auf gewisse Gesetze, die die fundamentalen Beziehungen der heranwachsenden Körperteile zueinander beinhalten und zweitens bedeute das Nacheinander im epigenetischen Plan nicht das Aufgeben eines früheren Themas, sondern habe lediglich die Bedeutung von einer späteren Version dieses Themas (ebd.).

6.1.2 Organisationsprinzip menschlicher Existenz

Ausgehend vom psychoanalytischen Strukturmodell, nach dem als Instanzen der Persönlichkeit das Es, Ich und Über-Ich konzeptionalisiert werden, sieht Erikson diese als sich in drei Prozessen widerspiegelnd, deren gegenseitige Abhängigkeit die Form des menschlichen Verhaltens bestimme. Diese seien »1. der Prozeß der Organisation des menschlichen Körpers innerhalb des Zeit-Raums eines Lebenszyklus (Evolution, Epigenese, Libidoentwicklung usw.); 2. der Prozeß der Organisierung der Erfahrung durch die Ich-Synthese (Ich-Raum-Zeit; Ich-Abwehrmechanismen; Ich-Identität usw.); 3. der Prozeß der sozialen Organisation der Ich-Organismen in geographisch-historischen Einheiten (kollektive Raum-Zeit, kollektiver Lebensplan, Produktionsethos usw.). Diese Reihenfolge entspricht dem Weg, den die psychoanalytische Forschung genommen hat. Im übrigen verdanken diese Prozesse, so verschieden sie ihrer Struktur nach sind, einander ihr Dasein und sind voneinander abhängig.« (Erikson 1959, 1974: 52f.)

Der somatische Prozess umfasse die dem Organismus inhärenten biologischen Prozesse im Sinne einer homöostatischen Qualität des lebendigen Organismus. Sei dieses homöostatische Gleichgewicht gestört, reagiere der menschliche Körper mit Spannungen und/oder Schmerz. Der sekundäre Organisationsprozess, den Erikson »*die Organisierung der Erfahrung im individuellen Ich*« (Erikson 1963, 1999: 28) nennt, schütze die Kohärenz und die Individualität der Erfahrung, »indem er das Individuum auf die Entgegennahme von Schocks vorbereitet, wie sie bei plötzlichen Kontinuitätsbrüchen im Organismus oder im Milieu drohen. Dieser Prozeß befähigt das Individuum, innere und äußere Gefahren zu antizipieren, und setzt es in die Lage, seine Anlagen mit den gegebenen sozialen Möglichkeiten zu integrieren.« (Ebd.: 28f.) Versage dieser Prozess, sei das Individuum Angst ausgesetzt.

Der dritte Organisationsprozess sei der gesellschaftliche Prozess, dessen Bedeutung in der Tatsache liege, dass der Mensch »zu jedem Zeitpunkt, von der ersten Bewegung bis zum letzten Atemzug, Einflüssen geographischen und historischen Zusammenhangs unterworfen« (ebd.: 29) sei. Als Mitglied der Gesellschaft unterliege er der Panik, die in seiner Gruppe mehr oder weniger latent wirke. Der Mensch sei in jedem Augenblick Organismus, Ich und Mitglied einer Gesellschaft und in allen drei Organisationsprozessen begriffen. Somit könnten somatische Spannung, individuelle Angst und Gruppenpanik als verschiedene Weisen, in denen Angst sich den verschiedenen Beobachtungsmethoden offenbare, verstanden werden. Diese drei Prozesse, der somatische, der Ich-Prozess und der Gesellschaftsprozess seien innerhalb der Geschichte der Wissenschaft jeweils drei verschiedenen wissenschaftlichen Disziplinen zugeordnet gewesen, die jeweils das untersucht hätten, was sie hätten isolieren, zählen und sezieren können. Dem somatischen Prozess habe sich die Biologie gewidmet, indem sie den Organismus seziert oder Untersuchungen unterzogen habe. Der Gegenstand der Psychologie sei der Ich-Prozess gewesen, d. h. sie habe die geistige Individualität mithilfe von Experimenten oder Befragungen erforscht. Den Gesellschaftsprozess habe die Sozialwissenschaft durch die Übertragung sozialer Aggregate in die Dimensionen statistischer Tabellen untersucht (ebd.).

Die jeweilige Disziplin beeinflusse in allen Fällen die zu beobachtende Materie von vornherein, »indem sie deren Gesamtlebenssituation aktiv auflöst, um einen isolierten Teil ihren Instrumenten oder Konzepten zugänglich zu machen.« (Ebd.: 30) Dementsprechend bestehe das entstandene Wissen von Lokalisation und Ursachenwirkung aus Fakten und Zahlen und führe zu Debatten über die Zuordnung der einzelnen Punkte zu dem einen oder dem anderen Prozess. Erikson sieht den Grund dafür, dass unser Denken von dieser Dreiteilung beherrscht sei, darin, dass »wir nur durch die geistreichen Methodologien dieser Disziplinen überhaupt etwas wissen.« (Ebd.) Er fügt jedoch hinzu: »Unser ärztliches Problem und unsere Einstellung verhalten sich anders.« (Ebd.)

Zwanzig Jahre später bringt Erikson diese Problematik wie folgt auf den Punkt: »Jeder dieser Prozesse hat seine eigene spezifische Untersuchungsmethode, die natürlich scharf abgegrenzt sein muß, damit bestimmte, sowohl der Natur wie dem Menschen zugrundeliegende Elemente isoliert werden können. Aber letztlich brauchen wir alle drei Vorgehensweisen, wenn wir ein beliebiges intaktes menschliches Ereignis erklären wollen.« (Erikson 1982, 1988: 27f.) Er zeigt sich auch versöhnlicher in der Gegenüberstellung der Behandlung dieser Prozesse in der wissenschaftlichen und der klinischen Praxis: »Die klinische Arbeit konfrontiert uns natürlich mit der oft sehr viel spektakuläreren Art und Weise, in der sich diese Prozesse schon von ihrer Natur her gegenseitig beeinträchtigen und isolieren und jene Phänomene hervorrufen, die dann mit den verschiedenen Methoden als somatische *Spannung*, individuelle *Angst* oder soziale *Panik* untersucht werden können. Das Eindrucksvolle an der klinischen Arbeit ist jedoch die Erfahrung, daß die Erforschung menschlichen Verhaltens unter den Bedingungen eines dieser Prozesse stets auch bedeutet, daß man sich in die anderen Prozesse verwickelt findet. Jede Einzelheit nämlich, die sich in einem dieser drei Prozesse als wichtig erweist, ist offensichtlich für Details in den anderen Prozessen ebenfalls von Bedeutung oder erhält von dort her ihren Sinn.« (Ebd.: 28)

Auch wenn der Sinn einer bedeutsamen Einzelheit eines gegebenen Falles in einem der drei Prozesse lokalisiert sei, so werde er mitbestimmt durch seinen Sinn in den anderen beiden Prozessen. Ein Detail in einem Prozess, so führt Erikson weiter aus, gewinne an Relevanz, »indem es anderen Punkten innerhalb der anderen Prozesse Bedeutsamkeit verleiht und von ihnen her Bedeutsamkeit bezieht.« (Erikson 1963, 1999: 31) Für Erikson seien diese drei Prozesse drei Aspekte eines einzigen Prozesses, dem des menschlichen Lebens, und die gegenseitige Abhängigkeit dieser Organisationsprozesse bezeichnet Erikson, mangels anderer Begrifflichkeiten, wie er bedauernd festhält, als »*Relativität in der menschlichen Existenz*« (ebd.).

Abb. 3: Relativität menschlicher Existenz

Erikson bemerkt, dass es »unmöglich ist, zu irgendeiner einfachen Reihenfolge und Kausalkette mit klarer Lokalisierung und umschriebenem Beginn zu kommen, [...] [und] nur eine dreifache Buchführung (oder, wenn man will, ein systematisches Imkreisegehen) allmählich die Relevanzen und die Relativitäten aller bekannten Daten erhellen« (Ebd.: 39) könne. Bei welchem Prozess die jeweilige Forschung ihren Anfangspunkt nimmt bzw. welches ihr Forschungsgegenstand oder Phänomen ist, hängt von der Disziplin und dem Paradigma des Forschers ab. Die Beziehung dieser drei Prozesse vom Erikson'schen Standpunkt aus betrachtet lässt sich wie folgt darstellen:

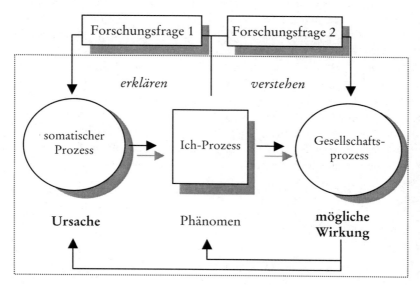

Abb. 4: Eriksons Theorie der psychosozialen Entwicklung

Entsprechend des Weges, den die psychoanalytische Forschung gegangen ist, und Eriksons wissenschaftstheoretischer Position hat seine Theorie der psychosozialen Entwicklung ihren Anfangspunkt im biologischen beziehungsweise somatischen Prozess. Rein biologisch betrachtet werde das Kind mit seiner Bereitschaft zu Gegenseitigkeits-Beziehungen (vgl. Eriksons Menschenbild) geboren und entwickele seine Persönlichkeit, indem es mit einem immer größeren Radius an Personen in Kontakt trete. »Bei der Darstellung der Entwicklung ist es unvermeidbar, daß man mit dem Anfang anfangen muß. Das ist bedauerlich, denn wir wissen so wenig von den frühsten und tiefsten Schichten des menschlichen Seelenlebens.« (Erikson 1968, 1988: 99) Das Phänomen des Forschungsprozesses ist für Erikson der Ich-Prozess, den er als Resultat des Zusammenwirkens des biologischen mit dem gesellschaftlichen Prozess betrachtet. Der Gesellschaftsprozess selbst wirke auf den Ich-Prozess und dieser wieder auf den Gesellschaftsprozess zurück. Hierin zeigt sich ganz deutlich, was Erikson mit der Formulierung »Relativität in der menschlichen Existenz« meint.

Eriksons Entwicklungstheorie erklärt (Forschungsfrage 1), wie diese eingeborene Bereitschaft in der frühen Entwicklung des Menschen unter den Bedingungen einer gegebenen Kultur zu einer Reihe von entscheidenden Gegenseitigkeits-Beziehungen führt, die wiederum von dem bestimmt ist, was in der Entwicklung des Kindes entwicklungsfähig bereitliegt und was von der traditionellen Umwelt bereitgestellt wird. Darüber hinaus versucht sie verständlich zu machen (Forschungsfrage 2), welche Wirkungen die jeweiligen Identitätsentwicklungen auf den Gesellschaftsprozess haben könnten. Weiterhin bedeutend für das Verständnis seiner Theorie der psychosozialen Entwicklung, ist seine Annahme: »das Ganze entsteht mit seinen Teilen und die Teile mit dem Ganzen, auch wenn jeder Teil, wenn er zuerst durch eine neue Methode sichtbar gemacht wurde, seinem Entdecker den Eindruck vermittelt, als wäre er Ursache und Beginn aller anderen Teile.« (Erikson 1964, 1966: 129)

6.2 Elemente der Theorie der psychosozialen Entwicklung

Im Folgenden werden basierend auf Eriksons Überlegungen zur Prägenitalität »die sich aneinanderreihenden grundlegenden Elemente der psychosozialen Entwicklung Modi und Modalitäten, Ritualisierung und Spiel während der Kindheit« (Erikson 1982, 1988: 67) dargestellt.

6.2.1 Psychosoziale Signifikanz der Prägenitalität

Wie Freud geht Erikson von einer angeborenen Triebenergie aus, die sich in der frühen Kindheit entwickelt; jedoch erweitert er dessen Annahmen um psychosoziale Gesichtspunkte ausgehend von den Fragen, (1) »ob die Genitalität als wesentlicher Teil der verlängerten Kindheit des Menschen ausschließlich für die Entwicklung einer Sexualität existiert und ob dies allein ihre Bedeutung ausmacht« (ebd.: 33f.), (2) wie eine solche psychosoziale Signifikanz erworben werde und (3) schließlich, »wie die Gesellschaft auf die mit jeder Phase der Prägenitalität verknüpften erotischen Erfahrungen und Äußerungen antwortet [...]« (ebd.: 38).

(1) Erikson nimmt an, dass es Prägenitalität nicht nur für die Genitalität gebe: »Tatsächlich scheint das eigentliche Wesen der Prägenitalität in der Absorption libidinöser Interessen bei der frühen Begegnung des wachsenden Organismus mit einem bestimmten Stil der Kindererziehung zu liegen, in der Umformung der eingeborenen Vorgehensformen des Organismus (der Aggression) in die sozialen Modalitäten der Kultur.« (Erikson 1963, 1999: 88) Dazu führt er in »Der vollständige Lebenszyklus« weiter aus: »Vom psychobiologischen Standpunkt her gesehen steht eindeutig fest, daß die ›erogenen‹ Zonen und die Phasen ihrer Libidinisierung von zentraler Bedeutung für eine Reihe anderer Entwicklungen sind, die für das Überleben eine wesentliche Rolle spielen. Hier sollte vor allem auf die überaus wichtige Tatsache hingewiesen werden, daß damit Funktionen unterhalten werden, die für die Erhaltung des Organismus unabdingbar sind, nämlich Nahrungsaufnahme und Ausscheidung und, nach einiger zeitlicher Verzögerung, die sexuelle Latenz genannt wird, der prokreative Akt zur Erhaltung der Art. Die zeitliche Folge der Erotisierung dieser Funktionen steht überdies mit dem gleichzeitigen inneren Wachstum anderer Organsysteme in Verbindung.« (Erikson 1982, 1988: 34)

(2) Die Organsysteme würden nach Erikson ihre psychosoziale Signifikanz dadurch erwerben, dass deren Entwicklungspotentiale von Institutionen einer Gesellschaft unterstützt würden. Dem liegt die Überlegung zu Grunde, »daß die Phasen der verlängerten Kindheit des Menschen (mit allen Veränderbarkeiten des Triebs) und die Struktur der menschlichen Gesellschaften (mit allen ihren kulturellen Variationen) Teil einer evolutionären Entwicklung sind und ein eingebautes Potential für gegenseitige Unterstützung haben müssen.« (Ebd.: 35) Gleichzeitig bestünden gesellschaftliche Institutionen darauf, jeder Teilfunktion spezifische Bedeutungen zu verleihen, »die kulturelle Normen, eine gesellschaftliche Lebensweise und vorherrschende Weltanschauung fördern […]« (ebd.). Dies könne jedoch gleichzeitig zu kräfteverzehrenden Konflikten führen.

(3) Die Beantwortung der dritten Frage, wie die Gesellschaft auf die mit jeder Phase der Prägenitalität verknüpften erotischen Erfahrungen und Äußerungen antworte, sei nach Erikson historisch determiniert. So führt er aus, dass die klinischen Beobachtungen der Psychoanalyse, auf die die Entdeckung der Prägenitalität zurückzuführen sei, nur den Schluss zuließen, die Gesellschaft als solche sei von ihrer Natur her der kindlichen Sexualität gegenüber feindselig eingestellt, mit der Konsequenz, dass sie mehr oder weniger stark verdrängt und unterdrückt worden sei. In einer Zeit jedoch, in der die Tendenz weniger groß sei, Kinder mit Moralvorstellungen aufzuziehen, wie sie beispielsweise in der viktorianischen Epoche geherrscht hätten, könnten es Gesellschaften bis zu einem gewissen Punkt zulassen, dass die kindlichen sexuellen Bestrebungen im Spiel direkt zum Ausdruck kommen. Diese Abhängigkeit der Antwort von dem herrschenden historischen bzw. gesellschaftlichen Zusammenhang, bezeichnet Erikson als »historisches Dilemma der Interpretation«. (Ebd.: 38) Zusammenfassend hält er fest, dass prinzipiell alle Gesellschaften ein triebhaft ausgestattetes Wechselspiel zwischen Erwachsenen und Kinder kultivieren müssten, »indem sie besondere Formen des ›Dialogs‹ anbieten, durch den die frühen Körpererfahrungen des Kindes tiefe und dauerhafte kulturelle Bedeutungen erhalten.« (Ebd.: 38f.)

Im Prinzip übernimmt und ergänzt Erikson das Konzept der Prägenitalität von Freud. Für diesen ist damit die infantile Sexualentwicklung mit dem Endprodukt der reifen genitalen Sexualität gemeint. Erikson erweitert diese psychosexuellen Annahmen, indem er das Resultat der einzelnen durchlaufenen Phasen der Libidinisierung der »erogenen« Zonen über die genitale Sexualität hinaus in der Entwicklung von Funktionen sieht, die für die Erhaltung des Organismus notwendig seien, nämlich Nahrungsaufnahme und Ausscheidung und, nach einiger zeitlicher Verzögerung, der prokreative Akt zur Erhaltung der Art. Erikson fasst die menschlichen Triebe nicht mehr, wie noch Freud, lediglich als Energiequellen auf, sondern als Anpassungsmechanismen. Dabei bezieht er sich auf Hartmann, der eine Ich-Autonomie postuliert habe und damit eine Ich-Entwicklung, die nicht nur aus der Defensive gegen die Triebe resultiere, sondern auch aus etwas ursprünglich Gegebenem. Insofern gehe er von einer »neutralen Energie« aus, die dem Mensch bei der Anpassungsarbeit zur Verfügung stehe, ohne ihn ständig in Konflikt mit seinen Urtrieben zu bringen (Erikson, 1957a).

Erikson konkretisiert seine Weiterentwicklungen folgendermaßen: »Um nun die Freudschen Stadien der Prägenitalität als wesentliche Teile der kindlichen Anpassung betrachten zu können, erscheint es nützlich, nicht nur von Triebzonen und Triebqualitäten, also von Oralität, Analität und Genitalität, zu sprechen sondern auch von entsprechenden *Organ-Modi*.« (Ebd.: 54) Nach Erikson benutze die Gesellschaft diese Organ-Modi, um dem Kind während der spezifischen Libidophase gewisse grundlegende soziale Modalitäten zu lehren. Entsprechend formuliert er als Arbeitshypothese, dass: »Freuds Theorie der Prägenitalität nicht nur die Vorstufen der reifen genitalen Sexualität umfaßt sondern auch die Vorstufen einer, man möchte sagen, grundsätzlichen *Grammatik der Angehungsweisen*, wie sie jede Kultur ihre Kinder in der vorsprachlichen Periode lehrt.« (Ebd.: 55) Diese phasengerechte und vom Trieb gesteuerte Teilnahme am sozialen Prozess werde von der Ritualisierung gesteuert. Sie leiste für die menschliche Anpassung, was der vom Instinkt gesteuerten Anpassung einer Tierart an einen bestimmten Bereich in der Natur entspreche (Erikson 1982, 1988). Während der Kindheit würden die körperlichen und sozialen Prozesse mit dem Selbst des Kindes durch das Spiel in Einklang gebracht (Erikson 1963, 1999).

6.2.2 Modi[11]

Die Theorie der Prägenitalität beschreibe die infantile Sexualentwicklung mit dem Endprodukt der reifen genitalen Sexualität und der Entwick-

---

[11] Kindheit und Gesellschaft (1999)
Der vollständige Lebenszyklus (1988)

lung lebensnotwendiger Funktionen. Sie vertrete die Auffassung, dass diese Entwicklung phasenweise »inneren Entwicklungsgesetzen folgt, den Gesetzen nämlich, die in seiner vorgeburtlichen Periode ein Organ nach dem anderen entstehen ließen und die nun eine *Aufeinanderfolge von Möglichkeiten für bedeutsame Wechselwirkungen mit der Umwelt schaffen*.« (Erikson 1963, 1999: 61) Die Grundorientierung der Wechselbeziehungen, die ein Organismus oder seine Teile in Hinsicht auf einen anderen Organismus oder dessen Teile und auf die Welt der Dinge haben könne, werde festgelegt durch den zeitlichen Ablauf und die systematische Beziehung der Organmodi der Prägenitalität. Vom biologischen Organisationsprozess menschlicher Existenz aus betrachtet, sind für Erikson Organmodi, d. h. die Seinsweisen der Organe, die »*Einverleibung, Zurückhaltung, Ausscheidung, Eindringen* und *Umschließen*.« (Erikson 1982, 1988: 39) Die wechselseitigen Beziehungen zwischen einer erogenen Zone und deren dominierenden Modus werden im Folgenden dargestellt. Innerhalb des Gesamtorganismus unterscheide man drei Zonen: die oral-sensorische, die die Gesichtsöffnungen und den oberen Verdauungstrakt umfasse, die anale, die die Ausscheidungsorgane umfasse, und die genitale, die die Genitalien umfasse.

In der ersten Phase würden zwei Modi der Einverleibung die orale Zone beherrschen. Sie würden das Verhalten aller dieser Zonen einschließlich der Hautfläche dominieren, weshalb diese Phase als oral-respiratorisch-sensorisch bezeichnet werde. Der erste einverleibende Modus sei passiv rezeptiv, denn zumindest in den ersten Wochen könne das menschliche Wesen nur reagieren, wenn und wann Material in sein Erlebnisfeld gebracht werde. »Die Sinnesorgane und die Haut sind also rezeptiv und zunehmend hungrig nach angemessenen Reizen.« (Erikson 1963, 1999: 68) Dementsprechend breite sich die einverleibende Angehungsweise von ihrem Brennpunkt in der oralen Phase auf die sensitiven Zonen der gesamten Körperoberfläche aus. Der zweite Modus der mehr aktiven Einverleibung gewinne an Dominanz, wenn sich die Zähne des Kindes entwickeln würden und mit ihnen die Lust, auf harte Dinge zu beißen, durch Dinge durchzubeißen und Teile von Dingen abzubeißen. Die neu gewonnene Aktivität weite sich auch auf die anderen Organe der oralen Zone aus: »Die Augen, anfangs Teil eines passiven Systems, das Eindrücke aufnahm, wie sie eben kamen, haben nun gelernt zu fixieren, zu isolieren, Gegenstände vom undeutlicheren Hintergrund abzuheben, sie zu ›erfassen‹ und ihnen zu folgen.« (Ebd.: 71) Das Kind verleibe sich die Welt aktiv ein.

Die anal-urethrale-muskuläre Phase werde durch die beiden sich widersprechenden Modi der Retention und der Elimination beherrscht, die Erikson mit der Formel vom retentiv-eliminativen Modus erfasst. Diese analen Erlebnisse erhielten durch das Auftreten von besser geformten Stuhl und durch die allgemeine Ausbildung des Muskelsystems ihr notwendiges Gewicht. Das heißt, diese »beiden Entwicklungen zusammen bedeuten eine zunehmende Fähigkeit, abwechselnd willentlich zurückzuhalten und auszustoßen.« (Ebd.: 75) Die Entwicklung des gesamten Muskelsystems mit seiner Dualität von Spannung und Entspannung, Beugung und Streckung, von dem die Schließmuskeln nur ein Teil seien, ermögliche es dem Kind zu greifen und festzuhalten, zu werfen und wegzustoßen, Dinge heranzuholen oder sie auf Distanz zu halten.

Die infantil-genital-lokomotorische Phase werde vom Modus des Eindringens und Umschließens beherrscht, ausgelöst dadurch, dass sich nun das Kind unabhängig und kraftvoll bewegen könne. Nun sei es bereit nicht nur seine Geschlechtsrolle zu entdecken, sondern auch zu verstehen, welche Rollen der Nachahmung dienen würden und welche nicht. »Sein Lernen ist jetzt ungeheuer eindringend und kraftvoll; es führt von seinen eigenen Beschränktheiten fort, hin zu zukünftigen Möglichkeiten.« (Erikson 1968, 1988: 111) Dies eröffne ihm den Weg für die infantile Genitalität, welche ihrem Wesen nach natürlich rudimentär bleiben müsse und von einer ersten Ausformung des eindringenden und des umschließenden Modus beherrscht werde.

»Diese Phasen mit all ihren Teilaspekten muß man sich dann wiederum in ihrer epigenetischen Reihenfolge vergegenwärtigen« (Erikson 1982, 1988: 35), d. h. die einzelnen Köperöffnungen bzw. psychosexuellen Zonen könnten verschiedenen Modi dienen. Jedoch werde »jede libidinöse Zone während ›ihrer‹ Phase sowohl lustvoll wie zweckerfüllt von einer primären Modus-Konfiguration des Funktionierens beherrscht.« (Ebd.: 39) Trotz der Dominanz eines Modus in einer entsprechenden Phase, würden die Körperöffnungszonen nur funktionieren, wenn alle anderen Modi als Hilfsmodi zu Verfügung stünden, wobei die Betonung der einzelnen Hilfsmodi individuell verschieden sei (Erikson 1963, 1999).

Die Modi würden Grundfigurationen umfassen, »die das Zusammenspiel eines Säugetier-Organismus und seinen Körperteilen mit einem anderen Organismus und dessen Körperteilen und darüber hinaus mit der Welt der Dinge beherrschen.« (Erikson 1982, 1988: 39f.) Dem liegt die Annahme zugrunde: »Ein Wesen mit Organen kann Dinge oder andere

Wesen in sich aufnehmen; es kann sie festhalten oder hinauslassen; es kann in sie eindringen. Wesen mit Organen können solche modalen Akte auch mit Teilen eines anderen Wesens vollziehen.« (Erikson 1963, 1999: 90) Aus dieser Perspektive rückt der psychische Organisationsprozess in den Mittelpunkt der Betrachtung, welcher das Individuum befähige, seine Anlagen mit den gegebenen sozialen Möglichkeiten zu integrieren. »Das menschliche Kind erlernt während seiner langen Kindheit diese körperlichen Annäherungsweisen und mit ihnen die Modalitäten des sozialen Lebens. Es lernt im Raum und in der Zeit zu existieren, während es schon lernt, ein Organismus in der Raum-Zeit seiner Kultur zu sein. Jede so erlernte Teilfunktion beruht auf einer gewissen Integration aller Organmodi sowohl untereinander wie mit dem Weltbild ihrer Kultur.« (Ebd.)

Indem er die Organmodi in diesem Zusammenhang als »Weisen der körperlichen Annäherung« (Erikson 1963, 1971: 90) bzw. körperliche Annäherungsweisen (Erikson 1963, 1999) bezeichnet, macht Erikson deutlich, dass er die Organmodi als wichtigstes Bindeglied zwischen psychosexueller und psychosozialer Entwicklung (Erikson 1982, 1988) betrachtet. Er begründet dies, indem er die Organmodi mit den sozialen Modalitäten verknüpft, wobei das Kind die Modalitäten des sozialen Lebens mit der bzw. durch die Entwicklung der Organmodi erlerne. Die beschriebene Entwicklung sieht Erikson als ausgelöst durch die Ausdehnung des Radius der kindlichen Wahrnehmung, der Koordination und der Empfänglichkeit, denn dadurch »trifft er mit den erzieherischen Grundformen seines Kulturkreises zusammen und lernt so die grundlegenden Modalitäten der menschlichen Existenz kennen, sowohl auf persönliche wie auf die kulturell bedeutsame Weise.« (Erikson 1963, 1999: 69)

Das Konzept der Organmodi, wie es hier von Erikson entfaltet wird, macht seine Theorie zu einer psychosozialen und zwar genau in seinem Sinne: »Das Wort ›psychosozial‹ hat uns bisher als Notbrücke zwischen den sogenannten ›biologischen‹ Formulierungen der Psychoanalyse und neueren Begriffen dienen müssen, die die kulturelle Umwelt systematischer berücksichtigen.« (Erikson 1959, 1974: 192) Dazu stellt er den Zusammenhang zwischen den Organmodi im Sinne der Seins-Weisen der Organe und den verschiedenen Modalitäten des sozialen Lebens heraus.

6.2.3 Modalitäten[12]

Erikson geht von der Annahme aus, dass »das Erleben im Grundplan des Körpers verankert ist« (Erikson 1963, 1999: 102) und dass »Kulturen auf dem biologisch Gegebenen aufbauen« (ebd.: 102f.). Die Ansichten darüber, wie auf das biologisch Gegebene, was seinen Ausdruck in den Modi finde, reagiert werde, d. h. was als »gut für das Kind« gelte, was ihm geschehen dürfe, hänge wiederum von dem Gesamtziel und dem System der jeweiligen Kultur ab, also davon, was aus dem Kind wo auf der Welt werden solle. Modalitäten seien demnach »die Definition zwischenmenschlicher Verhaltensweisen« (ebd.: 69). Insofern entsprechen die Modi vom dritten Organisationsprozess, dem gesellschaftlichen aus betrachtet, den Modalitäten.

Erikson nimmt an, dass sich die verschiedenen Modalitäten des sozialen Lebens als dem jeweiligen Modus »ähnlich« gestaltete Aktivitäten entwickeln würden und von diesen beeinflusst seien. »Wir beschäftigen uns hier daher nicht mit den einfachen kausalen Ergebnissen eines Entwicklungstrainings, sondern, wie in Aussicht gestellt, mit einer *wechselseitigen Assimilation somatischer, seelischer und sozialer Grundmuster*, das heißt einer adaptiven Entwicklung, die von einer gewissen inneren Logik der kulturellen Grundmuster (einer Logik, die uns später als *Ethos* begegnen wird) begleitet sein muß und mit den wachsenden Fähigkeiten des Ichs übereinstimmt, seine ›Apparate‹ in adaptiver Weise zu integrieren.« (Erikson 1982, 1988: 42f.) Das bedeutet: »Kulturell gesehen sind diese Modalitäten weder gut noch schlecht; ihr Wert hängt davon ab, wie sie in die Grundformen der Bestätigung und Ablehnung, die in der jeweiligen Kultur gefordert werden, eingebaut sind.« (Erikson 1968, 1988: 104)

Die oral-sensorische Phase werde von zwei Modi der Einverleibung beherrscht, mit denen die soziale Modalität des Bekommens im Sinne von Empfangen und Nehmen, was gegeben werde, verbunden sei. Die erste soziale Modalität, die im Leben gelernt werde, sei die des Bekommens. Die sich entwickelnde Wechselseitigkeit bzw. wechselseitige Regulation sei dadurch charakterisiert, dass der Säugling seine Mittel des Bekommens entwickele und koordiniere und seine mütterliche Pflegeperson die des Gebens. Das führe zum Erlernen der ersten sozialen Mo-

---

[12] Kindheit und Gesellschaft (1999)
Der vollständige Lebenszyklus (1988)

dalität. »Mit dem *Bekommen dessen, was gegeben wird* und dem Erwerb der Fähigkeit, *jemanden dazu zu bekommen*, das Gewünschte *zu geben*, entwickelt der Säugling auch das notwendige adaptive Fundament, um eines Tages *selbst ein Gebender* zu werden.« (Erikson 1982, 1988: 42) Der zweite, mehr aktiv-einverleibende Modus dieser Phase sei mit der Modalität des Bekommens im Sinne des Nehmens und Festhaltens verbunden, in der eine Anzahl zwischenmenschlicher Verhaltensweisen begründet liegen und sich daraus ergeben würden, dass Dinge mehr oder weniger freiwillig angeboten und gegeben würden. Gleichzeitig aber auch mehr oder weniger die Tendenz hätten, sich zu entziehen.

Der Modus, der die anal-muskuläre Phase beherrsche, sei der retentiv-eliminative, d. h. der des Zurückhaltens und Ausscheidens. Bezüglich der neuen sozialen Modalitäten, die in dieser Zeitspanne entwickelt würden, »liegt der Akzent auf der einfachen Antithese von *Hergeben* und *Festhalten*, deren Art, Verhältnis und Reihenfolge von entscheidender Bedeutung für die Entwicklung sowohl der individuellen Persönlichkeit wie der kollektiven Einstellungen sind.« (Erikson 1963, 1999: 77) »In der weiteren Entwicklung kann ein solcher Modus wie *Halten* in ein destruktives und grausames Festhalten oder Unterdrücken umschlagen oder aber ein Grundmuster von »Sorge tragen«, nämlich *Haben und Halten*, fördern. Ebenso kann *Loslassen* in ein feindseliges Freisetzen destruktiver Kräfte umschlagen oder zu einem gelösten ›Geschehenlassen‹ und ›Seinlassen‹ werden.« (Erikson 1982, 1988: 43)

Der die infantil-genitale Phase und deren Verhalten beherrschende Modus sei der des Eindringens und Umschließens und charakterisiere eine Vielzahl gestaltmäßig gleicher Betätigungen und Phantasien: »das Vordringen in den Raum durch kraftvolle Fortbewegung; das Einwirken auf andere Körper durch physische Angriffe; das Eindringen in anderer Leute Ohren und Gedanken durch aggressive Töne; und das Vordringen in das Unbekannte durch Aufmerksamkeit heischende Neugier. Der Modus des *Umschließens* kann analog dazu durch das oft überraschende Umspringen solch aggressiven Verhaltens in ruhige, wenn auch gespannte Empfänglichkeit für Phantasiematerial zum Ausdruck kommen und in der Bereitschaft, zärtliche und schutzgewährende Beziehungen zu Gleichaltrigen und auch zu kleineren Kindern zu knüpfen.« (Ebd.: 43f.) Das Inventar sozialer Grundmodalitäten erweitere sich in dieser Phase um »diejenige des ›Machens‹ im Sinne des etwas erstreben, etwas erreichen und besitzen wollen, kurzum, sich an etwas »heranmachen« hinzu. [...] Das Wort ›machen‹ in diesem Sinn läßt an direkte Attacke, an die

Lust im Wettstreit, an Festhalten an einem Ziel, an die Freude der Eroberung denken.« (Erikson 1963, 1999: 84)

6.2.4 Ritualisierung[13]

Das Konzept der Ritualisierung ist in Eriksons Theoriebildung von großer Bedeutung und Zentralität, weil es als Verbindungsglied der verschiedenen theoretischen Elemente dient, besonders dort, wo Mikro- und Makro-Perspektiven integriert und die Psychoanalyse um soziologische Aspekte bereichert werden soll. Erikson betrachtet die Ritualisierung »als eine *Sonderform des normalen alltäglichen Verhaltens*« (Erikson 1968: 483) und gleichzeitig als »eine *überhöhte*, eng an die Bedingungen des Überlebens angelehnte *Routine*« (ebd.); als »Bindeglied zwischen dem Verlangen des Ichs nach Orientierung in Zeit und Raum und den Weltsichten [...], die eine Gesellschaft beherrschen (oder in ihr konkurrieren)« (Erikson 1977, 1978: 67) oder »als ein kleines, aber festes Verbindungsglied in der ganzen ehrfurchtgebietenden Kette der Generationen«. (Erikson 1968: 483)

Der Begriff Ritualisierung

Als Erikson sich 1968 in seinem Aufsatz »Die Ontogenese der Ritualisierung« dem Thema Ritualisierung widmet, seien drei Bedeutungen des Begriffes in Gebrauch gewesen. Die anthropologische und älteste bezeichne damit »Bräuche und Rituale, die von Gemeinschaften Erwachsener geübt werden (wobei zuweilen die Kinder zusehen und die Jugendlichen mitmachen dürfen); sie dienen dazu, die Jahreszeiten oder die einzelnen Lebensphasen herauszuheben.« (Ebd.: 481) Im klinischen Zusammenhang werde der Begriff verwendet um ein »privates Ritual«, etwa im Zwangsverhalten zu bezeichnen, d. h. »repetitive, von einem einzelnen Menschen allein vorgenommene Handlungen höchst idiosynkratischer Bedeutung«. (Ebd.)

Eriksons Überlegungen bezüglich des Konzepts der Ritualisierung beruhen auf dessen dritter Bedeutung, die aus der Ethologie, dem Studium der Verhaltensforschung stamme. Basierend auf Julian Huxleys Vorschlag werde Ritualisierung von den Ethologen als Begriff für »gewisse

---

[13] Der vollständige Lebenszyklus (1988)
Kinderspiel und politische Phantasie (1978)
»Die Ontogenese der Ritualisierung« (1968)

phylogenetisch vorgeformte, zeremonielle Akte bei den sogenannten sozial lebenden Tieren« (ebd.) verwendet. Gemeint seien damit stammesgeschichtlich festgelegte zeremonielle Phänomene bei Tieren mit Sozialverhalten, wie beispielsweise die Begrüßungszeremonien von Pinguinpaaren, wenn die Männchen von ihren langen Reisen über das Meer zurückkehren. Dieses ritualisierte, im Tierreich instinktive Zusammenspiel »ist die Bekräftigung einer Verbundenheit in Form einer beiderseitigen Botschaft, die für die Anpassung von höchster Bedeutung ist.« (Erikson 1977, 1978: 64) »Die Ethologen sagen uns, daß die Ritualisierung beim Tier vor allen Dingen ein unzweideutiges System von Signalen zu liefern hat, um Mißverständnisse auszuschließen; beim Menschen vermuten wir jedoch, daß ein wichtiger Zweck der Ritualisierung gerade das *Überwinden der Ambivalenz* ist.« (Erikson 1968: 485)

Der Begriff der Ritualisierung »wird in Zusammenhang mit dem Menschen nur für eine bestimmte Art von informellen, jedoch vorgegebenem Wechselspiel zwischen Personen gebraucht, die dieses Wechselspiel in bedeutsamen regelmäßigen Zeitabständen und wiederkehrenden Zusammenhängen wiederholen.« (Erikson 1982, 1988: 53) So postuliert Erikson, »daß ein Verhalten, das Ritualisierung genannt werden kann, aus einem in gegenseitigem Einverständnis stattfindenden Wechselspiel zwischen wenigstens zwei Personen besteht und von diesen in sinnvollen Intervallen und wiederkehrenden Kontexten wiederholt wird; und ferner, daß dieses Wechselspiel für das Ich beider Partner einen Anpassungswert besitzt.« (Erikson 1968: 482) Analog zu dem Sinn der Ritualisierungen im Tierreich sieht Erikson diesen im menschlichen Zusammenleben als adaptiven Wert für alle Beteiligten und ihr Leben als Gruppe. Die Ritualisierung »fördert und steuert nämlich schon von Anfang unserer Existenz an jene phasengerechte, vom Trieb gesteuerte Teilnahme am sozialen Prozeß, der für die menschliche Anpassung das leistet, was der vom Instinkt gesteuerten Anpassung einer Tierart an einen bestimmten Bereich in der Natur entspricht.« (Erikson 1982, 1988: 54)

Ursache der Ritualisierung: Pseudoartenbildung

Bei den Tieren sei die Ritualisierung im Großen und Ganzen ein artgebundenes Phänomen. Der Mensch dagegen habe sich – auf welchen Entwicklungswegen und zu welchen Anpassungszwecken auch immer – in der Form der Pseudo-Spezies entwickelt, »d. h. in der Form von Gruppen, Stämmen, Klassen usw., die sich verhalten, als wäre jede einzelne dieser Gruppen eine Spezies für sich und von Urzeiten an zu höheren

Zwecken geschaffen. Jede dieser Gruppen entwickelt nicht nur ein deutliches Identitätsgefühl, sondern auch die Überzeugung, das wahre Menschentum darzustellen, wobei sie sich gegen andere Pseudo-Spezies durch Vorurteile verschanzt und jene als artfremd und dem »wahren« menschlichen Streben feindlich gesinnt abstempelt.« (Erikson, 1968: 487)

Ausgangspunkt des Konzepts der Pseudoartenbildung ist die Auffassung[14], dass der Mensch aufgrund seiner generalistischen Erbausstattung mit dem Potenzial geboren werde, in eine Vielzahl natürlicher und kultureller Umwelten hineinwachsen zu können, aber auch zu müssen. Hierin spiegele sich nach Erikson eine Folge einer psychosozialen Evolution wider, »durch die der Mensch sich zu vielen *Pseudospezies* entwickelt hat.« (Erikson 1968, 1988: 295) Die sich jeweils so entwickelnde »Subspezies«, »technisch und kulturell an eine bestimmte Umgebung angepaßt, muß nicht nur im Sinne von Produktion und Verbrauch in einzigartiger Weise funktionieren, sondern auch ihrem Schicksal und ihrer Existenz entsprechend.« (Erikson 1977, 1978: 61) Zu diesen Subspezies würden sowohl Stämme oder Nationen, als auch Kulturen und Religionen gehören. In dem Maß, in dem diese »ein historisches und moralisches Grundprinzip für ihre ausschließliche, gottgewollte Einzigartigkeit« (Erikson 1968, 1988: 238) erfinden würden, seien sie Pseudospezies, gleichgültig, was sie sonst tun oder vollbringen.

Die stärkste ontogenetische Verankerung dieser universalen menschlichen Neigung sieht Erikson in dem Konflikt zwischen »Generativität und Abweisung« des Erwachsenenalters. Aus diesem Konflikt resultiere als antipathische Tendenz die Abweisung. Diese zeige sich darin, dass »die (triebbedingte) Ausprägung (triebhaften) Sorgetragens beim Menschen dahin zielt, eine größtmögliche Auswahl zu treffen hinsichtlich dessen, was ist oder getan werden kann, damit etwas in hohem Maße ›vertraut‹ wird.« (Erikson 1982, 1988: 89) Eine Auswahl zu treffen sei notwendig, um schöpferisch und sorgsam sein zu können, und zwinge zu einer gewissen Abweisung. Ethik, Gesetz und Einsicht einer gegebenen Gruppe müssten das erträgliche Maß von Abweisung und religiöse und ideologische Glaubenssysteme ein umfassendes Prinzip von Fürsorge für bestimmte größere Zusammenschlüsse festlegen (ebd.).

»Der Mensch als Art hat dadurch überlebt, daß er in das, was ich *Pseudospezies* genannt habe, aufgeteilt wurde. Zuerst ist jede Horde, jeder Stamm, jede Klasse und jede Nation, aber dann auch jede religiöse Ver-

---

[14] Vgl. Kapitel 4.3: »Eriksons Menschbild«

einigung zu *der* menschlichen Art geworden, die all die anderen für eine launenhafte und willkürliche Erfindung irgendeiner belanglosen Gottheit hielten.« (Erikson 1968, 1988: 37) Dadurch sei den jeweiligen Mitgliedern so etwas wie ein Gefühl gottgegebener Identität – und Unsterblichkeit verliehen worden. »Dies aber setzt voraus, daß jede Gruppe für sich einen Ort und einen Augenblick im Mittelpunkt des Universums erfinden muß, wann und wo eine göttliche Vorsehung sie geschaffen und über alle anderen, die einfachen Sterblichen, gesetzt hat.« (Erikson 1975, 1982: 182) Diesen Sachverhalt bezeichnet Erikson als Kosmozentrismus und das menschliche Bedürfnis, einen solchen zu behaupten, als die Quelle der Pseudoartenbildung. »Kosmozentrismus heißt, daß die Menschen sich für eine einmalige Schöpfung halten (Darwin beachtete diesen Punkt), daß sie glauben, sie lebten im Mittelpunkt des Universums (ein Glaube, den Kopernikus widerlegt hat), und überzeugt sind, ihr Volk sei das auserwählte und sie allein seien sich ihrer Absichten und Ziele bewußt – das heißt, die Menschen sind sowohl ethno- als auch zentristisch.« (Erikson 1974, 1975: 33f.)

Ausgehend von der Bedeutung des Begriffs Pseudo legt Erikson das fundamentale menschliche Dilemma dar, nämlich, »daß Quasi-Artenbildung einerseits das Wahrste und Höchste an Treue und Heldentum, an gemeinsamer Arbeit und Erfindungsreichtum hervorbringen kann, andererseits aber unterschiedliche Gruppierungen von Menschen historischer gegenseitiger Feindschaft und Zerstörung aussetzt.« (Erikson 1982, 1988: 91)

Das Wort beziehungsweise die Vorsilbe »pseudo« besage, »daß etwas so dargestellt wird, wie es in Wirklichkeit nicht ist; und tatsächlich ist es nicht nur die Fähigkeit des Menschen, Fakten zu begreifen und zu ordnen, sondern auch seine Fähigkeit zur Vortäuschung, die ihm jenen Erfindergeist verleiht, den er braucht, um Rollen und Regeln, Legenden, Mythen und Rituale zu schaffen, die seiner Gruppe Zusammenhalt bieten und seinem Dasein eine überindividuelle Bedeutung geben.« (Erikson 1975, 1982: 183) In seinem unfreundlichsten Sinn, bezeichne der Begriff, die Tatsache, »daß jemand mit allem Aufwand an Propaganda versucht, sich und anderen etwas aufzuzwingen; und dies gilt, fürchte ich, auch immer dann, wenn die Selbstidealisierung einer Gruppe unter dem Druck historischer und ökonomischer Veränderungen defensiv und exklusiv wird und wenn, aus Furcht und Stolz, vorhandenes Wissen geleugnet, Einsicht verhindert und mögliche Alternativen ignoriert werden.« (Ebd.)

Der Begriff »pseudo« weise auf »die grandiose, allgemein-menschliche Neigung hin, mehr oder weniger spielerisch Erscheinungsformen hervorzubringen, die die eigene Art zu einer spektakulären und einmaligen Erscheinung in der Schöpfung und in der Geschichte machen – eine möglicherweise kreative Tendenz also, die zu höchst gefährlichen Extremen führen kann.« (Erikson 1982, 1988: 90f.) Hierin liege »die phylogenetische Crux des spezifisch menschlichen Problems von Spiegelfechterei und Realität.« (Erikson 1977, 1978: 62) Dazu führt er an anderer Stelle aus: »Der Prozeß der Pseudoartenbildung, der die Grenzen zwischen Realität und Illusion verwischt hat und Menschen einander gegenübergestellt hat, die glauben, mit ihrem Leben für ihre Art einstehen zu müssen, hat gleichzeitig allgemeinere Zivilisationen hervorgebracht und damit auch jene Kommunikationsnetze geschaffen, die für die Entwicklung eines umfassenderen menschlichen Bewußtseins notwendig sind.« (Erikson 1974, 1975: 35)

Zusammenfassend lässt sich festhalten: »Die soziale Evolution des Menschen hat auf den Fakten ›realer‹ Evolution einen Überbau von Stammes-, nationalen und religiösen Unterteilungen errichtet, deren jede nach ihrer Weltsicht eine unbezweifelbare Überlegenheit als ›das Volk‹ besaß und alles Nicht-Volk damit als minderwertig einstufen.« (Erikson 1977, 1978: 48) Entsprechend definiert Erikson Pseudospezies als Gruppen, die sich verhalten würden, als sei jede einzelne dieser Gruppen eine Spezies für sich und von Urzeiten an zu höheren Zwecken so geschaffen. »Man wußte nie genau, wie all die anderen Stämme ins Dasein getreten waren, aber da sie nun einmal existierten, waren sie wenigstens nützlich als Projektionsfläche für die negativen Identitäten, die das notwendige, wenn auch höchst unbequeme Gegenteil der positiven waren.« (Erikson 1968, 1988: 37) Jede dieser Gruppen entwickele nicht nur ein deutliches Identitätsgefühl, sondern auch die Überzeugung, das wahre Menschentum darzustellen, wobei sie sich gegen andere Pseudo-Spezies durch Vorurteile verschanze und jene als artfremd und dem »wahren« menschlichen Streben feindlich gesinnt abstempele (Erikson, 1968).

Funktionen der Ritualisierung

Die Funktionen der Ritualisierung konkretisiert Erikson folgendermaßen: (1) Unmittelbare Bedürfnisse würden durch die Ritualisierung in den Kontext einer gemeinschaftlichen Aktualität gestellt. Durch die Verknüpfung des noch unsicheren Gefühls für die zentrale Rolle der Persönlichkeit (des Ichs) mit der Vorstellung der Gruppe bezüglich ihrer zentralen Stellung im natürlichen und geistigen Universum ermögliche sie ein gewisses instinktives Verständnis für Sublimierungen. (2) Die Ritualisierung lehre, wie einfache, alltägliche Dinge in sanktionierter Weise getan würden, und verwandele so das kindliche Allmachtsgefühl in das gemeinschaftliche Gefühl eines manifesten Schicksals. (3) Die Ritualisierung lenke das Gefühl der Wertlosigkeit auf Außenseiter innerhalb und außerhalb der eigenen Kultur, die vom Wissen um den rechten Weg ausgeschlossen seien oder sich selbst davon ausgeschlossen hätten. (4) Die Ritualisierung stelle entstehende kognitive Muster in den Dienst einer allgemeinen Vision, die von der Gemeinschaft geteilt werde. (5) Die Ritualisierung trage dazu bei, in jedem aufeinanderfolgenden Stadium wesentliche Aspekte rituellen Bewusstseins zu entwickeln, das später Bestandteil des Inventars der Rituale der Erwachsenen ausmachen werde. (6) Die Ritualisierung führe zur Entwicklung der Erkenntnis einer sozialen Differenzierung, die für eine der wichtigsten Institutionen jeder funktionierenden Gesellschaft wesentlich sei. (7) Die Ritualisierung liefere die psychosoziale Grundlage für die allmähliche Entwicklung einer unabhängigen Identität, »die alle Kindheitsidentifizierungen in eine Weltsicht und ein Glaubenssystem integriert und gleichzeitig all jene Wünsche und Bilder als nicht zum eigenen Denken gehörig markiert, die lästig und böse geworden sind und an andere, ›niedrigere‹ Menschenarten erinnern.« (Erikson 1977, 1978: 67)

Diese Funktionen würden dazu führen und hier offenbare sich der Zweck der Ritualisierung, den neugeborenen Menschen, der prinzipiell innerhalb bestimmter genetischer Grenzen in jeder Pseudospezies und deren Siedlungsweisen hineinwachsen könne, während seiner verlängerten Kindheit durch irgendeine Form von Familie zu seiner »Speziation« zu bringen: »er muß *durch Ritualisierung* mit einer bestimmten Version menschlicher Existenz *vertraut gemacht werden.*« (Ebd.: 64) Jedes gesellschaftliche und technische System, sei es räuberisch und/oder landwirtschaftlich, auf Handel oder Industrie aufgebaut, literarisch oder wissenschaftlich, »bietet eine äußerst präzise *Ritualisierungsmethode* [...], die sowohl mit einer funktionalen als auch einer idealisierten Lebensweise im Einklang bleiben muß.« (Ebd.: 84)

Kriterien des Ritualisierungsprozesses

Der Prozess der Ritualisierung weise entsprechend folgende Kriterien auf: »sinnhaltige Regelmäßigkeit, zeremonielle Beachtung der Details und des Gesamtverfahrens, ein Gefühl symbolhafter Gegenwartsbedeutung über die Wirklichkeit jedes Beteiligten und der Tat selbst hinaus, gemeinsames Handeln aller Beteiligten [...] und schließlich ein Gefühl absoluter Unumgänglichkeit, so daß das Bedürfnis nach dieser Art von Ritualisierung beim Menschen fast ›instinktiv‹ zu sein scheint.« (Erikson, 1968: 492f.) Das ganze Verfahren basiere auf der Wiederkehr körperlicher Bedürfnisse, die eng mit den Erfordernissen des Überlebens zusammenhingen. Demzufolge könne sie als das Medium verstanden werden, durch das sich die Modi zu Modalitäten entwickeln, indem die vitale Lust des neugeborenen Menschen »in Verhaltensmuster übergeführt werden kann, die den kulturellen Sitten angemessen sind.« (Erikson 1982, 1988: 58) Für Erikson ist die Ritualisierung eines der wichtigsten charakteristischen Merkmale des Dialogs bzw. des Wechselspiels zwischen dem heranwachsenden Kind und dem versorgenden Erwachsenen. Durch dieses Merkmal gewinne das Wechselspiel an psychosozialer Präsenz, und zwar insofern, als dass es »ein Bindeglied zwischen den sich entwickelnden Egos und dem Ethos ihrer Gemeinschaft darstellt«. (Ebd.: 71) Dies geschehe, indem die Bedürfnisse zweier sonst ganz ungleicher Organismen und Psychen sich »in der praktischen Wirklichkeit wie auch im aktuellen Symbolgehalt« (Erikson, 1968: 485) vereinigen würden. Das mache die Ritualisierung persönlich und zugleich auch gruppengebunden, denn »durch das gleiche Symbol wird das Gefühl bestärkt, jemanden *anzugehören* und jemand *zu sein*.« (Ebd.)

Epigenese der Ritualisierung

Im Folgenden wird die Epigenese der Ritualisierung während der einzelnen Phasen des Lebenszyklus[15] dargestellt. Jedes Ritualisierungselement, das später zum Kern einer wichtigen menschlichen Institution werde, wurzele in einem bestimmten Kindheitsstadium, werde aber in allen nachfolgenden Stadien absorbiert und erneuert (Erikson 1977, 1978). In jeder Phase lasse sich demzufolge die Bestätigung neuer Gemeinschaftlichkeit angesichts drohender neuer Entfremdung durch eine neue Form der Ritualisierung auffinden, die wiederum ein wesentliches Element für

---

[15] Vgl. Kapitel 6.3: »Lebenszyklus«

das Ritual des Erwachsenen liefere (Erikson, 1968). Unter Ritual werde »eine engverbundene Gemeinschaft verstanden, eine erprobte Zeremonie, die ein Gefühl der Unendlichkeit vermittelt, aus der alle Beteiligten mit heiligem Schauder und gereinigt zurückkehren.« (Erikson 1977, 1978: 63) »Die Beziehung zwischen frühester Ritualisierung und dem reifen Ritual ist eine doppelte: Indem das Ritual der Erwachsenen in den Teilnehmern Niederschläge frühester Lebenserfahrungen anspricht, leiht es ihnen auch […] Unterstützung in der Aufgabe, bestimmte Seiten im Leben ihrer Kinder zu ritualisieren.« (Erikson, 1968: 485)

Frühkindliche Ritualisierungen und erwachsene Rituale seien Teile eines Funktionsganzen, einer Verzahnung der Generationen und der betreffenden Variante menschlicher Kultur. Indem »sie die Ritualisierungen der Kindheit kombinieren und erneuern und das Zeugungsrecht anerkennen« (Erikson 1977, 1978: 91), würden Rituale zur Konsolidierung des Erwachsenenlebens beitragen, »sobald seine Verpflichtungen und Investitionen zur Zeugung neuer Menschen und zur Schaffung neuer Dinge und Ideen« (ebd.) geführt hätten. Insofern würden Rituale dazu dienen, den Lebenszyklus und die Institutionen zu einem sinnvollen Ganzen zusammenzufügen und die jeweiligen Institutionen zusammenzuhalten (ebd.). Dieser Sachverhalt spiegele sich folglich auch in den Fehlentwicklungen beziehungsweise Fehlanpassungen wider. Die Psychopathologie des Einzelnen und die soziale Anomie seien deutlich miteinander verbunden (Erikson, 1968).

Neben der Darstellung der Epigenese der Ritualisierung ist es Ziel dieses Kapitels »für jedes Stadium ein Element jener schwerwiegenden sozialen Pathologie zu benennen, durch das Ritualisierung in ihrer »abgewogenen« Beziehung zur Gesamtrealität (in den drei erörterten Bedeutungen) zu dem entartet, was Pseudo-Realisierung oder einfacher: *Ritualismus* heißen könnte.« (Erikson 1977, 1978: 72f.) Jede elementare Ritualisierung stehe mit einer Form von Ritualismus in Verbindung, »wie wir ritualhafte Verhaltensmuster nennen, die durch stereotype Wiederholungen und illusionäre Ansprüche gekennzeichnet sind und die Integrationskraft von Gemeinschaftsbildungen zerstören.« (Erikson 1982, 1988: 58) Ritualismen könnten »von bloß zwanghafter Einhaltung von Alltagsregeln bis zur besessen wiederholten Darstellung fanatisch-wahnhafter Visionen« (Erikson 1977, 1978: 73) verschiedene trügerische und selbstbetrügerische Tendenzen umfassen, »die den leeren Abglanz aller Spiegelfechterei und aller spielerischen Ritualisierung sind« (ebd.: 72).

Die erste Entwicklungsstufe sei gekennzeichnet von der Thematik des gegenseitigen Erkennens zwischen Mutter und Säugling als ein Element deren Wechselspiels. Den hierin enthaltenen ersten Ritualisierungsschritt verdeutlicht Erikson an der Art, wie Mutter und Säugling sich am Morgen begrüßen. Dieses tägliche Geschehen sei hoch ritualisiert, weil die Mutter sich verpflichtet fühle, ihre Pflegeleistungen zu wiederholen, wenn diese beim Kind unvorhersehbare Reaktionen auslösen. »Eine derartige Ritualisierung ist gleichzeitig höchst individuell (›typisch‹ für eine bestimmte Mutter und ebenso auf einen bestimmten Säugling abgestimmt) und folgt dennoch stereotypen traditionellen Vorstellungen, die anthropologisch zu deuten sind.« (Ebd.: 69) Den Begrüßungszeremonien sei in den verschiedenen Kulturen die Tatsache gemein, dass die Mutter das Kind beim Namen rufe und sich selbst einen besonderen Namen gebe. Hierin liege die ontogenetische Quelle eines wichtigen Elements menschlicher Ritualisierung, das auf dem gegenseitigen Erkennen durch Gesicht und Namen beruhe.

Das erste Element der Ritualisierung bzw. dessen überzeugende Qualität bezeichnet Erikson als das Numinose, »das Gefühl gegenwärtigen Heils« (Erikson, 1968: 484) und dieses »gibt uns immer wieder die Gewißheit einer *transzendierten Getrenntheit* und gleichzeitig *bestätigten Besonderheit*« (Erikson 1982, 1988: 57). Damit schaffe das Element Sicherheit, um die Erfahrung der Entfremdung dieses Entwicklungsstadiums zu bewältigen, nämlich das Gefühl von Trennung und Verlassenwerden. »Das Numinose versichert uns der *überwundenen Trennung*, bestätigt uns aber auch als *herausgehobenes Einzelwesen* und gibt uns damit die eigentliche Grundlage für ein ›Ich‹-Gefühl, das durch das wechselseitige Erkennen aller Iche erneuert, ein gemeinsamer Glaube in einem allumfassenden ›Ich bin‹ vereint.« (Erikson 1977, 1978: 72) Der Ritualismus dieser Phase sei der Idolismus, der die Verehrung des wahrhaft Numinosen durch Schmeichelei verzerre. Als Schmeichelei bezeichnet Erikson »eine Einstellung, die der psychosozialen Integration der Generationen nicht entspricht (und das ist der Hauptpunkt), die echter Verehrung oder Anbetung zugrunde liegt.« (Ebd.: 73) Bezogen auf das Erwachsenenritual, das in diesem Lebensabschnitt seine Wurzeln habe, bleibe die immer wiederkehrende, periodische Bestätigung der Vertrautheit und Gemeinschaft eine Funktion des Numinosen, »entweder vorwiegend wie im religiösen Ritus oder als Nebenwirkung in allen Ritualen.« (Erikson, 1968: 486)

Die zweite Phase sei gekennzeichnet von der Thematik der Zustimmung und Ablehnung, worin die ontogenetische Quelle eines weiteren Elements menschlicher Ritualisierung liege, das auf dem Umgang des Menschen mit Fragen des freien Willens, der Selbstbestimmung und der rechtsgültigen Definition von Schuld und Missetaten beruhe. Dieses Element der Ritualisierung bezeichnet Erikson als das Prinzip der Vernunft und meint »die Bereitschaft, den Sinn von Worten zu akzeptieren, die zum Ausdruck bringen, daß die Rechtsgültigkeit ein wichtiger Aspekt der Entwicklung ist.« (Erikson 1982, 1988: 60) Damit schaffe dieses Element der Ritualisierung Sicherheit, um die Erfahrung der Entfremdung dieser Phase zu bewältigen, nämlich der Entfremdung des Kindes von seinen hinteren und unteren Körperregionen. Wenn das Kind aufrecht mit entblößtem Hinterteil stehe, das für es selbst nicht sichtbar sei, könne es sein Gesicht verlieren und Beschämungen erleiden. Für diese innere Entfremdung sei hauptsächlich das Gefühl der Ablehnung verantwortlich.

Die Sicherheit, die das richterliche Element dem Kind hinsichtlich der Entfremdung dieser Phase gebe, offenbare sich in der Tatsache, dass »der Erwachsene durch die Ritualisierung von Zustimmung und Ablehnung sich als richtendes Sprachrohr einer allgemeingültigen Rechtlichkeit vernehmen läßt, die die Tat verdammt, dem Täter hingegen eine neue Chance gibt.« (Erikson 1977, 1978: 76) »In seiner reifen Ausprägung in der Erwachsenenwelt wird dieses urteilende Element als Rechtswesen auf höherer Ebene neu bestätigt und stellt in aller Öffentlichkeit dar, was sich in jedem Individuum als ein innerer Prozeß entwickelt hat.« (Erikson 1968: 492) Das richterliche Element könne hinsichtlich seiner Anpassungsfunktion bei der überzeugenden Weitergabe erträglicher und brauchbarer Abgrenzungen von Generation zu Generation scheitern. Das sich so entwickelnde ritualistische Element dieser Phase sei der Legalismus, der sich dort zeige, »wo *furchtsame Konformität* die freie Zustimmung zu dem, was als Recht gefühlt wird, ersetzt; wo daher ein zwanghafter *Formalismus* über das glaubhafte Zeremoniell siegt oder wo das wohlerwogene Urteil von Triebexzessen überschwemmt und zu *moralisierendem Sadismus* und voyeuristischer *Sensationsgier* wird.« (Ebd.: 493)

Das psychosoziale Thema der Initiative beherrsche die dritte Phase und ermögliche es dem Kind, »seinen eigenen Bereich von Ritualisierungen zu kultivieren, nämlich die Welt der Miniatur-Spielzeuge und die gemeinsam erlebte Raum-Zeit von Spielen.« (Erikson 1982, 1988: 61) Für die in diesem Zusammenhang entstehende innere Entfremdung macht Erikson das Schuldgefühl verantwortlich, worin er gleichsam die ontogenetische Quelle eines weiteren Elements menschlicher Ritualisierung sehe, das dramatische. »In der Tat findet das *dramatische Element* erst durch die Unausweichlichkeit innerer Schuld, wie sie sich im Spiel ausdrückt, Eingang in die Ontogenese.« (Erikson 1977, 1978: 81) Das Element, das die Entfremdung dieser Phase bewältigen helfe – das dramatische –, befähige das Kind »mit vorhandenen Objekten *eine zusammenhängende Geschichte mit spannungsvollen Wendungen* und irgendeiner Auflösung zu gestalten.« (Ebd.: 79) Somit könnten in phantasiereichem Wechselspiel »die übersteigerten Eroberungsräume sowie die daraus resultierenden Schuldgefühle absorbiert werden.« (Erikson 1982, 1988: 61) Die Institutionen der Erwachsenen, die der Spielsphäre des Kindes entsprächen, seien die Bühne oder der Film und andere festumgrenzte Schauplätze, an denen dramatische Ereignisse zur Schau gestellt würden. »Hier vor allem wird menschlicher Konflikt in so repräsentativer Form und höchster Verdichtung in eine umschriebene Raum-Zeit projiziert, daß Spieler und Publikum die Katharsis der Empfindung zeitlos und universal erleben können.« (Erikson 1977, 1978: 83) Der im Spielalter wurzelnde Ritualismus sei der Moralismus, der sich »in einer moralistischen und hemmenden Unterdrückung spielerischer Initiative äußert bei gleichzeitigem Fehlen kreativ ritualisierter Möglichkeiten zur Kanalisierung von Schuldgefühlen.« (Erikson 1982, 1988: 61)

Die vierte Phase, i. e. das Schulalter, werde von der Thematik der Leistung beherrscht. Die Entfremdung dieses Alters umfasse das Gefühl minderwertig, d. h. »außerstande zu sein, den Forderungen nach physischer Leistung und geistiger Disziplin zu entsprechen, die für die vermittelten grundlegenden Techniken benötigt werden.« (Erikson 1977, 1978: 85) Der Entfremdung der vierten Phase wirke das Element der *methodischen Leistung* (ebd.: 84) oder der Vollkommenheit der Leistung (Erikson, 1968: 495) entgegen, das im Schulalter hinzukomme. Dieser formale Aspekt menschlicher Leistung überzeuge die Sinne, »indem er zur höheren Ordnung wird, die man wahrnimmt, an der man aber auch teilhat.« (Erikson 1977, 1978: 85) Die Gefahren hierbei seien übermäßige Formalisierung, Perfektionismus und leere Zeremonien mit der Konsequenz, dass der Mensch das Gefühl entwickele, er werde durch seine »Werke« und die Wahrheit durch die Technik geschaffen. Diese ritualistische Tendenz hat Erikson als Formalismus bezeichnet. Hinsichtlich des Erwachsenenrituals »umfaßt die Ritualisierung die ganze ›Schule‹ genannte Institution, d. h. die Gemeinschaftsform und die vorgeschriebenen Aufgaben, die entsprechend der herrschenden Technologie strukturiert sind.« (Erikson, 1968: 496)

Im Lebensstadium der Adoleszenz, der fünften Phase, stehe die Thematik der solidarischen Überzeugung im Mittelpunkt. Die Ritualisierung finde nicht wie in den anderen Phasen Niederschlag in erwachsenen Institutionen. Der Heranwachsende werde nun (zum ersten Mal) in den formalen Riten darauf verpflichtet, die volle Mitgliedschaft in seiner Pseudo-Spezies zu übernehmen. Die Verschmelzung eines Gefühls psychosozialer Identität beim Jugendlichen mit der Bereitschaft zur Übernahme des ideologischen Stils, der die Ritualisierung einer Kultur durchdringe, bereite »die Jugend auf die Ausrichtung ihrer neuen Kraft auf Erhaltung oder Erneuerung der Gesellschaft vor.« (Ebd.: 497) Die Entfremdung dieses Lebensabschnitts sei die Identitätskonfusion, die sich klinisch im Rückzug oder einzelgängerischer Delinquenz ausdrücke. Die Frage, ob und wo beispielsweise Borderline-Psychose, Kriminalität oder Fanatismus vorlägen, sei oft abhängig von der zugrundeliegenden psychiatrischen, politischen oder juristischen Definition (ebd.). Das Element, das der Identitätskonfusion entgegenarbeite und in dieser Phase dem schon bestehenden Inventar hinzugefügt werde, sei das Ideologische. Es sei »das Band [...], das den Ideen und Idealen den Zusammenhang gibt.« (Ebd.: 496) Wenn sich jedoch der Jugendliche fanatisch und ausschließlich mit dem beschäftigt, was innerhalb eines engmaschigen Ideensystems als unbezweifelbar ideal erscheine, verliere das ideologische Ritualisierungselement seinen Anpassungswert. Das ritualistische Element der Jugendphase hat Erikson »Totalismus« genannt (ebd.).

Das Identitätsstadium, so führt Erikson aus, verschmelze mit dem Intimitätsstadium »zu einer beständigen Gemeinsamkeit in Arbeit, Freundschaft und Liebe. Dadurch wird die Liste der Ritualisierungen um ein *bündnishaftes* Element erweitert.« (Erikson 1977, 1978: 89) Seine ritualistische Seite beruhe auf einer Art gemeinsamen Narzißmus in der Form, dass exklusive Gruppen ein Elitebewusstsein entwickeln würden. Die damit verbundene Zurschaustellung gemeinsamer Geschmacksrichtungen und Vorlieben, die sowohl Begeisterung, wie scharfe Verurteilung umfassen würden, zeige, »daß die entsprechenden Identitäten so gut zueinander passen (oder einander ergänzen), daß aus zwei Personen ein Paar werden kann und Paare vielversprechende Verbindungen zum Zwecke der Zeugung produktiven Lebens eingehen können.« (Ebd.: 89f.)

Das Erwachsenenalter entspreche der siebten Phase des Lebenszyklus, in der die Thematik der Generativität dominiere. Generativität »umfasst Fortpflanzungsfähigkeit, Produktivität und Kreativität, also die Hervorbringung neuen Lebens, neuer Produkte und neuer Ideen einschließlich einer Art Selbst-Zeugung, die mit der weiteren Identitätsentwicklung befaßt ist.« (Erikson 1982, 1988: 86f.) Die Entfremdung dieser Phase sei die Stagnation, das Gefühl sich hinsichtlich der eigenen Generativität inaktiviert zu fühlen, »denn zu den Bedürfnissen des reifen Menschen gehört es auch, daß er in der Rolle des Ritualisierers bestärkt wird, was nicht mehr und nicht weniger bedeutet als die Bereitschaft, in den Augen der nächsten Generation zum numinosen Modell zu werden, über das Böse zu richten und ideale Werte weiterzugeben.« (Erikson 1977, 1978: 90)

Das Erwachsenenelement in der Ritualisierung lasse sich als das »Schöpferische« (Erikson 1982, 1988: 91) oder das »Generationale« (Erikson 1977, 1978: 90) bezeichnen. Es umfasse Hilfsritualisierungen wie die elterliche, die didaktische, die produktive und die heilende etc. Das »Schöpferische« äußere sich in der Überzeugung und der Gewissheit zu wissen, was man tue. Der Ritualismus, der im Erwachsenenalter überhand nehmen könne, sei »eine selbstgewisse, aber dennoch widerrechtlich angeeignete Autorität« (ebd.: 91). Darunter versteht Erikson »die kleinliche und unproduktive Anwendung schierer Macht bei der Organisierung des Wirtschafts- und Familienlebens.« (Erikson 1982, 1988: 91f.)

Integration sei das Thema der letzten Phase. In ihrer einfachsten Bedeutung meine Integration ein Gefühl von Kohärenz und Ganzheit. Die Entfremdung dieses Stadiums sei der Verlust von Steuerungen in den drei Organisationsprozessen: »im Soma die durchgehende Schwächung von tonischem Zusammenspiel in Bindegewebe, Blutgefäßen und Muskelsystem; in der Psyche der allmähliche Verlust der Kohärenz des Gedächtnisses in der Erfahrung von Vergangenheit und Gegenwart; im Ethos die Bedrohung durch einen plötzlichen nahezu gänzlichen Verlust verantwortlicher Funktionen im generativen Zusammenspiel.« (Ebd.: 84) Die letzte Ritualisierung sei die »*Philo-sophische*: denn in der Aufrechterhaltung einer gewissen Ordnung und Bedeutung angesichts der Des-Integration von Körper und Seele könne es auch für eine dauerhafte Hoffnung auf Weisheit sprechen. Die entsprechende ritualistische Gefahr sei der *Dogmatismus*, eine zwanghafte Pseudo-Integrität, die zu einer zwingenden Orthodoxie führen könne, wenn sie mit unangemessener Macht verbunden ist.« (Ebd.: 83) An anderer Stelle bezeichnet Erikson den Ritualismus des Alters als Sapientismus, dem unweisen Anspruch, weise zu sein (Erikson 1977, 1978). Das verwandte Prinzip der Sozialordnung, in dem die Ritualisierung in diesem Lebensabschnitt ihre Ablagerung finde, sei das der Weisheit.

Säuglingszeit	Gegenseitigkeit des Erkennens					
Frühkindheit		Unterscheidung von gut und böse				
Spielalter			dramatischer Ausbau			
Schulalter				vorschriftsmäßige Leistung		
Adoleszenz					Solidarität der Überzeugung	
Elemente des reifen Rituals	numinoses Element	rechtsetzendes Element	dramatisches Element	formales Element	ideologisches Element	generationale Weihe
Elemente des Ritualismus	Idolismus	Legalismus	Moralismus	Formalismus	Totalismus	
verwandte Prinzipien d. Sozialordnung	Kosmische Ordnung	Gesetz und Ordnung	Ideale Leitbilder	Technologische Ordnung	Ideologische Weltsicht	

Tab. 8: Elemente einer Epigenese der Ritualisierung (in Anlehnung an Erikson 1977, 1978: 92)

6.2.5 Spiel[16]

In »Kindheit und Gesellschaft« erörtert Erikson die Frage, was Spiel sei und was es nicht sei. Das auf den Wellen spielende Sonnenlicht habe Anspruch auf die Bezeichnung spielerisch, »denn es bleibt getreulich innerhalb der Grenzen des Spiels. Es mischt und mengt sich nicht wirklich in die Beschaffenheit der Wellen, es verlangt von ihnen nur, daß sie faire Mitspieler sind und einer Vermischung der Erscheinungsweisen zustimmen. Diese Erscheinungsweisen wechseln in müheloser Eile und in einer Wiederholbarkeit, die erfreuliche Phänomene in einer voraussagbaren Variationsbreite versprechen, ohne die gleiche Bildung je zu wiederholen.« (Erikson 1963, 1999: 207) Ausgehend von dieser metaphorischen Darstellung führt Erikson aus, dass der Mensch, wenn er spiele, mit den Gesetzen der Dinge und Menschen auf ähnliche leichte, distanzierte Art umgehen müsse. Was er tun möchte, müsse er, ohne durch dringende Interessen oder starke Leidenschaften dazu gedrängt oder getrieben zu sein, tun können. Er müsse sich unterhalten fühlen und frei von jeder Furcht oder Hoffnung auf ernste Konsequenzen sein. »Er ist auf Urlaub von der Wirklichkeit – oder, wie das am häufigsten betont wird: Er arbeitet nicht! Es ist dieser Gegensatz zur Arbeit, der dem Spiel eine Reihe bestimmter Bedeutungen und Nebenbedeutungen verleiht.« (Ebd.)

Für Erikson stellt das Spiel ein Grenzphänomen zu einer Anzahl menschlicher Tätigkeiten dar. Auf seine eigene verspielte Weise versuche es, sich der Definition zu entziehen. Für den arbeitenden Erwachsenen, so Erikson, bedeute Spielen: »Wieder-Herstellung (Re-Kreation). Es erlaubt ein periodisches Heraustreten aus den Prozessen festgesetzter Beschränkung, die seine Realität sind.« (Ebd.: 208) Im Spiel könne sich das Ich, frei von Gewissenszwang und von irrationalen Antrieben, sowohl den Fesseln von Raum und Zeit, als auch der Endgültigkeit der sozialen Wirklichkeit gegenüber überlegen fühlen. Nur innerhalb dieser Grenzen könne sich der Mensch mit seinem Ich in Einklang fühlen, was voraussetze, dass der Mensch selten spielt und meistens arbeitet. Insofern sei der Vergleich zwischen kindlichem und erwachsenem Spiel von Anfang an sinnlos; »denn der Erwachsene ist ein Ware produzierendes und Ware

---

[16] Jugend und Krise (1988)
Kindheit und Gesellschaft (1999)
Kinderspiel und politische Phantasie (1978)
Der vollständige Lebenszyklus (1988)

austauschendes Wesen, während sich das Kind erst darauf vorbereitet.« (Ebd.: 207f.)

Das spielende Kind werfe ein Problem auf, denn wer nicht arbeite, solle auch nicht spielen. »Um daher dem Spiel des Kindes gegenüber tolerant zu sein, muß der Erwachsene Theorien bilden, die entweder beweisen, daß dieses Spiel in Wirklichkeit Arbeit ist – oder daß es nichts zu bedeuten hat. Die populärste und für den Beobachter bequemste Theorie ist die, daß das Kind noch *niemand* ist und der Unsinn seines Spieles eben diese Tatsache widerspiegelt. Die Wissenschaft hat versucht, andere Erklärungen für die Launen des kindlichen Spiels zu finden, und glaubte, daß sie die Tatsache demonstrieren, daß Kindheit weder hierhin noch dorthin gehört.« (Ebd.: 209) Erikson behauptet schließlich: »So dämmert uns also, daß die Theorien des Spieles, die von unserer Kultur vertreten werden und die auf der Annahme beruhen, daß auch bei Kindern das Spiel durch den Umstand definiert wird, daß es ›keine Arbeit ist‹, in Wirklichkeit nur eine Form darstellen, unsere Kinder von einer frühen Ausbildung ihres Identitätsgefühles auszuschließen.« (Ebd.: 231)

Die ursprüngliche Spieltheorie der Psychoanalyse sei in Übereinstimmung mit deren Energiekonzept die kathartische Theorie gewesen, »der zufolge dem kindlichen Spielen die Funktion des Abreagierens aufgestauter Emotionen und die Entdeckung einer imaginären Entlastung für vergangene Frustrationen zukommt.« (Erikson 1982, 1988: 64) »Entsprechend der ›Trauma-Theorie‹ dient es dem Zwang, Erlebnisse symbolisch zu wiederholen, die in der Vergangenheit nicht ausreichend bewältigt wurden, und das, was passiv erlebt wurde, aktiv meistern zu lernen.« (Erikson 1977, 1978: 34) Darüber hinaus geht Erikson auf weitere Spieltheorien ein. Er unterscheidet anti-kalvinistische Spieltheorien, nach denen das Spiel auf allen Altersstufen seinen – göttlichen – Sinn in sich selbst trage; Entwicklungstheorien, nach denen das kindliche Spiel als eine primäre Voraussetzung des Wachsens und Lernens gelte; ferner gebe es »funktionale« Theorien, die im Spiel die Einübung neuer Fertigkeiten und damit eine Vorbereitung auf die Zukunft erblicken, und klinische Theorien, die davon ausgingen, dass das Spiel schwerwiegende innere Probleme lösen helfen könne. Den Stellenwert der Theorien hinsichtlich Eriksons Denken fasst er wie folgt zusammen: »Wenngleich keine dieser Theorien ein vollständiges Bild gibt, würde ich doch keine von ihnen zurückweisen, da sie auf Faktoren verweisen, die in allem menschlichen Denken und Handeln allgegenwärtig sind.« (Ebd.)

Das kindliche Spiel sei kein Äquivalent des erwachsenen Spiels, sondern unterscheide sich von diesem darin, dass der spielende Erwachsene seitlich aus der Reihe in eine künstliche Realität hintrete, wohingegen das spielende Kind vorwärts zu neuen Stadien der Realitätsbeherrschung schreite. »Das Spiel des Kindes ist die infantile Form der menschlichen Fähigkeit, Modellsituationen zu schaffen, um darin Erfahrungen zu verarbeiten und die Realität durch Planung und Experiment zu beherrschen.« (Erikson 1963, 1999: 216) »Das Spiel ist also eine Funktion des Ich, ein Versuch, die körperlichen und die sozialen Prozesse mit dem Selbst in Einklang zu bringen.« (Ebd.: 206) Erikson möchte dabei das Bedürfnis des Ich betont wissen, ganz besonders die Lebensbereiche zu beherrschen, in »denen das Individuum sich selbst, seinen Körper, seine soziale Rolle, noch unvollkommen, noch nicht auf der Höhe seiner eigenen Vorstellungen, erlebt. Eine Ichbeherrschung zu halluzinieren ist der Zweck des Spiels.« (Ebd.)

In Übereinstimmung mit dem Entwicklungsgesichtspunkt postuliert Erikson eine Autosphäre für das Spiel mit Körperempfindungen, eine Mikrosphäre für das Spiel mit Spielsachen und eine Makrosphäre für das Spiel mit anderen (Erikson 1982, 1988). Als Spiel in der Autosphäre bezeichnet Erikson die Anfänge des Spiels des Kindes, d. h. das »Spiel des Kindes beginnt mit und konzentriert sich auf seinen Körper« (Erikson 1963, 1999: 215). Das Spiel entstehe bereits bevor man es als solches wahrnehme und bestehe in der Erforschung sinnlicher Wahrnehmungen, kinästhetischer Sensationen, Lautgebungen etc. durch Wiederholung. Dann erweitere sich das Spiel auf erreichbare Menschen und Dinge, beispielsweise könne das Kind spielerisch schreien, um herauszufinden, welche Tonhöhe die Mutter zu erwünschten Reaktionen veranlassen werde. Als Mikrosphäre bezeichnet Erikson die kleine Welt handhabbarer Spieldinge, die der Hafen sei, »der dem Kind zur Verfügung steht, wenn es das Bedürfnis hat, sein Ich zu überholen« (ebd.). Diese Welt unterliege jedoch ihren eigenen Gesetzen, d. h. sie könne sich dem erstrebten Aufbau widersetzen oder in Stücke brechen; sie könne jemand anderem gehören oder von Stärkeren in Beschlag genommen sein. Die Mikrosphäre verführe das Kind oft zu unvorsichtigem Ausdruck gefährlicher Themen und Haltungen, die Angst erwecken und in diesem Zusammenhang als Gegenstück zu Angstträumen, hier jedoch im Wachzustand, gesehen werden könnten (ebd.).

Im Kindergarten-Alter greife das Spiel in die Welt hinein, die man mit anderen teile, i. e. die Makrosphäre. Indem es die anderen als Dinge behandele, lerne das Kind, welche möglichen Spielinhalte nur in der Phantasie zugelassen oder nur allein und mit einem selbst gespielt werden könnten. Sein Lernen umfasse über die technische Beherrschung von Spielsachen und Dingen hinaus eine infantile Art, soziale Erfahrungen durch Experimentieren, Planen und gemeinsames Tun zu beherrschen (Erikson 1968, 1988). Das Kind müsse lernen, »welche potentiellen Spielinhalte nur in der Phantasie oder zum Spiel in der Autosphäre zugelassen werden können, welche Inhalte nur in der mikrokosmischen Welt der Spielzeuge und Dinge erfolgreich dargestellt werden können und welche Inhalte sich mit anderen teilen lassen und ihnen aufgezwungen werden können.« (Erikson 1963, 1999: 216) Jede der Sphären gewinne während dieses Lernprozesses ihr eigenes Realitäts- und Beherrschungsgefühl.

Die Wahl des Spielmaterials hänge einerseits davon ab, was den Kindern von ihrem jeweiligen Kulturkreis zur Verfügung gestellt werde, und anderseits davon, ob es in ihrem Alter gehandhabt werden könne. »Was zu bewerkstelligen ist, hängt von der Koordinationsfähigkeit des Kindes ab und wird deshalb nur mit denjenigen geteilt, die einen gewissen Reifegrad erlangt haben.« (Ebd.: 213) Erikson unterscheidet basierend auf diesen beiden Faktoren, die die Wahl des Spielmaterials determinieren, drei Bedeutungsgrade, die verschiedene Spielobjekte für das Kind haben könnten. Die *gemeinsame Bedeutung* beziehe sich auf Vorstellungen, die von allen Kindern einer Gemeinschaft geteilt würden, wie beispielsweise die, dass eine Garnrolle und eine Schnur ein lebendes Wesen an einer Leine darstellen würden. Für einige der Kinder dieser Gemeinschaft, »z. B. für all jene, die eben gelernt haben, Schnur und Rolle zu handhaben und so imstande sind, in eine neue Sphäre der Teilhabe und gemeinsamen Symbolisierung einzutreten« (ebd.), bekomme das Spielmaterial Garnrolle und Schnur somit eine *spezielle Bedeutung*. Und schließlich könne eben dieses Spielmaterial für ein Kind eine *einzigartige Bedeutung* erlangen, wenn beispielsweise das »Tier« an der Schnur nicht einfach ein Tier, sondern eine Personifizierung eines bestimmten, eines bedeutsamen und/oder verlorenen Tieres darstelle (ebd.).

Kinder hätten das Bedürfnis, zeitweilig allein beim Spielen, Lesen, Fernsehen gucken etc. gelassen zu werden. Für eine ganze Weile bleibe das Einzelspiel »ein unentbehrlicher Ruhehafen für erschütterte Gefühle nach stürmischen Perioden auf den Wellen des Lebens.« (Ebd.: 216) Kinder würden jedoch »alle früher oder später unzufrieden oder verstimmt, wenn sie nicht das Gefühl haben, im Stande zu sein, Dinge zu machen und sie gut und sogar perfekt machen zu können: das ist es, was ich als *Betätigungsgefühl*[17] bezeichnet habe.« (Erikson 1968, 1988: 118f.) Erikson sieht den Grund dafür darin, dass das in Vorwärtsbewegung begriffene Kind mit der herannahenden Latenzperiode seine Triebe, die es zum Träumen und Spielen veranlasst hätten in konkrete Unternehmungen und gebilligte Ziele sublimieren würde (Erikson 1968, 1988). Damit biete das Spielalter eine Mikro-Realität, in der sich das Kind den Ritualisierungen durch die Eltern bzw. Erwachsenen entziehen und seine eigene Rolle als späterer Vollzieher von Ritualen vorbereiten könne (Erikson 1968). Der enorm erweiterte Bereich von Initiative ermögliche dem Kind sozusagen »seinen eigenen Bereich von Ritualisierungen zu kultivieren, nämlich die Welt der Miniatur-Spielzeuge und die gemeinsam erlebte Raum-Zeit von Spielen.« (Erikson 1982, 1988: 61)

Das kindliche Spiel finde seine genetische Fortsetzung in den Elementen der Rollendiffusion, an der der Jugendliche im letzten Stadium seiner Identitätsbildung leiden könne. Nach Erikson müsse dieses Spiel als soziales Spiel betrachtet werden, weil es viele notwendige Elemente eines halbbewussten und provokanten Experimentierens mit Rollen enthalte. Vergleichbar mit dem kindlichen Spiel »erfordert und gestattet die Ichentwicklung des Jugendlichen ein spielerisches, wenn auch oft gewagtes Experimentieren mit der Phantasie und der Introspektion.« (Erikson 1959, 1974: 145) Hinsichtlich der Akzeptanz eines Konzepts des sozialen Spiels des Jugendlichen müssten, so merkt Erikson an, ganz ähnliche Vorurteile überwunden werden, wie sie einst der Einsicht in das Wesen des Kinderspiels entgegengestanden hätten. »Das Verhalten der Jugendlichen wird abwechselnd als sinnlos, unnötig und irrational betrachtet oder bloß regressiven und neurotischen Zügen zugeschrieben.« (Ebd.: 146) Insofern werde das Gemeinschaftliche am sozialen Verhalten der Jugendlichen theoretisch nicht genügend berücksichtigt, weil sich der Analytiker auf den Einzelnen beschränken müsse. Kinder und Jugendliche würden sich jedoch ein sanktioniertes Moratorium schaffen, »eine Freistatt und gegenseitige Rückenstärkung für freies Experimentieren mit inneren und äußeren Gefahren (einschließlich solcher, die aus der Erwachsenenwelt stammen). Ob die gerade erst erworbenen Fähigkeiten eines Jugendlichen wieder in klinische Konflikte regredieren oder nicht, hängt weitgehend von dem Rang und den Chancen ab, die ihm die *peer*

---

[17] In seinem Buch »Identität und Lebenszyklus« wird »sense of industry« mit Werksinn übersetzt: »dies nenne ich den *Werksinn*« (Erikson 1959, 1975: 102)

clique, sein Kreis von Gleichaltrigen, zu bieten hat, aber auch von den gebahnten Wegen, auf welchen die größere Gesellschaft ihm den Übergang vom sozialen Spiel zum Erlebnis der Arbeitswelt ermöglicht, und von den Ritualen des Übergangs zu vollgültiger Verantwortlichkeit.« (Ebd.: 146f.)

Was sich aus dem Spiel entwickle, wenn der Mensch älter werde, hänge sehr stark von den sich wandelnden Vorstellungen hinsichtlich der Beziehung der Kindheit zum Erwachsensein und des Spiels zur Arbeit ab. Zu allen Zeiten hätten Erwachsene dazu geneigt, so führt Erikson in seinem Buch »Kinderspiel und politische Phantasie« aus, das Spiel weder als etwas Ernsthaftes noch als etwas Nützliches zu betrachten. Damit habe es außerhalb des Zentrums menschlicher Aufgaben und Motive gestanden, von denen sich der Erwachsene in der Tat »erholen« wolle, wenn er spiele. Als Spielarenen der Erwachsenen unterscheidet Erikson individuelle und sportliche Spiele und die der politischen Arena. Sportliche Spiele stünden in der Mitte zwischen individuellen Spielen in der Spielzeugwelt und der politischen Arena, wo sich Menschen in kommunalen Zusammenspiel vereinen und Regeln darüber aufstellen würden, wie man sich zusammenschließe oder miteinander wetteifere. Hinsichtlich der Rekonstruktion der Beziehung des Spiels zur Politik, müsse man »damit beginnen, die Bedeutung ritualisierten Zusammenspiels für die Entwicklung des individuellen Ichs zu untersuchen, und dann dazu übergehen, das politische Element in sportlichen Spielen und das sportliche Element im politischen Handeln aufzuspüren.« (Erikson 1977, 1978: 60)

Bezüglich des Begriffs »politisch« erörtert Erikson, dass er in der klinischen Literatur sowie in der Literatur, die sich zum Zwecke der Überredung auf klinische Erfahrungen beziehe, für den gesamten zwischenmenschlichen Verkehr gebraucht werde, »so als ob ein einzelner Mensch mit seinen inneren Selbsten oder eine kleine Anzahl von Menschen (zum Beispiel in einer Familie) miteinander Politik spielen könnten.« (Erikson 1974, 1975: 106) Wo dieser Sprachgebrauch aufzeige, dass die innere Ökonomie einzelner Menschen in Wahrheit (oder auch) eine Ökologie von Wechselbeziehungen sei, könne er zu überraschenden Aufklärungen führen. Doch, so betont Erikson, sei es wichtig, »das Wort *politisch* (ohne Anführungszeichen) der Polis des Menschen vorzubehalten, seiner Fähigkeit, Gemeinschaften (von der konkreten Stadt bis zum Reich Gottes) aufzubauen und sich vorzustellen, die nicht nur für die Notwendigkeiten des täglichen Lebens sorgen, sondern auch einen exquisiten

Lebensstil pflegen, der im günstigsten Falle in schöpferischen Wechselspiel mit dem inneren Leben des Menschen steht.« (Ebd.)

6.3 Lebenszyklus

Erst in den fünfziger Jahren des letzten Jahrhunderts habe, so Erikson, die westliche Psychologie begonnen, die Reichweite des gesamten Lebenszyklus wahrzunehmen. Dies sei jedoch notwendig, denn »jede Spanne des Lebenszyklus, die ohne nachdrückliche Bedeutung gelebt wird, sei es am Anfang, in der Mitte oder am Ende, bedroht den Sinn des Lebens und die Bedeutung des Todes für alle, deren Lebensstadien ineinander verflochten sind.« (Erikson 1964, 1966: 121) Eriksons Verständnis nach meine Lebenszyklus »tatsächlich zwei Kreise in einem: den Zyklus einer Generation, der sich in der nächsten schließt und den Kreislauf des individuellen Lebens, der zu einem Abschluß kommt.« (Ebd.) Insofern bestehe die existenzielle Verantwortung im Lebenskreislauf darin, »daß die eine Generation der nächsten jene Stärke schuldig ist, mit deren Hilfe es ihr möglich wird, die letzten Dinge auf ihre eigene Weise zu bestehen – unverstört durch geisttötende Armut oder jene neurotischen Sorgen, die durch emotionale Ausbeutung hervorgerufen werden.« (Ebd.)

Der Lebenszyklus[18] wird von Erikson in 8 psychosoziale Entwicklungsstadien mit je einer eigenen Thematik unterteilt. Sein Ziel sei es, »den ganzen Lebenszyklus als ein integriertes psychosoziales Phänomen darzustellen, anstatt dem zu folgen, was man (in Analogie zur Teleologie) »Originologie« nennen könnte, das heißt das Bestreben, den Sinn der Entwicklung immer wieder von einer Rekonstruktion der allerersten Anfänge abzuleiten.« (Ebd.: 102) Dennoch nimmt Erikson an, dass jeder Grundkonflikt der Kindheit in irgendeiner Form im Erwachsenen weiterlebe, wobei die frühesten Stufen in den tiefsten Schichten aufbewahrt würden (Erikson 1968, 1988). Das heißt, die jeweilige Thematik bestehe grundsätzlich das ganze Leben hindurch, dominiere jedoch in einer

---

[18] Einsicht und Verantwortung (1966)
Jugend und Krise (1988)
Kindheit und Gesellschaft (1999)
Identität und Lebenszyklus (1974)
Der vollständige Lebenszyklus (1988)
Kinderspiel und politische Phantasie (1978)
Der junge Mann Luther (1975)
Gandhis Wahrheit (1978)

bestimmten Altersphase, d. h. einem Stadium, weil sie beispielsweise aus dem Zyklus der biologischen Entwicklung des Menschen oder aus der Abfolge sozialer Aufgaben im Lebenslauf erwachse. »Man kann an ein Stadium als an die Zeit denken, in der eine bestimmte Fähigkeit zuerst auftritt (oder in nachprüfbarer Form auftritt), oder als an die Periode, wo eine Anzahl verwandter Einzelpunkte so gut etabliert und integriert sind, daß der nächste Entwicklungsschritt mit Sicherheit eingeleitet werden kann.« (Ebd.: 95) Insofern bedeute ein Stadium »eine neue Konfiguration von Vergangenheit und Zukunft, eine neue Kombination von Trieb und Abwehr, eine neue Gruppe von Fähigkeiten, die zu einer neuen Gruppierung von Aufgaben und Möglichkeiten passen; es bedeutet einen neuen und erweiterten Radius bedeutsamer Begegnungen.« (Erikson 1964, 1966: 151) Ein Stadium »wird zu einer Krise, weil beginnendes Wachstum und Bewußtheit in einer neuen Teilfunktion mit einer Verschiebung in der Triebenergie einhergehen, und außerdem auch eine spezifische Verletzlichkeit in diesem Teil verursachen.« (Erikson 1968, 1988: 90)

»Auch wegen des radikalen *Wechsels in der Perspektive* ist jeder folgende Schritt eine potentielle Krise. Schon am Beginn des Lebens steht die radikalste aller Veränderungen: die vom intrauterinen zum extrauterinen Leben.« (Erikson 1959, 1974: 61) Im weiteren Lebensverlauf müssten radikale Umstellungen der Perspektive vollbracht werden, wie zum Beispiel vom entspannten Liegen zum aufrechten Sitzen und zum Laufen. Das heißt, verschiedene Brüche in der psychosozialen Entwicklung könnten eine Krise auslösen und erfordern »eine entschiedene, strategische Umformung der Verhaltensmuster und führen damit zu Kompromissen, die nur durch das stetig wachsende Gefühl des sozialen Wertes solcher vermehrten Verpflichtungen kompensiert werden können.« (Ebd.: 141)

In der entsprechenden Lebensphase verschärfe sich die Krise derart, dass das Individuum zwischen zwei Polen der betreffenden Thematik schwanke. Für Erikson bedeute Polarisierung beständige Spannung und dynamische Wechselwirkung. Diese bedürfe jedoch klarer Pole, die die Krise der jeweiligen Lebensphase charakterisieren würden. Erikson betont, dass, obwohl sein Konzept Konflikte und Krisen aufzähle, dies nicht bedeute, dass er jede Entwicklung lediglich als eine Reihe von Krisen sehe, sondern, »daß die psychosexuelle Entwicklung in Form kritischer Schritte vor sich geht – wobei ›kritisch‹ ein Charakteristikum von Wendepunkten ist, von Augenblicken der Entscheidung zwischen Fortschritt und Rückschritt, Integration und Retardierung.« (Erikson 1963, 1999: 265) Gleichzeitig weist er auf die Tatsache hin, »wann immer, gleichgültig aus welchen Gründen, eine spätere Krise schwer ist, werden frühere Krisen neu belebt.« (Erikson 1964, 1966: 126) »Das Wort Krise wird hier in einem entwicklungsmäßigen Sinn gebraucht, nicht um eine drohende Katastrophe zu bezeichnen, sondern einen Wendepunkt, eine entscheidende Periode vermehrter Verletzlichkeit und eines erhöhten Potentials, und daher die ontogentische Quelle für Stärke oder Fehlanpassung in der Generationenfolge.« (Erikson 1968, 1988: 91) Einige Merkmale, die jede psychosoziale Krise kennzeichnen, fasst Erikson folgendermaßen zusammen: »In einem bestimmten Alter wird ein Mensch kraft seiner physischen, geistigen und emotionalen Entwicklung fähig und bereit, an eine neue Lebensaufgabe heranzugehen, das heißt an eine Anzahl von Entscheidungen und Versuchen, die ihm die Gesellschaftsstruktur, in der er lebt, in gewisser Weise vorbereitet hat und vorschreibt. Jede neue Lebensaufgabe bringt eine Krise mit sich, deren Ergebnis die weitere Entwicklung des Menschen fördern oder ihr so schaden kann, daß seine nachfolgenden Krisen verschärft werden. Wie eine Stufe zur anderen führt, so bereitet jede Krise die nächste vor und legt einen weiteren Grundstein für die Persönlichkeit des Erwachsenen.« (Erikson 1958, 1975: 281)

Neurotische und psychotische Krisen würden sich dagegen durch eine gewisse Neigung zu starrer Beharrung auszeichnen, durch wachsende Verschwendung von Abwehrenergien und durch vertiefte psychosoziale Vereinsamung. Normative Entwicklungskrisen, wie Erikson sie beschreibt, würden sich von den traumatischen und neurotischen Krisen insofern unterscheiden, als dass »der Wachstumsprozeß neue Energien und die Gesellschaft neue und spezifische Möglichkeiten (je nach den in ihr vorherrschenden Auffassungen der Lebensphasen) bereitstellen.« (Erikson 1959, 1974: 144) »Derartige Krisen treten in der Gesamtentwicklung des Menschen manchmal sozusagen lärmender ein, wenn neue Triebbedürfnisse auf plötzliche Verbote stoßen, manchmal leiser, wenn neue Fähigkeiten sich danach sehnen, neuen Möglichkeiten gerecht zu werden und wenn neue Bestrebungen deutlicher werden lassen, wie beschränkt man (noch) ist.« (Erikson 1964, 1966: 127)

Wenn auch keiner der Konflikte ganz abklingen werde, so sei doch die ausreichende Bearbeitung jeder Stufe notwendig, damit die Person in die Lage versetzt werde, die Konflikte der nächsten Entwicklungsstufen erfolgreich zu bewältigen. Es »ist die gemeinsame Entwicklung cognitiver und emotionaler Fähigkeiten, gepaart mit dem angemessenen sozialen Lernen, die das Individuum instande setzen, die Möglichkeiten eines Stadiums zu verwirklichen.« (Ebd.: 204) Eine jede Stufe gelte dann als erfolgreich durchschritten, wenn eine Krise intensiv durchlebt und am Ende ein gangbarer Ausweg gefunden worden sei. Unter »gangbaren Ausweg« versteht Erikson ein jeweils »günstiges« Verhältnis der beiden Pole, die die jeweilige Krise konstituieren würden.

Jeder Phase entspreche ein Umkreis relevanter Bezugspersonen, die dem Kind die jeweiligen Ideen und Konzepte der Pole auf Arten und Weisen mitteilen würden, »die entscheidend zu seinem persönlichen Charakter, zu seiner relativen Leistungsfähigkeit und zur Stärke seiner Vitalität beitragen.« (Erikson 1968, 1988: 90) Dabei würden sich beide Parteien, sowohl das Kind als auch die jeweilige Bezugsperson, wechselseitig beeinflussen. Wechselseitigkeit ist für Erikson eine Beziehung, »in der die Partner für die Entwicklung ihrer jeweiligen Stärken voneinander abhängig sind.« (Erikson 1964, 1966: 210) Die Bezugspersonen würden die Gesellschaft repräsentieren und dem Kind den Lebensstil vermitteln, in den es hineingeboren worden sei. Aus dieser Perspektive, die der des individuellen Kreislaufs entspreche, könne man »sagen, daß Tradition den einzelnen ›modelliert‹, seine Triebe in ›Kanäle leitet‹. Aber der soziale Prozeß formt ein neues Wesen nicht allein deshalb, um es zu zähmen – er formt Generationen, um von ihnen geformt und neu belebt zu werden. Die Gesellschaft kann es sich deshalb nicht leisten, nur die Triebe zu unterdrücken oder ihre Sublimierung zu bestimmen. Sie muß auch die Hauptaufgabe jedes individuellen Ich unterstützen – die Umwandlung von Antriebsenergie in Verhaltensmuster (patterns of action), Charakter und Lebensstil, mit einem Wort: in eine Identität, die innerlich heil und integer ist.« (Erikson 1958, 1975: 280)

Die Verwandlung vom abhängigen Säugling zum Erwachsenen als Repräsentant der Gesellschaft, der der Mensch im Laufe seines Lebens unterworfen sei, bezeichnet Erikson als Metabolismus der Generationen (Erikson 1958, 1975). Die Stadien der Kindheit und des Erwachsenenseins würden wie Zahnräder ineinander greifen und seien »tatsächlich ein System von *Erzeugung* und *Wiedererzeugung* – denn in dieses System münden und aus diesem System erwachsen jene sozialen Haltungen, denen die Institutionen und Traditionen der Gesellschaft Einheit und Dauer zu verleihen suchen.« (Erikon 1964, 1966: 140) Nach Erikson seien der Lebenszyklus und die menschlichen Institutionen zusammen entstanden. Aus diesem Grund habe jedes aufeinanderfolgende Stadium und jede Krise eine spezielle Beziehung zu einer der grundlegenden institutionalisierten Bestrebungen des Menschen. »Die Beziehung zwischen ihnen ist zweifach: jede Generation trägt diesen Institutionen die Überreste ihrer infantilen Bedürfnisse und jugendlichen Begeisterung zu und empfängt von ihnen – solange es ihnen tatsächlich gelingt, ihre institutionelle Vitalität aufrechtzuerhalten – eine spezifische Bestärkung ihrer kindhaften Vitalität.« (Erikson 1968, 1988: 100f.)

Der Lebenszyklus des Individuums und die Institutionen der Gesellschaft würden durch Rituale zu einem sinnvollen Ganzen zusammengefügt, und gleichzeitig würden Rituale diese Institutionen zusammenhalten und so sowohl bei den Führern und Eliten als auch bei jedem einzelnen Mitglied der Gemeinschaft ein Gefühl von Unsterblichkeit erzeugen (Erikson 1977, 1978).

6.4 Epigenetisches Diagramm

Für die Darstellung der Stadien der Persönlichkeitsentwicklung benutzt Erikson ein epigenetisches Diagramm, um unter anderem eine Brücke zwischen der Theorie der infantilen Sexualität und seinem Wissen vom körperlichen und sozialen Wachstum des Kindes herstellen zu können. Das heißt ein Gerüst zu entwickeln, »für eine ausführliche Diskussion des Ineinandergreifens der psychosexuellen und der psychosozialen Epigenese [...], also jener beiden Zeitpläne, welche die Entwicklung der Beziehung zwischen dem Kind und seiner sozialen Umgebung bestimmen.« (Erikson 1959, 1974: 152) Der Grund für die Wahl dieser Darstellungsform, liege in seiner Auffassung, dass sich die Persönlichkeit »entsprechend einer Stufenfolge entwickelt, die in der Bereitschaft des menschlichen Organismus prädeterminiert ist, auf einen sich erweiternden Radius bedeutsamer Individuen und Institutionen zugetrieben zu werden und mit ihm in Wechselwirkung zu treten.« (Erikson 1968, 1988: 88; siehe S. 136)

Das epigenetische Diagramm hat die Form eines Gitternetzes, das entsprechend der Anzahl der Phasen des Lebenszyklus aus acht mal acht Feldern besteht. In der linken Spalte sind die acht Phasen des Menschen aufgeführt. Die fettumrandeten Vierecke repräsentieren die normative Reihenfolge der psychosozialen Errungenschaften einer jeden Phase, »wenn wieder ein Kernkonflikt eine neue Ichqualität, ein neues Krite-

	1	2	3	4	5	6	7	8
I Oralsensorisch	Vertrauen vs. Misstrauen							
II Muskuläranal		Autonomie vs. Zweifel						
III Lokomotorisch-Genital			Initiative vs. Schuld					
IV Latenz				Leistung vs. Minderwert				
V Pubertät u. Adoleszenz					Identität vs. Konfusion			
VI Frühes Erwachsenenalter						Intimität vs. Isolierung		
VII Erwachsenenalter							Generativität vs. Stagnation	
VIII Reife								Integrität vs. Ekel

Abb. 5: Epigenetisches Diagramm
(in Anlehnung an Erikson 1953, 1999: 268)

rium wachsender menschlicher Stärke hinzufügt.« (Erikson 1963, 1999: 264f.) Die Vierecke dieser Diagonale »bedeuten sowohl eine Reihenfolge von Stadien wie eine allmähliche Entwicklung von Bestandteilen; mit anderen Worten: das Diagramm formalisiert die Progression einer Differenzierung von Bestandteilen in der Zeit.« (Erikson 1968, 1988: 88)

Die Kästchen oberhalb der Diagonale entsprächen den Vorläufern der jeweiligen Krisenlösungen, die alle mit dem Anfang beginnen würden. Jede Position, i. e. Lösung, der vitalen Persönlichkeit stehe systematisch zu allen anderen in Beziehung und hänge von der richtigen Entwicklung in der richtigen Reihenfolge jeder Position ab. Folglich existiere jede Position in irgendeiner Form schon bevor ihre entscheidende und kritische Zeit normalerweise komme. Die Kästchen unterhalb der Diagonalen würden die Derivate dieser Positionen und ihre Umformungen in der reifenden und in der ausgereiften Persönlichkeit repräsentieren (Erikson 1963, 1999).

Zusammenfassend lasse sich festhalten, dass ein epigenetisches Diagramm ein System von Phasen aufführe, die voneinander abhingen, und dass deren Untersuchung immer mit dem Gedanken an den Gesamtaufbau weiter verfolgt werden solle. Das Diagramm verdeutliche, »daß sich vom Entwicklungsstandpunkt her gesehen jede einzelne Spalte – ob horizontal oder vertikal betrachtet – im Sinne einer offensichtlichen Zwangsläufigkeit auf jede beliebige andere bezieht, ob in Gestalt früherer Voraussetzungen oder im Sinne späterer Konsequenzen.« (Erikson 1982, 1988: 78) Gleichzeitig weist Erikson darauf hin, dass ein solches Diagramm nur ein Werkzeug darstelle, mit dessen Hilfe man denken könne und aus diesem Grund könne es auch nie »den Anspruch erheben, ein Rezept zu sein, mit dem man sich begnügen könnte, weder in der Praxis der Kindererziehung noch in der Psychotherapie noch in der Methodenlehre der Wissenschaft vom Kind.« (Erikson 1963, 1999: 265)

6.5 Lebensphasen der psychosozialen Entwicklung

Das Aufeinandertreffen von Individuum und seiner Umgebung und die daraus resultierende Krise beschreibt Erikson für jede Phase. Zusätzlich zu den messbaren Aspekten des Wachstums, erstrecke sich das Schema auf folgende sieben Dimensionen: »1. die *sich erweiternden libidinösen Bedürfnisse* des sich entwickelnden Wesens und, mit ihnen, die neuen Möglichkeiten der Befriedigung, der Versagung und der »Sublimierung«; 2. *den sich erweiternden sozialen Radius*, das heißt, die Zahl und Art von

Menschen, auf die es sinnvoll reagieren kann auf der Grundlage 3. seiner immer höher differenzierten *Fähigkeiten*; 4. die *Entwicklungskrise*, die durch die Notwendigkeit hervorgerufen wird, neue Begegnungen innerhalb einer bestimmten, zugebilligten Zeit zu bewerkstelligen; 5. ein neues *Entfremdungsgefühl*, das zugleich mit dem Gewahrwerden neuer Abhängigkeiten und neuer Vertrautheiten erwacht [...]; 6. eine spezifisch neue *psychologische Stärke* [...], die eine Grundlage für alle zukünftigen Stärken ist. [...] die siebte – nämlich den Beitrag eines jeden Stadiums zu einem menschlichen Hauptbestreben, das im Erwachsenenleben die Vormundschaft über die spezielle Stärke übernimmt, die aus diesem Stadium entspringt, und die rituelle Beschwichtigung seiner speziellen Entfremdung.« (Erikson 1968, 1988: 99f.)

Bei der Beschreibung des Wachstums und der Krisen der menschlichen Persönlichkeit als einer Reihe von alternativen Grundhaltungen, nimmt Erikson Zuflucht zu dem Begriff »ein Gefühl von«, da solche Gefühle Oberfläche und Tiefe, Bewusstes und Unbewusstes durchdringen würden. »Sie sind also gleichzeitig Weisen des *Erfahrens*, die der Introspektion zugänglich sind, Weisen des *Verhaltens*, die von anderen beobachtet werden können und unbewußte *innere Zustände*, die durch Tests und Analyse bestimmbar sind.« (Erikson 1963, 1999: 245) Des weiteren, darauf weist Erikson hin, sei es wichtig, sich dieser drei Dimensionen zu erinnern.

6.5.1 Ur-Vertrauen gegen Ur-Misstrauen

In der ersten psychosexuellen Entwicklungsstufe, der oralen, müsse das Kind den Konflikt Ur-Vertrauen versus[19] Ur-Misstrauen bewältigen. Im ersten Stadium dieser Stufe werde der Konflikt durch das Unbehagen der bei der Geburt noch unausgewogenen Homöostase ausgelöst und durch das Erleben der wechselseitigen Regulierung seiner eigenen wachsenden Fähigkeit zur Nahrungsaufnahme mit der Nährtechnik der Mutter nach und nach überwunden. »Zustände des Wohlbehagens und die damit in Beziehung stehenden Personen werden ihm ebenso vertraut wie die nagenden Unlustgefühle in seinen Verdauungsorganen.« (Erikson 1963, 1999: 241)

---

19 »Vs. steht für ›versus‹, hat aber im Sinne wechselseitiger Ergänzung auch in etwa die Bedeutung von ›vice versa‹« (Erikson 1982, 1988: 70)

Das zweite Stadium, auch Beiß-Phase genannt, führe zu diesem Konflikt durch das zeitliche Zusammenfallen dreier Entwicklungen: »1. einem ›gewaltsameren‹ Trieb einzuverleiben, sich anzueignen und aktiver zu beobachten, einer Gespanntheit, die mit dem Unbehagen des Zahnens und anderen Veränderungen in der oralen Apparatur verbunden ist; 2. dem zunehmenden Gewahrwerden des Kindes von sich selbst als einer bestimmten Person und 3. der allmählichen Wegwendung der Mutter vom Säugling zu Beschäftigungen hin, die sie während der späten Schwangerschaft und der nachgeburtlichen Pflege des Kindes aufgegeben hatte.« (Erikson 1968, 1988: 96) Auch in dieser Phase bestehe der Umkreis der Beziehungspersonen aus der mütterlichen Pflegeperson: »Mütter schaffen ihren Kindern ein Vertrauensgefühl durch jene Art von Fürsorge, die in ihrer Qualität einfühlsame Erfüllung der individuellen Bedürfnisse des Kindes mit einem sicheren Gefühl der persönlichen Vertrauenswürdigkeit innerhalb des vertrauenserweckenden Rahmens des Lebensstils ihrer Gemeinschaft vereint.« (Ebd.: 98)

Bei Versagen der wechselseitigen Regelung zwischen Säugling und Mutter, könne die Situation jedoch auch in eine Reihe von Versuchen zerfallen, »durch einseitige Willensakte in Gewalt zu bekommen, was durch beiderseitiges Entgegenkommen nicht erreicht wurde.« (Erikson 1959, 1974: 66) Auch wenn man nicht genau wisse, was das für ein Kind bedeute, deute, so führt Erikson aus, der klinische Eindruck darauf hin, »daß für manche empfindliche Menschen (oder für Menschen, bei denen die frühe Frustration nicht kompensiert worden ist) eine solche Situation das Muster sein kann für eine radikale Störung in ihrem Verhältnis zur ›Welt‹, zu den Menschen und besonders zu geliebten und sonst bedeutsamen Personen.« (Ebd.) Hierin spiegele sich die Verletzung des Ur-Vertrauens wider, was zur Dominanz des Ur-Mißtrauen führen könne. »Wo Mißtrauen schon früh die Oberhand gewinnt, schwindet, wie wir wissen, die Erwartung sowohl in kognitiver als auch in emotionaler Hinsicht.« (Erikson 1982, 1988: 104) »Ein solcher Mensch zieht sich in einer bestimmten Weise in sich selbst zurück, wenn er mit sich selbst und anderen uneins ist.« (Erikson 1959, 1974: 63)

Der Begriff Vertrauen bezeichne »sowohl ein wesenhaftes Zutrauen zu anderen als auch ein fundamentales Gefühl der eigenen Vertrauenswürdigkeit.« (Erikson 1968, 1988: 91) Mit Vertrauen sei nicht nur gemeint, gelernt zu haben, sich auf die Gleichwertigkeit und die Dauer der äußeren Versorger zu verlassen, sondern auch, dass »man sich selbst und der Fähigkeit der eigenen Organe trauen kann, mit dringenden Bedürfnissen fertig zu werden und daß man imstande ist, sich selbst als vertrauenswürdig genug zu empfinden, so daß die Versorger nicht auf der Hut sein müssen, durch beißenden Zugriff festgehalten zu werden.« (Erikson 1963, 1999: 241f.) Obwohl es mit dem übereinstimme, was Therese Benedek Zuversicht genannt habe, ziehe Erikson das Wort Vertrauen vor, »weil es mehr an Naivität und Wechselseitigkeit enthält; man kann von einem Säugling sagen, daß er Vertrauen hat, wo es zu weit ginge zu behaupten, er sei zuversichtlich.« (Ebd.: 241) Erikson spricht von Ur-Vertrauen bzw. Ur-Misstrauen als einer Ur-Erfahrung und meint damit, »daß weder diese noch die später hinzutretenden Komponenten sonderlich bewußt sind, in der Kindheit so wenig, wie im Jugendalter.« (Erikson 1959, 1974: 62)

Zusammenfassend lässt sich festhalten, dass beide Phasen dieses Stadiums der Frühgeschichte des Individuums ihm ein gewisses Gefühl eines Urverlustes vermitteln, das für immer den Eindruck hinterlasse, dass die eigene Einheit mit einer mütterlichen Matrix zerstört worden sei. So »scheint dies Stadium ein Gefühl der Trennung ins Seelenleben einzuführen und eine undeutliche aber weltweite Sehnsucht nach einem verlorenem Paradies.« (Erikson 1968, 1988: 96) »Gegen die Kombination dieser Eindrücke, einen empfindlichen Verlust erlitten zu haben, getrennt worden und verlassen worden zu sein, die alle einen Niederschlag von Urmißtrauen hinterlassen, muß das Urvertrauen sich durchsetzen und aufrechterhalten.« (Ebd.: 96f.) Erikson betont jedoch, dass die Quantität an Vertrauen resultierend aus der frühsten infantilen Phase, nicht von absoluten Quantitäten an Nahrung oder demonstrierter Liebe abhänge, sondern von der Qualität der Mutter-Kind-Beziehung. »Die feste Prägung dauerhafter Verhaltensformen für die Lösung der Kernkonflikte von Urvertrauen und Urmißtrauen in bezug auf das Leben an sich ist also die erste Aufgabe des Ich und daher auch die vornehmste pflegerische Aufgabe der Mutter.« (Erikson 1963, 1999: 243)

6.5.2 Autonomie gegen Scham und Zweifel

In der analen Phase müsse die Krise Autonomie versus Scham und Zweifel gelöst werden, was zur Herausbildung des elementaren Willens führe. Diese zweite Phase der frühen Kindheit habe ihre Bedeutung und den Auslöser deren Konflikts »vor allem in der schnellen Zunahme der muskulären Reifung, im Verbalisieren und im Unterscheiden und den daraus folgenden Fähigkeiten – und doppelt empfundenen Unfähigkeiten – eine

Anzahl höchst konfliktgeladener Handlungsformen zu koordinieren, die durch die Tendenzen ›*festzuhalten*‹ und ›*loszulassen*‹ charakterisiert sind.« (Erikson 1968, 1988: 103) Das Kind beginne fester auf seinen Füßen zu stehen und seine Welt mit »ich« und »du« zu bezeichnen, was dazu führe, dass diese Phase zu einem Kampf um Autonomie werde.

Die Erwartungen und Ansprüche der sozialen Umwelt, die zu diesem Konflikt führen würden, manifestieren sich auch in dieser Phase in der wechselseitigen Regulation zwischen Erwachsenem und Kind. »Wenn die äußere Kontrolle durch zu starre oder zu frühe Dressur beharrlich fortfährt, das Kind seines Versuches zu berauben, allmählich seine Eingeweide – und andere Funktionen freiwillig und nach eigener Wahl zu kontrollieren, dann steht es wieder vor einer doppelten Rebellion und einer doppelten Niederlage.« (Ebd.: 104) Das Kind sei dann machtlos in seinem eigenen Körper, nämlich gegenüber seiner eigenen analen Triebhaftigkeit und manchmal in Angst vor seinen eigenen Verdauungsvorgängen, aber auch machtlos nach außen. Aus dieser Empfindung muskulären und analen Unvermögens, aus dem Verlust der Selbstkontrolle und dem übermäßigen Eingreifen der Eltern entstehe ein dauerndes Gefühl von Zweifel und Scham. Demgegenüber entwickle sich aus der Empfindung der Selbstbeherrschung ohne Verlust des Selbstgefühls ein dauerndes Gefühl von Autonomie und Stolz (Erikson 1959, 1974).

Scham sei eine infantile Emotion, die sich darin äußere zu glauben, »daß man vollständig bloßgestellt ist und ist sich bewußt, angesehen zu werden – man ist sichtbar und noch nicht bereit sichtbar zu sein.« (Erikson 1968, 1988: 105) »Es handelt sich dabei aber wohl um einen gegen das Ich gekehrten Zorn.« (Erikson 1963, 1999: 247) Dieser drücke sich darin aus, die Welt zwingen zu wollen, nicht angeschaut zu werden, indem man am liebsten die Augen aller anderen zerstören würde. Da dies nicht möglich sei, müsse man sich die eigene Unsichtbarkeit wünschen. Scham werde in unserer Kultur »so früh und so leicht vom Schuldgefühl absorbiert« (Erikson 1968, 1988: 105). Den Zusammenhang zwischen Scham und Schuldgefühl stellt Erikson folgendermaßen dar: »Die mit dem Sehen zusammenhängende Scham geht der mit dem Hören zusammenhängenden Schuld voraus; im Schuldgefühl wird die eigene Schlechtigkeit ganz für sich allein empfunden, wenn niemand zuschaut und alles schweigt – bis auf die Stimme des Über-Ichs.« (Erikson 1963, 1999: 247)

Scham nutze ein zunehmendes Gefühl des Kleinseins aus, »das sich paradoxerweise entwickelt, wenn das Kind lernt, aufrecht zu stehen und wenn seine Wahrnehmung ihm gestattet, die relativen Maße von Größe und Kraft anzuerkennen.« (Erikson 1968, 1988: 106) Eine zu starke Betonung der Scham bzw. übermäßiges Beschämen erzeuge kein Anstandsgefühl oder echtes Wohlverhalten, sondern »eher eine geheime Entschlossenheit, die mit dem Tabu belegten Dinge heimlich zu tun, falls es nicht sogar zu ausgesprochener Schamlosigkeit führt.« (Erikson 1959, 1974: 80) Erikson nimmt eine Grenze an, bis zu welcher Beschämung ertragen werden könne, und meint damit, »daß es für ein Kind und für einen Erwachsenen angesichts der Forderungen, sich selbst, seinen Körper und seine Wünsche als böse und schmutzig anzusehen, eine Grenze des Erträglichen gibt, ebenso wie für seinen Glauben an die Unfehlbarkeit derer, die solche Urteile aussprechen.« (Erikson 1963, 1999: 247)

Scham entstehe also mit dem Bewusstsein der aufrechten und daher exponierten Haltung. »Zweifel ist der Bruder der Scham« (ebd.) und habe, so würden klinische Beobachtungen annehmen lassen, mit der Erkenntnis zu tun, dass man eine Vorder- und eine Rückseite habe. Von besonderer Bedeutung sei hier die Rückseite des Körpers mit ihren aggressiven und libidinösen Brennpunkt in den Sphinkteren und Gesäßbacken, die von dem Kind nicht eingesehen werden könnten, aber dennoch dem Willen anderer unterliegen würden. »Der ›Hintern‹ ist der dunkle Kontinent des Individuums, eine Körperzone, die von anderen magisch beherrscht und erfolgreich zum Gehorsam gezwungen werden kann, von diesen anderen, die die Autonomie des Kindes angreifen und die Ausscheidungsprodukte, die doch während des Aktes der Verdauung gut und in Ordnung waren, plötzlich als etwas Schlechtes bezeichnen.« (Ebd.) Hier habe das Urgefühl des Zweifels, »jener zweiten Form von Misstrauen« (Erikson 1959, 1974: 79) an allem, was man hinter sich lasse, seine Wurzeln.

Autonomie resultiere dagegen aus der Empfindung der Selbstbeherrschung ohne Verlust des Selbstgefühls und beruhe auf einem festverwurzelten und überzeugend weitergeführten frühen Vertrauen. Damit sei gemeint, dass das Kleinkind das Gefühl haben müsse, »daß sein Urvertrauen zu sich selbst und zur Welt, jener aus den Konflikten des oralen Stadiums erworbene bleibende Schatz, nicht bedroht wird durch den plötzlichen Wunsch, seinen Willen durchzusetzen, sich etwas fordernd anzueignen und trotzig von sich zu stoßen.« (Erikson 1959, 1974: 79) Zeitweise versuche das Kind ganz unabhängig zu handeln, »indem es sich völlig mit seinen rebellischen Impulsen identifiziert, oder wieder ganz abhängig zu werden, indem es den Willen anderer zu seinen eigenen Zwängen macht.« (Erikson 1982, 1988: 103) Autonomie äußere sich in

der Kompetenz des Individuums beide Tendenzen ausbalancieren zu können, was die Fähigkeiten der Wahlfreiheit und Selbstbeschränkung reifen lasse.
Dementsprechend seien Ausdauer und Elastizität notwendig, »um den Willen eines Kindes so zu erziehen, daß man ihm hilft, zu viel Eigenwillen zu überwinden, einen gewissen »guten Willen« zu entwickeln und (während es lernt, in bestimmten wesentlichen Weisen zu gehorchen) ein autonomes Gefühl des freien Willens aufrechtzuerhalten.« (Erikson 1968, 1988: 108) Das Ausmaß des Autonomiegefühls, das die Eltern ihren kleinen Kindern gewähren könnten, sieht Erikson als abhängig von dem Gefühl der persönlichen Unabhängigkeit, das die Eltern aus ihrem eigenen Leben bezögen. Insofern ist für Erikson »das Autonomiegefühl eine Rückstrahlung der Würde der Eltern als autonome Wesen« (ebd.).

6.5.3 Initiative gegen Schuldgefühl

In der Phase der infantilen Genitalität erfahre die Antithese von Initiative und Schuldgefühl ihre Krise. Diese werde durch drei kräftige Entwicklungsschübe forciert: »1. das Kind lernt, sich freier und kraftvoller zu *bewegen* und gewinnt dadurch ein weiteres, ja, wie es ihm scheint, ein unbegrenztes Tätigkeitsfeld; 2. sein *Sprachvermögen* vervollkommnet sich soweit, daß es sehr viel verstehen und fragen kann, aber auch um so mehr mißversteht; 3. Sprache und Bewegungsfreiheit zusammen erweitern seine *Vorstellungswelt*, so daß es sich vor seinen eigenen, halb geträumten, halb gedachten Bildern ängstigt.« (Erikson 1959, 1974: 87) Der Großteil des Verhaltens, das dieses Stadium beherrsche, sei entsprechend der Dominanz des eindringenden Modus von einer Vielfalt ähnlich strukturierter Betätigungen und Phantasien charakterisiert. Die Theorie der infantilen Sexualität bezeichne dieses Stadium als das phallische und beschreibe es als »das Stadium der infantilen Neugier, der genitalen Erregbarkeit und eines im Ausmaß wechselnden gedanklichen Beschäftigtseins mit und Wichtignehmens von sexuellen Dingen« (Erikson 1968, 1988: 111)

Damit verbunden sei die Erkenntnis des Kindes, dass es, trotz aller Anstrengungen, sich als ebenso fähig wie Vater und Mutter zu betrachten, in sexueller Beziehung selbst in der fernen Zukunft niemals den gleichgeschlechtlichen Elternteil ersetzen könne. Diese dunklen Ödipus-Wünsche »scheinen infolge der mächtig aufschießenden Phantasie und einer Art Berauschtheit durch den wachsenden Bewegungsdrang zu geheimen Vorstellungen von erschreckenden Ausmaßen zu führen. Die Folge ist ein tiefes Schuldgefühl – ein merkwürdiges Gefühl, da es doch immer nur bedeuten kann, daß der Mensch sich Taten und Verbrechen zuschreibt, die er tatsächlich nicht begangen hat und biologisch auch gar nicht begehen könnte.« (Erikson 1959, 1974: 92f.)

»Trotzdem muß das Kind aus alle dem mit einem *Gefühl der Initiative* hervorgehen, als Grundlage für einen der Wirklichkeit gerecht werdenden Ehrgeiz und ein Gefühl sinnvoller Zielgerichtetheit.« (Erikson 1968, 1988: 110) Der Mensch brauche dieses Gefühl für alles, was er lerne und was er tue, weil Initiative ein unentbehrlicher Teil jeder Tat sei (Erikson 1963, 1999). Initiative entwickele sich dadurch, dass dem Kind ein gewisser Überschuss an Energie zur freien Verfügung stehe, der es »ihm erlaubt, viele Fehlschläge ziemlich schnell zu vergessen und sich neuen, wünschenswert erscheinenden Gebieten, selbst wenn sie gefährlich aussehen, mit unvermindertem Eifer und einem gewissen gesteigerten Richtungsgefühl zuzuwenden.« (Erikson 1968, 1988: 110) Die im vorherigen Stadium erworbene Autonomie ergänze die Initiative um »die Qualität des Unternehmens, Planens und ›Angreifens‹ einer Aufgabe um der Aktivität und der Beweglichkeit willen, wo zuvor viel häufiger Eigensinn Trotzverhalten veranlaßte oder mindestens aus diesen Motiven Unabhängigkeit verteidigt wurde.« (Erikson 1963, 1999: 249)

In diesem Stadium entstehe die Herrschaft des großen Regenten bzw. Lenkers der Initiative, nämlich des Gewissens: »Jetzt fühlt sich das Kind nicht nur beschämt, wenn seine Missetaten entdeckt werden, sondern es beginnt die Entdeckungen auch zu fürchten.« (Erikson 1959, 1974: 94) Das Kind beginne automatisch, sich für Gedanken und Taten schuldig zu fühlen, auch wenn sie niemand gesehen habe, d. h. »es hört auch die »innere Stimme« der Selbst-Beobachtung, der Selbst-Führung und der Selbst-Bestrafung, die es radikal in sich selbst aufspaltet.« (Erikson 1968, 1988: 114) »Die Gefahr dieser Phase ist das Schuldgefühl in bezug auf die Zielsetzungen und Aktivitäten, die in der überschäumenden Freude an der neuen körperlichen und geistigen Beweglichkeit und Kraft angegangen werden: Akte aggressiver Manipulation und Nötigung, die die Leistungsfähigkeit von Körper und Geist weit übersteigen und daher der Initiative ein energisches Halt entgegensetzen.« (Erikson 1963, 1999: 250)

Wiederum finde die Krise in der wechselseitigen Regulation ihre Lösung. Dem Kind, das jetzt so sehr dazu neige, sich selbst zu lenken, müsse die Möglichkeit gegeben werden, allmählich ein Gefühl elterlicher Verantwortlichkeit entwickeln zu können. Wo »es einen ersten Einblick in Institutionen, Funktionen und Rollen gewinnt, die ihm eine verantwortliche Teilnahme ermöglichen, da wird es auch aus der ersten Beschäftigung mit Werkzeugen und Waffen, mit sinnvollen Spielzeugen und auch aus der Fürsorge für kleinere Kinder lustvolle Befriedigung beziehen.« (Ebd.: 251) Eine friedliche Kultivierung von Initiative könne, so führt Erikson aus, nur »durch eine Kombination von früher Vermeidung und Verminderung der Gefühle von Haß wie der von Schuld im heranwachsenden Kind, und im weiteren Rahmen auch durch entsprechende Schlichtung der Haßgefühle in der freien Zusammenarbeit mit Menschen, die sich als dem Werte nach gleich, wenn auch verschieden in Art oder Aufgabe oder Alter fühlen« (Erikson 1959, 1974: 97) entstehen.

6.5.4 Leistung gegen Minderwertigkeit

Die Krisenthematik der Latenzperiode laute Leistung versus Minderwertigkeitsgefühl. Jedoch unterscheide sich dieses Stadium von den vorherigen bezüglich der menschlichen Grundtriebe darin, dass es »keine Schaukelbewegungen von einem inneren Aufruhr zu einer neuen Bemeisterung gibt.« (Erikson 1963, 1999: 255) Das bedeute, »daß es nicht aus einem heftigen inneren Aufschwung zu einer neuen Bemeisterung führt.« (Erikson 1959, 1974: 105) Der Grund hierfür sei der, dass die heftigen Grundtriebe jetzt ruhen bzw. der Verdrängung anheim fallen würden. Dies führe zum Eintritt in jenen Spezialzustand, den Freud als die Latenzperiode bezeichnet habe, d. h. »jener langen Verzögerung, die beim Menschen die infantile Sexualität (die beim Tier in die Reife übergeht) von der körperlichen sexuellen Reifung trennt.« (Erikson 1968, 1988: 112) Andererseits sei diese Phase sozial höchst bedeutsam, da: »Leistung auch das Tun neben und mit anderen umfaßt, entwickelt sich in dieser Zeit ein erstes Gefühl für Arbeitsteilung und unterschiedlichen Möglichkeiten, d. h. ein Gefühl für das *technologische Ethos* einer Kultur.« (Erikson 1963, 1999: 255)

Mit Beginn der Latenzperiode sublimiere das normal entwickelte Kind »den Drang, die Welt der Menschen in direktem Angriff zu erobern, und den Wunsch, auf der Stelle Papa oder Mama zu werden« (Erikson 1959, 1974: 103), d. h. es verwende seine Energien für nützlichere Beschäftigungen und anerkannte Ziele. Das Kind »lernt, sich Anerkennung zu verschaffen, indem es Dinge produziert. Es entwickelt Fleiß, d. h. es paßt sich den anorganischen Gesetzen der Werkzeugwelt an.« (Ebd.) Das Ziel dieser Phase sei es, in einer Werk-Situation aufzugehen, also eine schöpferische Situation zur Vollendung zu bringen, was die Launen und Einfälle seiner Triebe und Enttäuschungen überlagern müsse. Das Kind brauche das Gefühl nützlich zu sein, etwas machen zu können und es sogar gut und vollkommen zumachen und »dies nenne ich den *Werksinn*.« (Ebd.: 102)

Die Gefahr dieser Phase bestehe darin, dass sich ein Gefühl von Unzulänglichkeit und Minderwertigkeit entwickele. Die Ursachen hierfür könnten zum einen in der unvollständigen Lösung vorangegangener Konflikte liegen: »das Kind kann noch stärkere Bedürfnisse nach seiner Mammi, statt nach Wissen haben; es kann lieber noch das Baby zuhause, statt das große Kind in der Schule sein; es vergleicht sich noch immer mit seinem Vater und dieser Vergleich erweckt sowohl Schuld- wie Minderwertigkeitsgefühle.« (Erikson 1968, 1988: 119) Zum anderen könnten die Ursachen sowohl darin liegen, dass das Familienleben das Kind nicht ausreichend auf das Schulleben vorbereitet habe, als auch darin, dass im Schulleben nichts von dem zähle, was das Kind bisher gut zu machen gelernt habe.

Minderwertigkeit definiere den Zustand, in welchem das Kind die Hoffnung aufgebe, sich mit den Großen, die sich im gleichen allgemeinen Rahmen der Werkzeugwelt betätigen würden, identifizieren zu können, weil »es mit den Werkzeugen und Handfertigkeiten nicht zurechtkommt oder weil es unter seinen Werk-Gefährten keinen eigenen Stand finden kann«. (Erikson 1963, 1999: 254) Minderwertigkeit bezeichne den Verlust des Vertrauens in die eigenen Fähigkeiten sowohl in der Werkzeugwelt als auch in der Anatomie. Damit sei der Glauben verbunden zur Mittelmäßigkeit und zu einem Krüppeldasein verdammt zu sein (ebd.).

Der Umkreis der Beziehungspersonen, die an der wechselseitigen Regulierung teilhätten, weite sich in dieser Phase auf die Wohngegend und Schule aus (Erikson 1959, 1974). Dieser weitere Umkreis der Gesellschaft sei für das Kind bedeutsam, »indem sie ihm Zugang zu Rollen gewährt, die es auf die Aktualität der Technologie und der Wirtschaft vorbereiten.« (Erikson 1968, 1988: 119) Deshalb, so führt Erikson weiter aus, »müssen die Strukturen der Kultur und die Handhabungen, die grundlegend für die *herrschende Technologie* sind, bedeutungsvoll ins Schulleben hineingreifen und bei jedem Kind ein Gefühl der Leistungsfähigkeit und Zuständigkeit fördern – das heißt die freie Übung von Geschicklichkeit und Intelligenz bei der Ausführung ernsthafter Aufgaben, ungestört von infantilen Minderwertigkeitsgefühlen.« (Ebd.: 121)

6.5.5 Identität gegen Rollenkonfusion

Die Krise der 5. Phase, der Adoleszenz, sei bestimmt durch die Antithese von Identität und Identitäts- bzw. Rollenkonfusion. In dieser Phase würden alle vorher schon als zuverlässig empfundenen Werte der Gleichheit und Kontinuität durch »das rasche Körperwachstum, das fast dem der frühen Kindheit gleichkommt, und das völlig neue Hinzutreten der körperlichen Geschlechtsreife« (Erikson 1963, 1999: 255) wieder in Frage gestellt. Die Krise dieser Phase verschärfe sich dadurch, dass der »Körper seine Proportionen radikal ändert, die geschlechtliche Reife Körper und Vorstellungswelt mit allerlei Trieben überschwemmt, der Umgang mit dem anderen Geschlecht herannaht, gelegentlich sogar dem jungen Menschen aufgezwungen wird, und in der das Leben mit einer Vielfalt von widersprechenden Möglichkeiten vor ihm liegt, unter denen er wählen soll.« (Erikson 1959, 1974: 111)

Das Interesse der heranwachsenden und sich entwickelnden Jugendlichen bestehe vor allem darin herauszufinden, »wie sie in den Augen anderer erscheinen, verglichen mit ihrem eigenen Gefühl, das sie von sich haben, und wie sie ihre früher geübten Rollen und Geschicklichkeiten mit den augenblicklich vorherrschenden Idealtypen in Verbindung setzen können.« (Erikson 1963, 1999: 255f.) »Jeder Verlust an Identitätsgefühl setzt das Individuum wieder seinen alten Kindheitskonflikten aus.« (Erikson 1959, 1974: 113) Deshalb durchkämpfe der Jugendliche viele frühere Krisen noch einmal, um ein neues Kontinuitäts- und Gleichheitsgefühl zufinden und sei ständig bereit, bleibende Idole und Ideale als Wächter seiner endgültigen Identität aufzustellen. Dies geschehe durch die Integration der Identitätselemente, »die wir im Vorangehenden den Kindheitsstadien zuordneten: nur daß jetzt eine größere Einheit, undeutlich in ihren Umrissen und doch unmittelbar in ihren Forderungen, an die Stelle des Kindheitsmilieus tritt – »die Gesellschaft«.« (Erikson 1968, 1988: 123)

Es würden frühere und gegenwärtige Erfahrungen eigener Fähigkeiten und Rollenausübungen synthetisiert, und als Lösung der Krise konstituiere sich eine Ich-Identität, die zwar einzigartig sei, aber dennoch an frühere Selbstbilder des Individuums knüpfe: »Das Gefühl der Ich-Identität ist also die angesammelte Zuversicht des Individuums, daß der inneren Gleichheit und Kontinuität auch die Gleichheit und Kontinuität seines Wesens in den Augen anderer entspricht, wie es sich nun in der greifbaren Aussicht auf eine ›Laufbahn‹ bezeugt.« (Erikson 1963, 1999:

256) Epigenetisch gesprochen könne sich Identität ohne den passenden Partner in Arbeit und Liebe gefunden und geprüft zu haben, nicht manifestieren. Jedoch müssten ihre Grundmuster »(1) aus der selektiven Anerkennung und Nichtanerkennung der Identifikationen des Individuums aus der Kindheit hervorgehen und (2) aus der Art und Weise, in der der soziale Prozeß der erlebten Zeit junge Menschen identifiziert – im besten Fall in ihrer Anerkennung als Personen, die so werden mußten, wie sie sind und denen man, so wie sie sind, vertrauen kann.« (Erikson 1982, 1988: 94f.)

»Die Gefahr dieses Stadiums ist die Identitätsdiffusion«. (Erikson 1959, 1974: 109) Als Identitätsdiffusion bezeichnet Erikson eine (vorübergehende oder dauerhafte) Unfähigkeit des Ichs zur Bildung einer Identität, wobei es hauptsächlich die Unfähigkeit sei, sich für eine Berufs-Identität zu entscheiden, die Jugendliche beunruhige. Eine Identitätsdiffusion sei grundsätzlich eine situative Entwicklungskrise, es handele sich nicht um eine drohende Katastrophe, sondern um einen Wendepunkt, eine entscheidende Periode vermehrter Verletzlichkeit und eines erhöhten Potentials (Erikson 1959, 1974). »Um sich selbst zusammenzuhalten, überidentifizieren sie sich zeitweilig – bis zu einem Grad scheinbar völliger Aufgabe des Ich – mit den Helden von Cliquen und Massen. Andererseits werden sie bemerkenswert exklusiv, intolerant und grausam gegen andere, die ›verschieden‹ sind in Hautfarbe oder Herkunft, Geschmack und Gaben, oft auch nur in ganz winzigen Momenten der Kleidung und Gestik, die willkürlich als *die* Kennzeichen der Gruppenzugehörigkeit gewählt werden.« (Ebd.: 110) Diese Intoleranz müsse als notwendige *Abwehr gegen ein Gefühl der Identitätsdiffusion* verstanden werden, was weder heiße, dass man sie teile, noch dass man sie billige.

Auf der Suche nach sozialen Werten, die die Identität lenken würden, offenbare sich das Problem der Aristokratie, »in der weitesten Bedeutung des Wortes, die die Überzeugung einschließt, daß die Besten eines Volkes regieren und daß diese Regierung das Beste in einem Volk entwickelt.« (Ebd.: 113f.) Der Umkreis der Beziehungspersonen, auf den sich die wechselseitige Regulierung ausdehne, »eigene« Gruppen, »die Anderen«, Führer-Vorbilder (Erikson 1959, 1974) müssten, solle der Jugendliche nicht zynisch oder apathisch werden, Anlass zu der Überzeugung geben, »daß diejenigen, die in ihrer antizipierten Erwachsenenwelt Erfolg haben, damit die Verpflichtung übernehmen, die besten zu sein« (Erikson 1963, 1999: 257) und »die Ideale der Nation zu verkörpern.« (Erikson 1959, 1974: 114)

6.5.6 Intimität gegen Isolierung

Der Konflikt Intimität versus Isolierung dominiere in der Phase der Genitalität. Ausgelöst werde die Krise zum einen dadurch, dass der junge Erwachsene, der aus der Suche nach und aus seinem Beharren auf seiner Identität hervorgehe, »voller Eifer und Bereitwilligkeit [ist], seine Identität mit der anderen zu verschmelzen.« (Erikson 1963, 1999: 258) Junge Erwachsene könnten mit Eintritt in diese Phase »sehr begierig und bereit sein, ihre Identitäten in wechselseitigen Intimitäten zu verschmelzen und sie mit solchen Menschen zu teilen, die sich in Arbeit, Sexualität und Freundschaft als komplementär zu erweisen versprechen.« (Erikson 1982, 1988: 92) Zum anderen werde die Krise durch die gesellschaftliche Forderung Intimität zu entwickeln dominant: »In der psychosozialen Evolution bleibt Intimität nämlich die Hüterin jener schwer faßbaren und doch alles durchdringenden Kraft, der Kraft des öffentlichen und persönlichen *Stils*, der innere Sicherheit in bezug auf gemeinsame Lebensmuster gibt und fordert; der eine bestimmte individuelle Identität garantiert selbst in der gemeinsam geteilten Intimität; und der in eine Lebensauffassung die *Solidarität* einer gemeinsamen Verpflichtung gegenüber einem *Produktionsstil* einbindet.« (Ebd.: 93f.)

Als Intimität bezeichnet Erikson die Fähigkeit »sich echten Bindungen und Partnerschaften hinzugeben und die Kraft zu entwickeln, seinen Verpflichtungen treu zu bleiben, selbst wenn sie gewichtige Opfer und Kompromisse fordern.« (Erikson 1963, 1999: 258) Intimität offenbare sich in Form von Freundschaft, Wettstreit, Gefolgschaft, Liebe und Inspiration (Erikson 1959, 1974) und sei »sowohl eine Kontrapunktierung wie eine Verschmelzung von Identitäten« (Erikson 1968, 1988: 130). Erreiche der Jugendliche oder junge Erwachsene keine intime Beziehung mit seinen eigenen Hilfsmitteln, »kann er sich unter Umständen auf weitgehend stereotypisierte zwischenmenschliche Beziehungen festlegen und zu einem tiefen *Gefühl der Isolierung* kommen.« (Ebd.: 130f.) Genau darin bestehe die Gefahr dieser Phase und bezeichne »die Unfähigkeit, mit der eigenen Identität eine Risiko einzugehen, indem man mit einem anderen echte Intimität teilt.« (Ebd.: 132) Sie resultiere daraus, dass sich der Jugendliche seiner Identität nicht sicher sei und deshalb vor zwischenmenschlicher Intimität zurückscheue oder sich im Gegenteil in intime Akte stürze, die promiskuös ohne echte Verschmelzung oder wirkliche Selbstaufgabe seien. Isolierung meine dabei »die Vermeidung von Kontakten, die zu Intimität führen.« (Erikson 1963, 1999: 261) Aber auch das Eingehen von Bindungen, »die zu einer Isolierung zu zweit werden und beide Partner vor der Notwendigkeit bewahren, der nächsten kritischen Entwicklungsphase entgegenzugehen – der zeugenden Fähigkeit.« (Ebd.) Damit werde in der Phase der Intimität der Grundstein für die zeugenden Fähigkeiten gelegt, die für die Phase bedeutend seien, in denen »Personen mit unterschiedlichem Hintergrund ihre Gewohnheiten verschmelzen müssen, um für sich und ihre Nachkommenschaft ein neues Milieu, das die (allmähliche oder radikale) Veränderung der Sitten und die Verschiebungen in den vorherrschenden Identitätsmustern reflektiert, die durch historische Veränderungen bewirkt werden.« (Erikson 1982, 1988: 94)

6.5.7 Zeugende Fähigkeit gegen Stagnation

In der siebten Phase stehe der Konflikt zeugende Fähigkeit bzw. Generativität versus Stagnation im Mittelpunkt. Sie stelle »eine wesentliche Phase des psychosexuellen wie des psychosozialen Entwicklungsplans« (Erikson 1963, 1999: 261) dar. Provoziert werde diese Krise durch die Fähigkeit des jungen Erwachsenen sich zu verlieren, um sich in der Begegnung von Körper und Seele wiederzufinden. Dies führe »früher oder später zu einer kräftigen Expansion wechselseitiger Interessen und zu einer libidinösen Besetzung dessen, was gemeinsam geschaffen und wofür gemeinsam Sorge getragen wird.« (Erikson 1982, 1988: 87)

»Generativität ist in erster Linie das Interesse an der Erzeugung und Erziehung der nächsten Generation«. (Erikson 1959, 1974: 117) Menschen, die wegen unglücklicher Umstände oder aufgrund besonderer Gaben diesen Trieb nicht auf Kinder richten würden, könnten ihren Teil an elterlicher Verantwortung auf eine andere schöpferische Leistung absorbieren. Der Begriff der Generativität »soll auch tatsächlich die populäreren Begriffe wie *Produktivität* und *Schöpfertum* in sich schließen, die ihn aber nicht ersetzen können.« (Erikson 1963, 1999: 261) Er »umfaßt Fortpflanzungsfähigkeit, Produktivität und Kreativität, also Hervorbringung neuen Lebens, neuer Produkte und neuer Ideen einschließlich einer Art Selbst-Zeugung, die mit der weiteren Identitätsentwicklung befaßt ist.« (Erikson 1982, 1988: 86f.)

Die Gefahr dieser Phase sei, dass ein »fruchtbares Wachsen und Werden in seinen verschiedenen Formen völlig mißlingt« (ebd.: 87), was zu einer Regression zu früheren Phasen führen könne, »und zwar in Form eines zwanghaften Bedürfnisses nach Pseudo-Intimität oder in einer zwanghaften Form der Beschäftigung mit Selbst-Vorstellungen – jeweils durchdrungen von dem Gefühl der Stagnation.« (Ebd.: 88) Stagnation und Persönlichkeitsverarmung würden mit Gefühlen der Langeweile und der zwischenmenschlichen Verarmung einhergehen und sich häufig darin äußern, dass die Individuen beginnen würden, »sich selbst zu verwöhnen, als wären sie ihr eigenes – oder eines anderen – einziges und eines Kind. Wo die äußeren Bedingungen dem Vorschub leisten, wird frühe körperliche oder psychologische Individualität zum Vehikel[20] der Selbstbezogenheit.« (Erikson 1963, 1999: 262) Auch wenn das Gefühl der Stagnation selbst jenen nicht fremd sei, die in höchstem Maße produktiv und kreativ seien, könne es diejenigen völlig niederdrücken, die sich im Hinblick auf ihre Generativität inaktiviert fühlen würden (Erikson 1982, 1988).

Die gemeinsame Arbeit und das Zusammenleben in der Ehe würden den Umkreis der Beziehungspersonen dieser Phase kennzeichnen, deren wechselseitige Regulierung zur Lösungsfindung des Konfliktes beitrage. So könnten beispielsweise frustrierte Triebenergien sinnvoll genutzt werden, indem sie sublimiert würden oder »aber in der Chance, sie in größerem Rahmen einzusetzen. Ein neues schöpferisches Ethos verlangt heute, wie wir bereits gesagt haben, im Interesse einer qualitativen Verbesserung der Lebensbedingungen aller Kinder dringend eine breitere, *umfassendere Fürsorge.*« (Ebd.: 88)

6.5.8 Ich-Integrität gegen Verzweiflung

Die herrschende Antithese im Alter sei das Thema der letzten Krise, die mit den Polen Ich-Integrität versus Verzweiflung bezeichnet werde. Sie stelle die Frucht der vorangegangenen sieben Phasen dar, die ein Mensch allmählich ernten könne, wenn er »die Sorge für Dinge und Menschen in irgend einer Weise auf sich genommen und sich den Triumphen und Enttäuschungen angepaßt hat, die damit zusammenhängen, daß man nolens

---

[20] In der vierten Auflage des Buches wurde diese Stelle näher am englischen Text übersetzt: »wird frühe körperliche und psychologische Invalidität (invalidism) zum Vehikel des Befaßtseins mit sich selbst« (Erikson 1963, 1971: 262)

volens zum Ursprung anderer Menschenwesen und Schöpfer von Dingen und Ideen geworden ist.« (Erikson 1963, 1999: 262f.)

Integrität bedeute in ihrer einfachsten Bedeutung »ein Gefühl von *Kohärenz* und *Ganzheit*, das unter diesen letzten Bedingungen zweifelsohne höchst riskant ist, weil mit dieser Phase ein *Verlust von Steuerungen* in allen drei organisierenden Prozessen verbunden ist: im Soma die durchgehende Schwächung von tonischem Zusammenspiel in Bindegewebe, Blutgefäßen und Muskelsystem; in der Psyche der allmähliche Verlust der Kohärenz des Gedächtnisses in der Erfahrung der Vergangenheit und Gegenwart, im Ethos die Bedrohung durch einen plötzlichen und nahezu gänzlichen Verlust verantwortlicher Funktionen im generativen Zusammenspiel.« (Erikson 1982, 1988: 83f.) Die Attribute der Integrität umschreibt Erikson folgendermaßen: »Es ist die dem Ich zugewachsene Sicherheit, daß es nach Ordnung und Sinn strebt – eine emotionale Integration, die den Trägern der Urbilder der Vergangenheit die Treue wahrt, und bereit ist, in der Gegenwart die Führerschaft zu übernehmen – und schließlich auf sie zu verzichten. Es ist die Bereitschaft, seinen einen und einmaligen Lebenszyklus zu akzeptieren und ebenso die Menschen, die für ihn bedeutsam geworden sind, als etwas, das sein mußte und das zwangsläufig keinen Ersatz zuließ.« (Erikson 1968, 1988: 134)

Die Gefahr dieser Phase sei die Verzweiflung, die dem Fehlen oder Verlust der gewachsenen Ich-Integrität entspringe und dadurch gekennzeichnet sei, dass das Schicksal nicht als der Rahmen des Lebens und der Tod nicht als seine endliche Grenze hingenommen werde. Die Verzweiflung, die der alternde Mensch empfinde, entspreche einem Gefühl, dass die Zeit zu kurz sei für den Versuch, ein anderes Leben zu beginnen, um andere Wege zur Integrität zu suchen. »Diese Verzweiflung verbirgt sich oft hinter einem Anschein von Ekel, einer misanthrophischen Haltung oder einer chronischen verächtlichen Mißbilligung bestimmter Institutionen oder bestimmter Menschen – ein Ekel und ein Mißfallen, die, wo sie nicht mit der Vision eines höheren Lebens einhergehen, nur die Verachtung des Menschen gegen sich selbst ausdrücken.« (Ebd.: 135)

Mit der Menschheit bzw. den Menschen der »eigenen« Art finde in dieser Phase die gegenseitige Regulierung ihren Ausdruck, in der die Dinge integriert würden mit Hilfe der gemeinsamen Neigung, »die integrativen Wege menschlichen Lebens zu begreifen oder auf jene zu ›hören‹, die sie tatsächlich verstehen.« (Erikson 1982, 1988: 85) Was den Menschen zu dem Wissen führe, »daß sein individuelles Leben die zufällige Koinzidenz nur eines Lebenskreises mit nur einem Segment der Geschichte ist; und daß für ihn alle menschliche Integrität mit dem einen Integritäts-Stil steht und fällt, an dem er teilhat.« (Erikson 1959, 1974: 119)

6.5.9 Zusammenfassung

Zusammenfassend lässt sich festhalten, vergleiche hierzu Tabelle 9 (S. 154): »Für jede psychosoziale Phase, die zwischen eine *psychosexuelle* Phase (A) und einen sich erweiternden *sozialen Radius* (C) »eingebaut« ist, vermerken wir eine Kernkrise (B), in deren Verlauf die Entwicklung eines spezifischen *syntonen* Potentials (von Grundvertrauen [I] zu Integrität [VIII]), seine dystone Antithese (von *Grundmißtrauen* zu seniler *Verzweiflung*) ausbalancieren muß. Das Ergebnis der Lösung jeder Krise liegt in der Entstehung einer *Grundstärke* oder *Ich-Qualität* (von *Hoffnung* zu *Weisheit*) (D). Aber auch eine solche sympathische Stärke hat ein antipathisches Gegenstück (von *Rückzug* zu *Hochmut*) (E). Sowohl die syntonen und dystonen wie auch die sympathischen und die antipathischen Potentiale sind für die menschliche Anpassung wichtig, weil der Mensch nicht das Schicksal des Tieres teilt, dessen Entwicklung in Übereinstimmung mit einer *instinkthaften* Anpassung an eine begrenzte natürliche Umgebung verläuft, die eine scharf abgegrenzte und angeborene Unterscheidung positiver und negativer Reaktionen erlaubt.« (Erikson 1982, 1988: 106f.)

Die dystonen und antipathischen Tendenzen, die eine ständige Bedrohung der individuellen und sozialen Ordnung darstellen, würden versucht, der großen Variabilität menschlicher Dynamik angepasst zu werden. Ein gewisses Maß an syntonen und sympathischen Tendenzen werde tendenziell von der Ich-Synthese und dem Ethos der Gemeinschaft gefördert, indem ihnen allumfassende Glaubenssysteme (Religionen, Ideologien, kosmische Theorien) im Laufe der Geschichte versuchen würden, »einen allgemeingültigen Charakter zu verleihen und sie auf einen sich erweiternden Zusammenschluß von ›Insidern‹ anzuwenden. Solche Glaubenssysteme wiederum werden zu einem wesentlichen Bestandteil der individuellen Entwicklung, insofern ihr Ethos (das ›Sitten und Gebräuche, moralisches Verhalten und Ideale steuert‹) durch

Phasen	A Psychosexuelle Phasen und Modi	B Psychosoziale Krisen	C Radius wichtiger Beziehungen	D Grundstärken	E Kernpathologie grundlegende Antipathien	F Verwandte Prinzipien der Sozialordnung	G Bindende Ritualisierungen	H Ritualismus
I Säuglingsalter	Oral-respiratorisch, sensorisch kinästhetisch (Einverleibungsmodi)	Grundvertrauen vs. Grund-Mißtrauen	Mütterliche Person	Hoffnung	Rückzug	Kosmische Ordnung	Das Numinose	Idolismus
II Kleinkindalter	Anal-urethral, muskulär (Modi des Zurückhaltens und Ausscheidens)	Autonomie vs. Scham, Zweifel	Elternpersonen	Wille	Zwang	»Gesetz und Ordnung«	Einsicht	Legalismus
III Spielalter	Infantil-genital, lokomotorisch (Modi des Eindringens und Umschließens)	Initiative vs. Schuldgefühl	Kernfamilie	Entschlußkraft	Hemmung	Ideale Leitbilder	Das Dramatische	Moralismus
IV Schulalter	»Latenz«	Regsamkeit vs. Minderwertigkeit	»Nachbarschaft«, Schule	Kompetenz	Trägheit	Technologische Ordnung	Das Formale (der Technik)	Formalismus
V Adoleszenz	Pubertät	Identität vs. Identitätskonfusion	Gleichaltrigengruppen und fremde Gruppen	Treue	Zurückweisung	Ideologische Weltsicht	Das Ideologische	Totalismus
VI Frühes Erwachsenenalter	Genitalität	Intimität vs. Isolierung	Partner in Freundschaft, Sexualität, Wettbewerb, Zusammenarbeit	Liebe	Exklusivität	Grundmuster von Zusammenarbeit und Rivalität	Das Zusammenschließende	Elitismus
VII Erwachsenenalter	(Prokreativität)	Generativität vs. Stagnation	Arbeitsteilung und gemeinsamer Haushalt	Fürsorge	Abweisung	Zeitströmungen in Erziehung und Tradition	Das Schöpferische	Autoritarismus
VIII Alter	(Generalisierung der Körpermodi)	Integrität vs. Verzweiflung	»Die Menschheit«, »Menschen meiner Art«	Weisheit	Hochmut	Weisheit	Das Philosophische	Dogmatismus

Tab. 9: Dimensionen der psychosozialen Entwicklung
(Erikson 1982, 1988: 36f.)

eine altersspezifische und phasenadäquate *Ritualisierung* (G) in das Alltagsleben transformiert wird.« (Ebd.: 107f.)

Durch die Ritualisierungen werde die Wachstumsenergie in den Dienst der Erneuerung gewisser allumfassender Prinzipien (vom Numinosen zum Philosophischen) gestellt. Die Gefahr, die jedoch für Ich und Ethos bestehe, sei, dass sie ihre lebenswichtige wechselseitige Beziehung zueinander verlieren, wodurch sich die Ritualisierungen in Ritualismen auflösen (von Idolismus zu Dogmatismus) (H) könnten. »Jedes neue menschliche Wesen empfängt und internalisiert also die Logik und Stärke der Prinzipien einer sozialen Ordnung (von der kosmischen über die gesetzliche und technologische zur ideologischen Ordnung und darüber hinaus) (F) und entwickelt unter günstigen Bedingungen die Bereitschaft, sie an die nächste Generation weiterzugeben.« (Ebd.: 108) Diese Konzepte, die zusammen Eriksons Theorie der psychosozialen Entwicklung bilden, sind, bis auf die Grundtugenden (D) und deren Antipathien (E), dargestellt worden. Die noch nicht beschriebene Dimension ist das Thema des nächsten Teilkapitels.

6.6 Wachstum und Krisen der gesunden Persönlichkeit

Das Thema dieses Kapitels ist die gesunde Persönlichkeit und die sie konstituierenden menschlichen Stärken oder – wie Erikson sie später bezeichnet – grundlegenden Tugenden. Auch hinsichtlich dieses konzeptionellen Bestandteils haben seine Überlegungen ihren Ausgangspunkt in der Psychoanalyse, ohne jedoch eine weitere Einführung in die Theorie der Freud'schen Psychoanalyse zu sein, denn »so würde sie kaum viel zum Gemeinverständnis der gesunden Persönlichkeit beitragen können. Denn der Psychoanalytiker weiß sehr viel mehr von der Dynamik und Heilung der Störungen, die er täglich behandelt, als darüber, wie man solche Störungen verhindert.« (Erikson 1953: 2) Wenn der Psychoanalytiker jedoch versuche, »den Zustand des relativen Gleichgewichts zwischen diesen dramatischen Extremen zu definieren [...], wenn wir also fragen, was einen Indianer kennzeichnet, wenn er nicht viel mehr tut, als ruhig ein Indianer zu sein, der seinen täglichen Aufgaben im Kreislauf des Jahres nachgeht, dann fehlt unserer Beschreibung ein angemessener Bezugsrahmen.« (Erikson 1968, 1988: 47) Diesen Zustand erkenne man daran, »daß das Spiel freier, die Gesundheit strahlend, das Geschlechtsleben reifer und die Arbeit sinnvoller geworden ist.« (Erikson 1959, 1974: 21)

Erikson fragt, ob dieses »Zwischenstadium« dynamisch so unwichtig sei, »daß es definiert werden kann, indem man feststellt, was es nicht ist; indem man feststellt, daß zur Zeit weder eine manische noch eine depressive Tendenz deutlich erkennbar ist, daß auf dem Schlachtfeld des Ich momentan eine Ruhepause herrscht, daß das Über-Ich zeitweise keinen Krieg führt und das Es einem Waffenstillstand zugestimmt hat?« (Erikson 1968, 1988: 47f.) Er geht noch einen Schritt weiter und stellt fest: »Genau genommen können wir nicht einmal wirklich wissen, wodurch neurotische Leiden hervorgerufen werden, solange wir nicht wissen, wodurch wirkliche Gesundheit bedingt ist.« (Erikson 1953: 3) Deshalb habe es Erikson »als notwendig empfunden, [s]ich selbst zu fragen, was wohl das Gegengewicht zu der Psychopathologie sein könnte, die zu erkennen, wir gelernt haben, und worin die positiven Ziele wohl bestehen, die in jedes Entwicklungsstadium eingebaut sind.« (Erikson 1968, 1988: 229) Sein eigenes Vorgehen hinsichtlich der Fragestellung nach der »gesunden Persönlichkeit« beschreibt er folgendermaßen: »Da ich auch an einer psychoanalytischen Kultur-Anthropologie interessiert bin, will ich versuchen, diejenigen Elemente einer wirklich gesunden Persönlichkeit zu beschreiben, die einem bei einem neurotischen Patienten am meisten als fehlend oder mangelhaft auffallen und die am deutlichsten in einer Art Idealtyp vorhanden sind, den die Erziehungssysteme und Kulturen auf der Höhe ihrer Entwicklung, jeweils auf ihre Weise, zu schaffen, zu stützen und zu erhalten bestrebt scheinen.« (Erikson 1959, 1974: 56)

Dabei gehe er von der Überlegung aus, dass ein Mensch, der nicht krank sei, noch nicht unbedingt in jedem Sinne des Wortes gesund sein müsse, denn Gesundheit sei »ein Zustand, der durch einen Überschuß an Energie, Vitalität und Bewußtheit gekennzeichnet« (Erikson 1953: 2) sei. Für Gesundheit gebe es zwei Beweise und nur deren Kombination ergebe eindeutige Gesundheit: das sei zum einen das subjektive Gefühl des Gesundseins und zum anderen der objektive Gesundheitsnachweis durch Untersuchungen. Hieraus ergäben sich, so Erikson, zwei Fragen: »Darf die gesunde Persönlichkeit keine inneren Konflikte haben? Und dürfte die gesunde Persönlichkeit nicht mit der sozialen Wirklichkeit in Konflikt geraten?« (Ebd.: 5) Die Antworten auf diese Fragen würden davon abhängen, was Erikson als gesunde Persönlichkeit verstehe und wie er sich deren Entwicklung vorstelle. Eine gesunde Persönlichkeit, und hier beziehe sich Erikson auf die Definition von Marie Jahoda, bemeistere ihre Umwelt aktiv, zeige eine gewisse Einheitlichkeit der Persönlichkeit und sei imstande, die Welt und sich selbst richtig zu erkennen. Das Kindheitsstadium sei durch das Fehlen genau dieser Kriterien und deren stufenweisen Entwicklung in vielen komplizierten Stadien gekennzeichnet.

Wie bereits an anderer Stelle ausgeführt, stellt Erikson das menschliche Wachstum von den inneren und äußeren Konflikten her dar, »welche die gesunde Persönlichkeit durchzustehen hat und aus denen sie immer wieder mit einem gestärkten Gefühl innerer Einheit, einem Zuwachs an

Urteilskraft und der Fähigkeit hervorgeht, ihre Sache »gut zu machen«, und zwar gemäß den Standards derjenigen Umwelt, die für diesen Menschen bedeutsam ist.« (Ebd.) Erikson betrachte es als seine Aufgabe, die Frage nach der gesunden Persönlichkeit vom genetischen Standpunkt aus anzugehen und darzustellen, auf welche Weise sich die gesunde Persönlichkeit entwickle. Wie sie aus den aufeinanderfolgenden Stadien die wachsende Fähigkeit erwerbe, die äußeren und inneren Gefahren des Lebens zu meistern, ein Individuum zu werden, die Welt zu verstehen und noch etwas Überschuss und Lebenskraft zu erübrigen (Erikson 1953).

Der Lebenszyklus und seine Phasen sind bereits beschrieben worden. Ihnen schreibt Erikson in dem hier im Zentrum stehenden Zusammenhang jeweils eine eigene vitale Stärke zu, »und allen Stadien ein epigenetisches System solcher Stärken, die die menschliche Vitalität ausmachen (und hier bedeutet das die Vitalität, die die Generationen begründet).« (Erikson 1968, 1988: 229) Indem er sich auf das Konzept das Epigenese beziehe, beabsichtige Erikson »eine Brücke zu schlagen zwischen der Theorie der infantilen Sexualität und unserer Kenntnis des physischen und sozialen Wachstums des Kindes innerhalb seiner Familie und der Sozialstruktur.« (Erikson 1959, 1974: 58f.) Das habe zur Konsequenz, »daß erstens jedes zu diskutierende Problem der gesunden Persönlichkeit *systematisch mit allen anderen verbunden* ist und daß alle von der *richtigen Entwicklung zur rechten Zeit* abhängen, und daß zweitens jedes Problem in irgendeiner Form schon existiert, bevor es normalerweise in seine entscheidende, kritische Zeit eintritt.« (Ebd.: 59)

Die Stärken bezeichnet Erikson als grundlegende Tugenden (basic virtues), um zu betonen, dass es ohne sie allen anderen Werten und Gütern an Vitalität breche, wobei »Virtue« (die Tugend) gleichzeitig »innewohnende Stärke« und »aktive Qualität« (Erikson 1968, 1988: 229) bedeute. Erikson weist ausdrücklich darauf hin, dass er das Wort Tugend in diesem Zusammenhang nicht benutze, »um in die Entwicklung moralische Absichten hineinzulesen, sondern um adaptive Kräfte zu erkennen, die aus ihr hervorgegangen sind.« (Erikson 1964, 1966: 130) In diesem Sinne würden sie bestimmte Qualitäten bezeichnen, die während aufeinanderfolgender Stadien seines Lebens beginnen den Menschen durchdringend zu beleben und von Generation zu Generation verliehen würden.

Auch handele es sich bei diesen Grundtugenden nicht, wie Erikson immer wieder betont, um äußerliche Ornamente, die sich je nach Launen des ästhetischen oder moralischen Stils, leicht hinzufügen oder wegnehmen ließen. Die Tugenden seien entsprechend des Organisationsprinzips des menschlichen Lebens, in den drei Systemen, d. h. der Epigenese in der individuellen Entwicklung, der Generationenfolge und dem Wachstum des Ichs, verankert. Den Grundtugenden im Einzelnen habe Erikson alltägliche Namen gegeben. Hoffnung, Wille, Zielstrebigkeit und Tüchtigkeit seien die Ansätze der Tugend, die in der Kindheit entwickelt würden; die Treue sei die Tugend der Jugend, und Liebe, Fürsorge und Weisheit seien die zentralen Tugenden des erwachsenen Lebens (Erikson 1964, 1966). So »sehen sie aus, wenn man sie besitzt, und das vor allem scheint zu fehlen, wo die Tugend einen Menschen verläßt.« (Ebd.: 127)

Entwicklung der Grundtugenden

Bei der Darstellung[21] folge ich Eriksons Absicht, »zuerst die entwicklungsmäßigen Wurzeln und später den evolutionären Sinn« (Erikson 1964, 1966: 100) der Tugenden zu erörtern. Außerdem werden die Negative beziehungsweise Antipathien der Tugenden dargestellt, wobei diese nicht als Laster gesehen werden sollten, sondern »eher handelt es sich um eine Art Schwäche, und ihre Symptome sind Unordnung, Fehlfunktion, Zerfall, Vereinzelung.« (Ebd.)

Die erste Krise, die das Individuum zu bewältigen habe, sei gekennzeichnet von der Antithese Urvertrauen versus Urmisstrauen, deren Lösung zur Entwicklung von Hoffnung führe. Sie sei die früheste, aber auch unentbehrlichste Tugend, die im Zustand des Lebendigseins inhärent sei. *»Hoffnung ist der fortwährende Glaube an die Erfüllbarkeit leidenschaftlicher Wünsche, trotz der dunkeln Dränge und Wutgefühle, die den Anfang des Daseins bezeichnen.* Hoffnung ist die ontogenetische Grundlage des Glaubens und wird durch den erwachsenen Glauben genährt, der die Grundformen der Fürsorge durchtränkt.« (Ebd.: 106) Sei das Urvertrauen radikal geschädigt und überwiege das Urmisstrauen, so komme das bei Erwachsenen »in einer besonderen Form schwerwiegender Entfremdung zum Ausdruck, die Individuen charakterisiert, die sich in sich selbst zurückziehen, sobald sie mit sich und anderen uneins sind.« (Erikson 1968, 1988: 92) Dies kennzeichne gleichsam die Antipathie, die in dieser Phase wurzele und von Erikson »Rückzug« genannt werde.

Der elementare Wille, der aus der Krise Autonomie versus Scham und Zweifel hervorgehe, ermögliche es dem Menschen, auf das, was nicht er-

---

[21] Die psychosozialen Grundlagen der Grundtugenden sind unter Kapitel 6.5: »Lebensphasen der psychosozialen Entwicklung« dargelegt.

strebenswert sei, zu verzichten. Das führt dazu, dass er »in dem Glauben leben kann, daß er das will, was von Gesetz und der Notwendigkeit her unvermeidlich ist.« (Ebd.: 103) »*Wille bedeutet also die ungebrochene Entschlossenheit, sowohl Wahl wie Selbstbeschränkung frei auszuüben, trotz der unvermeidlichen Erfahrung von Scham und Zweifel in der Kindheit.* Der Wille ist die Grundlage dafür, daß wir Gesetz und Notwendigkeit akzeptieren, und er wurzelt in der Einsichtigkeit von Eltern, die sich vom Geiste des Gesetzes leiten lassen.« (Erikson 1964, 1966: 107) Zwang und Impulsivität seien, gemäß den doppelten – zurückhaltenden und ausscheidenden Modi, die dieses Alter beherrschen würden – die antipathischen Gegenkräfte des Willens (Erikson 1982, 1988).

Im Spielalter beziehungsweise der dritten Phase des Lebenszyklus erfahre die Antithese von Initiative und Schuldgefühl ihre Krise, aus der das Individuum »mit einem Gefühl *ungebrochener Initiative* als Grundlage eines hochgespannten und doch realistischen Strebens nach Leistung und Unabhängigkeit hervorgehen« (Erikson 1959, 1974: 87f.) müsse. »*Zielstrebigkeit bedeutet also den Mut, als wertvoll erkannte Ziele ins Auge zu fassen und zu verfolgen, unbehindert durch die Niederlagen der kindlichen Phantasie, durch Schuldgefühle und die lähmende Angst vor Strafe.* […] Sie ist die Kraft der Ziel-Gerichtetheit, die von der Phantasie genährt wird, aber nicht phantastisch ist, die durch Schuldgefühle begrenzt, aber nicht gehemmt wird, moralisch einschränkt, aber ethisch aktiv.« (Erikson 1964, 1966: 110) Im Spielalter sei die Hemmung das antipathische Gegenstück zur Initiative. Damit sei gemeint, dass »Konflikte bezüglich der eigenen Initiative zu einer Selbsteinschränkung führen, die das Individuum verhindert, seinen inneren Fähigkeiten oder der Kraft seiner Phantasie oder seines Gefühls gemäß zu leben, was bis zu relativer Impotenz und Frigidität gehen kann.« (Erikson 1959, 1974: 95)

Die psychosoziale Krise, die es im Grundschulalter zu bewältigen gelte, sei von der Antithese Leistung versus Minderwertigkeit bestimmt. Die Rudimente der Hoffnung, des Willens und der Zielstrebigkeit ließen nur undeutlich eine Zukunft vorausgefühlter Aufgaben ahnen, sodass es in diesem Alter für das Kind notwendig werde, in den Grundmethoden unterrichtet zu werden, die zur Identität einer technischen Lebensweise führen würden (Erikson 1964, 1966). »*Tüchtigkeit ist also der freie Gebrauch von Geschicklichkeit und Intelligenz bei der Erfüllung von Aufgaben, unbehindert durch infantile Minderwertigkeitsgefühle.* Sie ist die Grundlage für die kooperative Teilnahme an Technologien und beruht ihrerseits auf der Logik von Werkzeugen und Kenntnissen.« (Ebd.: 112)

Die Antipathie dieser Phase sei »jene *Trägheit*, die unentwegt die Produktivität eines Individuums zu lähmen droht und die natürlich mit der *Hemmung* der vorausgehenden Altersstufe, dem *Spielalter*, schicksalhaft verbunden ist.« (Erikson 1982, 1988: 101)

In der Phase der Adoleszenz dominiere der Konflikt Identität versus Identitätskonfusion. Indem der jugendliche Erwachsene diejenigen erwähle, die ihrerseits ihn erwählen würden, vervollständige er die Grundlagen der erwachsenen Tugenden. »Seine Identität und sein Stil der Treue definieren seinen Platz in der Umwelt, den die Geschichte ihm zugeteilt hat; aber in gleicher Weise definiert sich die Gesellschaft durch die Art, in der sie seine Kräfte der Solidarität absorbiert – oder zu absorbieren unterlässt.« (Erikson 1964, 1966: 115) Die fünfte Grundtugend sei die Treue, d. h. »*die Fähigkeit, freiwillig eingegangene Verpflichtungen trotz der unvermeidlichen Widersprüche von Wertsystemen aufrechtzuerhalten*. Sie ist der Eckstein der Identität und erhält ihre Inspiration aus bestätigenden Ideologien und von gleichgesinnten Gefährten.« (Ebd.: 113) Rollen-Zurückweisung sei der antipathische Widerpart der Treue und »ein aktiver und selektiver Drang, der die für die Identitätsbildung nützlich erscheinenden Rollen und Werte von denen unterscheidet, denen man Widerstand entgegensetzen oder die man bekämpfen muß, weil sie dem Selbst fremd sind.« (Erikson 1982, 1988: 96)

Die höchste menschliche Tugend resultiere aus dem Konflikt Intimität versus Isolierung der sechsten Phase, die das frühe Erwachsenenalter umfasse. Liebe im Sinn der Evolution, so führt Erikson aus, sei die Umformung der Liebe, die während der präadoleszenten Lebensstadien empfangen worden sei, in die Fürsorge, die während des erwachsenen Lebens anderen zugewendet werde. »*Liebe bedeutet also die Gegenseitigkeit der Hingabe, die für immer den Antagonismus überwindet, der in der geteilten Funktion enthalten ist*. Sie durchdringt die Intimität der Individuen und ist damit die Grundlage der ethischen Strebungen.« (Erikson 1964, 1966: 118) Die Antipathie zur Intimität und Liebe junger Erwachsener bestehe in der Exklusivität, die äußerst zerstörerisch und auch selbstzerstörerisch wirken könne. »Die Unfähigkeit nämlich, überhaupt etwas auszuschlagen, kann nur zu übermäßiger Selbstabweisung führen (oder aber deren Ergebnis sein) und damit, sozusagen, die Selbst-Ausschließung zur Folge haben.« (Erikson 1982, 1988: 93)

Die kritische Antithese des Erwachsenenalters sei durch die Pole Generativität und Stagnation charakterisiert, d. h. die Hervorbringung neuen Lebens, neuer Produkte und neuer Ideen. Die neue Tugend, die aus der Lösung dieses Konflikts hervorgehe, sei die Fürsorge. »*Fürsorge ist die sich immer erweiternde Sorge für das, was durch Liebe, Notwendigkeit oder Zufall erzeugt wurde; sie überwindet die Ambivalenz, die der unwiderruflichen Verpflichtung anhaftet.*« (Erikson 1964, 1966: 119) Die dieser Generation gestellte Aufgabe liege darin, die Stärke der nächsten Generation zu kultivieren. Insofern sei Fürsorge eine für die psychosoziale Entwicklung wesentliche Qualität. Die entsprechende antipathische Tendenz in diesem Lebensstadium sei die Abweisung. »Damit ist die fehlende Bereitschaft gemeint, bestimmte Personen oder Gruppen an den eigenen schöpferischen Belangen teilhaben zu lassen. Man *kümmert sich nicht* um sie.« (Erikson 1982, 1988: 89)

Integrität versus Verzweiflung bezeichne die herrschende Antithese im Alter und das Thema der letzten Krise aus der als spezifische Stärke die Weisheit heranreife. »Ein sinnvolles Alter – das einer unter Umständen eintretenden terminalen Senilität vorangeht – dient daher dem Bedürfnis nach jener integrierten Erbschaft, die dem Lebenszyklus eine unentbehrliche Perspektive verleiht. Hier nimmt die Stärke die Form jenes distanzierten und doch aktiven Interesses am Leben an, das durch den Tod gebunden ist, das wir *Weisheit* nennen.« (Erikson 1968, 1988: 135) »*Weisheit also ist distanziertes Befaßtsein mit dem Leben selbst, angesichts des Todes selbst.* Sie enthält und vermittelt die Integrität der Erfahrung, trotz des Niedergangs der körperlichen und geistigen Funktionen.« (Erikson 1964, 1966: 122) Weisheit umfasse hier all ihre Nebenbedeutungen vom gereiften Witz zum angesammelten Wissen und ausgereiften Urteil und sei die Essenz des Wissens, befreit von nur zeitlichen Relativismen. »Andererseits aber ist ein mehr oder weniger offener Hochmut wiederum das antipathische Gegenstück zur Weisheit – eine Reaktion auf das Gefühl (und den Anblick anderer), immer mehr am Ende, verwirrt und hilflos zu sein.« (Erikson 1982, 1988: 78f.)

Die Kriterien der vitalen individuellen Stärke – Glaube, Willenskraft, Zielstrebigkeit, Können, Treue, Liebe, Fürsorge, Weisheit – würden aus den Stadien des Lebens auch in das Leben der Institutionen fließen. Ohne sie würden die Institutionen verdorren und erlahmen. Der Geist der Institutionen müsse jedoch die Grundformen der Fürsorge und Liebe, des Lehrens und Erziehens durchdringen, damit eine Kraft aus der Generationenfolge hervorgehen könne. Das führt Erikson zu dem Schluss, »daß die psychologische Stärke von einem Gesamtprozeß abhängt, der die individuellen Lebenszyklen, die Generationenfolge und die Gesellschaftsstruktur gleichzeitig reguliert; denn alle drei haben sich zusammen entwickelt.« (Erikson 1968, 1988: 136)

6.7 Gewissensentwicklung

Ausgangspunkt der Darstellung von Eriksons Konzeption der Entwicklung der Ethik sei die goldene Regel, welche empfehle, dass man einem anderen nur das antue (oder nicht antue), wovon man wünsche, dass es einem angetan werde (oder nicht angetan werde). Nach Erikson bezeichne diese Regel einen geheimnisvollen Treffpunkt zwischen sehr alten Völkern, die durch Ozeane und Kontinente getrennt leben würden, und sei das verborgene Thema der unvergesslichen Aussprüche vieler Denker (Erikson 1964, 1966). Die Grundformel scheine universell zu sein, aber ihre Variationen hätten Material für ethische Diskussionen geliefert, »bei denen die Richtigkeit der jeweiligen Logik, die in ihr zum Ausdruck kommt, abgewogen und das Maß der jeweilig erreichten ethischen Größe bemessen wurde.« (Ebd.: 200) Jedoch lege Eriksons Forschungsgebiet, die klinische Untersuchung des menschlichen Lebenszyklus, es nahe, von einer Diskussion logischer Vorzüge und geistiger Werte abzusehen und »stattdessen *Variationen in der moralischen und ethischen Sensibilität* in Übereinstimmung mit Entwicklungsstadien des menschlichen Gewissens« (ebd.) zu unterscheiden.

Die goldene Regel verwende zum einen die Methode der Warnung »tu nicht, was du nicht willst, dass man dir tue« und zum anderen der Ermahnung »tu, wie du willst, dass man dir tue«. »Um des psychologischen Anreizes willen stützen sich manche Versionen auf ein Minimum *egoistischer Klugheit*, während andere ein Maximum an *altruistischer Sympathie* fordern, ›Tue anderen nichts an, was Dir Schmerzen bereiten würde, wenn man es Dir zufügte‹ setzt, wie man zugeben muß, nicht viel mehr voraus als das geistige Niveau eines kleinen Kindes, das darauf verzichtet zu zwicken, wenn es dafür wieder-gezwickt wird.« (Ebd.: 199f.) Mehr Reife setze dagegen das biblische Gebot »Liebe deinen Nächsten wie dich selbst« voraus. Die erste Version entspreche einem von moralischen und die zweite einem von ethischen Verhaltensregeln geleiteten Handeln.

Moralische Verhaltensregeln würden auf der Furcht vor äußeren Drohungen, wie zum Beispiel des Verlassenwerdens, der Bestrafung und des öffentlichen Bloßstellens beruhen, aber auch auf der Angst vor drohenden inneren Gefühlen, wie Schuld, Scham oder Isolierung. Im Gegensatz dazu das ethische Handeln, »wobei ›ethisch‹ ein *allgemeines Gefühl für Werte* bedeutet, die mit einiger Einsicht und verantwortlichen Voraussicht *vertreten werden.*« (Erikson 1975, 1982: 214) Ethische Regeln würden auf Idealen basieren, »nach denen mit einem hohen Grad an rationaler Billigung und mit einer bereitwilligen Zustimmung zu einem formulierten Guten, zu einer Definition der Vollkommenheit und mit einem gewissen Versprechen der Selbstverwirklichung gestrebt wird.« (Erikson 1964, 1966: 201) Die Unterscheidung zwischen ethischen und moralischen Verhaltensregeln führe Erikson zu der Behauptung, dass das moralische und das ethische Gefühl in ihrer psychologischen Dynamik verschieden seien, da sich das moralische Gefühl auf einer früheren, unreiferen Ebene entwickele. Zwischen der Entwicklung der moralischen Neigung des Menschen in der Kindheit und seiner ethischen Kräfte im erwachsenen Leben stehe die Adoleszenz, eine Lebensphase, während der der Mensch das universelle Gute in ideologischen Termini wahrnehme (ebd.).

Die Voraussetzung, moralische und ethische Werte psychoanalytisch zu untersuchen, sei eine epigenetische Betrachtungsweise, die davon ausgehe, »daß der ethische Kern, der bei uns allen phylogenetisch angelegt ist, sich bei jedem einzelnen ontogenetisch entwickeln muß – das heißt, durch die Vermittlung der Generationenfolge.« (Erikson 1975, 1982: 272) Die Annahme des epigenetischen und des evolutionären Prinzips besage, dass »die Neigung zur Ethik im Individuum als Teil einer Anpassung heranreift, die von der Evolution in groben Umrissen vorgezeichnet ist.« (Erikson 1964, 1966: 206) »Eine solche schrittweise Entwicklung gewährleistet, daß diese ganze Wertstruktur allmählich mit den ökonomischen und politischen Realitäten sinnvoll synchronisiert wird, sie führt aber auch zu einer dauernden Anfälligkeit, die stets zu individuellen Regressionen und kollektiven Retrogressionen führen kann.« (Erikson 1975, 1982: 214)

Ein Diagramm, bestehend aus den jeweiligen Stufen der ethischen Entwicklung, sehe folgendermaßen aus:

	Kindheit	Jugend	Erwachsen
III			Ethik vs. Autoritarismus (Konsolidieren)
II		Ideologie vs. Totalismus (Experimentieren)	
I	Moral vs. Moralismus (Lernen)		

Tab. 10: Entwicklung der Ethik
(in Anlehnung an: Erikson 1982, 1988: 126)

Den Lebensphasen, die den Ritualisierungen der moralischen, ideologischen und ethischen Potentiale des Menschen vorbehalten seien, ordnet Erikson Kindheit, Adoleszenz und Erwachsenalter zu. Erikson spricht dabei »vom moralischen Lernen als einem Aspekt der Kindheit; vom ideologischen Experimentieren als einem Teil der Adoleszenz; und von der ethischen Konsolidierung als einer Aufgabe des Erwachsenen.« (Erikson 1975, 1982: 213) Entsprechend seines Postulats, sich alle entwicklungs- und generationsbedingten Faktoren epigenetisch vorzustellen, würden auch bei der Entwicklung der Ethik die früheren Phasen nicht ersetzt, sondern in ein hierarchisches System von zunehmender Differenzierung eingehen. »Demnach sind in allen Formen von Moralität Potentiale für ethische und ideologische Eigenschaften vorhanden, so wie auch moralische und ethische Merkmale in Ideologien enthalten sind.« (Erikson 1982, 1988: 127)

Moralentwicklung in der Kindheit

Das Kind lerne Moral, indem es einen großen Teil der von der Sozialstruktur ausgehenden Verbote in sein Überich internalisiere. Diese Verbote würden mit den beschränkten kognitiven Mitteln der frühen Kindheit wahrgenommen, angenommen und mit einem primitiven Sadomasochismus befolgt. Hierin spiegele sich die angeborene Neigung des Menschen wider, nicht nur die moralische Aggression der Eltern, sondern auch die eigene, nicht ausdrückbare Wut »gegen sich selbst zu kehren«. »Somit wird die internalisierte infantile Moralität von späterer Erfahrung isoliert, weshalb der Mensch stets bereit ist in eine regressive, punitive Haltung zurückzufallen, die ihm nicht nur ermöglicht, seine eigenen Triebe zu unterdrücken, sondern ihm auch erlaubt, anderen mit rechthaberischer und oft grausamer Verachtung zu begegnen, die mit seinen besseren Einsichten nicht vereinbar ist.« (Erikson 1975, 1982: 104) Andererseits seien solche moralistischen Tendenzen notwendig, weil durch sie der Mensch moralisch werde und es bleiben könne. Das Aufgehen der Moralität im gemeinsamen Bejahen von Werten, stelle die Basis menschlicher Sozialstrukturen dar, die die Rechte und Pflichten des Erwachsenen definieren würden.

Ideologisches Experimentieren in der Jugend

In der Jugend würden solche die Ethik konstituierenden Werte erstmals erkannt. Indem der Jugendliche lerne, den Fluss der Zeit zu fassen, die Zukunft in zusammenhängender Weise vorauszuplanen, Ideen zu begreifen und Idealen zuzustimmen, nehme er eine ideologische Position ein, wofür das jüngere Kind erkenntnismäßig noch nicht bereit sei. In Anlehnung an Piaget geht Erikson davon aus, dass die Jugend dazu neige, ideologisch zu denken, »das heißt, eine egozentrische, narzißtische Orientierung, die die Welt sich selbst anpassen will, mit der Hingabe an idealistische, altruistische Vorstellungen und Pläne zu kombinieren, gleich ob deren Durchführbarkeit bewiesen ist oder nicht.« (Ebd.: 211) Der Mensch nähere sich in der Adoleszenz »einem ethischen Standpunkt, aber dieser bleibt einem Wechsel des impulsiven Urteils und ungewöhnlicher Rationalisierung ausgesetzt.« (Erikson 1964, 1966: 204) Deshalb spricht Erikson vom ideologischen Experimentieren als einem Teil der Adoleszenz. Jedoch sei auch dieses der Gefahr ausgesetzt, dass sich die Stationen auf dem Weg zur Reifung fixieren könnten, d. h. zu vorzeitigen Endstationen oder zu Stationen zukünftiger Regressionen würden. Der Grund hierfür sei, dass die Konflikte des Kindes, wenn es lerne moralisch zu sein, in der Adoleszenz weiterbestünden, jedoch dem Primat des ideologischen Denkens unterstellt würden.

Retrogressionen während der Adoleszenz

Die Regressionen der Adoleszenz müssten als Retrogressionen verstanden werden, weil sie oft vorübergehende Regressionen seien, die sowohl zur Kreativität wie auch zur Entwicklung gehören würden. Insofern erfüllten »zumindest einige der gern als regressiv bezeichneten Prozesse der Adoleszenz eindeutig die Anpassungsfunktion [...], die fragmentarischen Konflikte der Kindheit wiederzubeleben und aufzuarbeiten, um sie aktiv in eine neue Ganzheit der Erfahrung einzubeziehen.« (Erikson 1975, 1982: 212) Jugendliche würden, so Erikson, auf die umgekehrte Logik der moralischen Position retrogredieren, d. h. beispielsweise bezogen auf Proteste, dass sich diese hypermoralistisch gegen die Moral des Establishments richten würden. Um die entwicklungsmäßigen Aspekte dieses Phänomens zu erläutern, unterteilt er diese Haltung in absteigender Ordnung in eine antimoralische, eine amoralische und eine prämoralische Position (ebd.).

Die prämoralische Position leugne jegliche Notwendigkeit einer formulierten Moral und habe ihre Wurzeln im ersten Stadium des Lebenszyklus. In diesem Stadium führe die Wechselseitigkeit zwischen Mutter und Kind zu einem vorteilhaften Überwiegen des Grundvertrauens über das Misstrauen. Das wiederum gewährleiste, dass sich Hoffnung zum wichtigsten Merkmal der späteren Entwicklung bilde. So werde eine erste Entwicklungsposition geprägt, die unter zunehmender Differenzierung in alle späteren Lebensstadien hineinreiche und sich während der Adoleszenz in der Eigenschaft der Treue äußere. »Diese erste Entwicklungsposition kann also in der Jugend und im jungen Erwachsenenalter als lebenswichtiger Bestandteil einer größeren Vision von Liebe und ›Schönheit‹ wieder aufscheinen; sie kann sich regressiv in Störungen wie Isolation, Sucht oder Psychose behaupten; oder sie kann sich in der kollektiven Isolation eines utopischen oder chiliastischen Gemeinschaftslebens manifestieren, dessen Merkmal eine kindlich vertrauende mystische Gesinnung ist.« (Ebd.: 216)

Die amoralische Position gehöre zum zweiten Stadium der kindlichen Entwicklung, aus dem der freie Wille, gebändigt durch die wechselseitige Abgrenzung zum Willen anderer, hervorgehe. In der Adoleszenz werde auch diese zweite Entwicklungsposition wiederbelebt; das erprobte Gefühl des freien Willens könne Teil eines kollektiven Willens werden, angeführt von einem höheren Willen. Mutwillige Impulsivität werde gemeinschaftlicher Erfahrung untergeordnet, während Gehorsam Bestandteil einer selbstgewählten Disziplin sein könne. In der totalistischen Rebellion dagegen könne die Re-Inszenierung dieser Position zur einer völligen Umkehrung führen: »Allen Regeln des Schamgefühls spottend, können die Nonkonformisten mit ihrer Schamlosigkeit prahlen; Gehorsam kann zu Mißachtung, Selbstzweifel zu Verachtung der anderen werden.« (Ebd.: 218) Die amoralische Position trotze den geltenden Normen und lehne vor allem das Schamgefühl ab.

Im dritten Stadium der Kindheit, gekennzeichnet von einer phantastischen Antizipation zukünftiger Rollen mit Spielzeug und Kostümen, habe die antimoralische Position ihren Ursprung. In der Adoleszenz werde der Anspruch auf das Recht, in Phantasie und Aktion die Initiative zu ergreifen re-inszeniert. Weil dabei die auftretenden Schuldgefühle auf andere projiziert würden, fühlten sich junge Menschen häufig von charismatischen Führern und utopischen Anliegen angezogen. Diese würden das Wiederauftauchen heftiger Rivalitätsphantasien sanktionieren und ihm eine Zielrichtung geben. Die antimoralische Position lehne militant jegliche strafende Autorität und damit alle Schuld ab. »Zu den retrogressiven Tendenzen, die in der Jugend mit der Verschärfung des Konflikts zwischen frei entfalteter Initiative und lähmenden Schuldgefühlen einhergehen, gehört die *antiautoritäre*, dabei aber *hypermoralistische* Haltung.« (Ebd.: 221) Hierbei werde die infantile Hoffnung re-inszeniert, das Kind werde eines Tages groß genug sein, um es den Eltern heimzuzahlen.

Die Mehrheit der Jugendlichen kultiviere, so Erikson, einen moralischen Pragmatismus. Diesem könne man schwerlich eine Tendenz zur Retrogression oder zur Re-Inszenierung einer früheren Entwicklungsposition zuschreiben, »denn ihr Streben und Trachten entspricht lediglich einer Verlängerung des vierten Lebensstadiums, des Schulalters, in eine ausgedehnte Lehrzeit.« (Ebd.: 223) Nach dieser Orientierung würden Fragen der Moral, Ideologie und Ethik einem von Methoden und Techniken beherrschten Weltbild unterstellt. Nach diesem gelte als gut, was funktioniere. Das Schicksal des Menschen sei es, in Bewegung zu bleiben und im Einklang mit der Natur des Universums Dinge in Bewegung zu setzen. Als der Regression vergleichbar, nennt Erikson bezüglich dieser Orientierung, eine Fixierung auf eine allzu frühe, allzu ausschließliche Anpassung an die herrschenden Produktionsweisen und Erfolgsmaßstäbe; »zwar werden diejenigen, die sich mit solcher Arbeitsdisziplin häuslich eingerichtet haben, den beunruhigenderen Formen der Identitätskonfusion entgehen, aber sie müssen auch mit einer gewissen Verstellung ihrer Gefühle leben, deren gehäufte Auswirkung auf das Innenleben oder die zwischenmenschlichen Beziehungen sich schwer abschätzen läßt.« (Ebd.: 224)

Ethische Konsolidierung im Erwachsenenalter

Nach oft ernsthaften Begegnungen mit diesen moralistischen Regressionstendenzen werde die Jugend bereit, die universellen Prinzipien eines höchst humanen Gutes ins Auge zu fassen. »Das *wahre* ethische Gefühl des jungen Erwachsenen schließlich umfaßt und transzendiert moralische Einschränkung und ideale Vision, während es auf den konkreten Verwirklichungen jener intimen Beziehungen und auf dem Zusammenwirken in der Arbeit besteht, durch die der Mensch hoffen darf, ein ganzes Leben der Produktivität und der Leistung mit anderen zu teilen.« (Erikson 1964, 1966: 205) Dies entspreche »der ethischen Konsolidierung als einer Aufgabe des Erwachsenen« (Erikson 1975, 1982: 213) und sei das »wahre Kriterium der Identität« (Erikson 1968, 1988: 35).

Den Schritt vom ideologischen zum ethischen Bewusstsein, der im jungen Erwachsenenalter stattfinde, erläutert Erikson anhand des Unterschiedes von »Eid« und »Bekenntnis«. Ein Eid sei im besten Sinne die freie, gemeinsame Bekräftigung einer Verpflichtung, die Bestandteil einer gemeinsamen Identität innerhalb einer gemeinschaftlichen Tradition geworden sei. Im Erwachsenenalter sei eine solche Verpflichtung unerlässlich. Sie könne deshalb auch vom »Establishment« dazu benutzt werden, Erstarrtes, Überlebtes oder Korruptes zu erhalten, weswegen sich gerade jene gegen den Eid auflehnen würden, die ihn ernst nähmen. Hinsichtlich dessen, was an einem Eid abzulehnen oder zu bekräftigen sei, gingen die Meinungen auseinander. Ein Bekenntnis in Form eines Eides sei »die bewußte, gegenseitige Treueverpflichtung zu selbsterkorenen Gefährten, und zwar zum Wohle derer, die auf die Fürsorge der durch den Eid Verbundenen angewiesen sind.« (Erikson 1975, 1982: 273) Erst im frühen Erwachsenenalter sei der Mensch fähig, sich zu systematischen Werten zu bekennen, die in seiner täglichen Praxis und seinem konkreten Können bestätigt werden würden.

Den erwachsenen Pol der menschlichen ethischen Natur definiert Erikson als »ein affirmatives, weil informierteres und durch Erfahrung bewährtes Empfinden dafür, was ein Mensch dem anderen schuldig ist, damit beide – und die von ihm abhängigen – ihre entwicklungsmäßigen Möglichkeiten am besten verwirklichen können.« (Ebd.) Das bedeute, als Regel formuliert, dass es am besten sei, dem anderen das anzutun, was einen selbst stärke, ebenso, wie es ihn stärken werde, d. h. was seine besten Möglichkeiten, ebenso wie die eigenen zu entwickeln helfe. Insofern re-formuliert Erikson die goldene Regel dahingehend, dass sie auf die Anstrengung ziele »*im historischen Partner das zu aktivieren, was ihn in seiner historischen Entwicklung stärkt, ebenso wie es den Aktivierenden in seiner eigenen Entwicklung bestärkt* – nämlich in der Entwicklung auf eine gemeinschaftliche Identität zu.« (Erikson 1964, 1966: 221)

7 Eriksons Identitätstheorie

Thema dieses Kapitels ist es, Eriksons theoretische Überlegungen, die auf dem psychoanalytischen Lehrgebäude basieren und sich durch seine eigene empirische und theoretische Arbeit entwickelt haben, als Identitätstheorie darzustellen.

Die Identitätstheorie von Erik H. Erikson baut auf seiner Theorie der psychosozialen Entwicklung[22] auf, beziehungsweise stellt eine Konkretisierung dieser dar. Sie hat sich aus seinen »persönlichen, klinischen und anthropologischen Beobachtungen in den dreißiger und vierziger Jahren«[23] (Erikson 1975, 1982: 43) entwickelt. Ausgangspunkt sei »die Pathographie, in diesem Falle die klinische Beschreibung der krankhaften Identitätsdiffusion. In der Hoffnung, von diesem vertrauten Blickwinkel aus die Frage der Identität zu klären.« (Erikson 1959, 1974: 152) Ziel ist es, aus der Psychopathologie einen Gewinn für die normale Psychologie herauszuschälen.

Erikson erklärt mit seiner Identitätstheorie, wie sich Identität entwickelt (Forschungsfrage 1), was sie ist (Phänomen) und wohin sie führt (Forschungsfrage 2). Es handelt sich um »eine Theorie der menschlichen Entwicklung, die es unternimmt, einer Sache näherzukommen, indem sie herausfindet, woher und wohin sie sich entwickelt.« (Erikson 1968, 1988: 20) Die Frage, woher das Phänomen der Theorie komme, bedeutet es zu »erklären«. Darüber hinaus möchte Erikson auch darstellen, wohin sich das Phänomen entwickelt, also dessen Wirkungen. Diese Auffassung spiegelt sich in seinem Diagramm der psychosozialen Entwicklung wider. Die Diagonale des Diagramms (Abbildung 5, S. 136) zeige die Aufeinanderfolge der psychosozialen Krisen, wobei in jedem Feld ein Kriterium relativer psychosozialer Gesundheit und darunter das korrespondierende Kriterium relativer psychosozialer Störung stehe. Außerdem repräsentiere die Diagonale die Entwicklung der Komponenten der psychosozialen Persönlichkeit, die in einer gewissen Form (vertikale Spalten) auch schon existieren bevor sie »phasen-spezifisch« werden würden. Die Lösung einer Krise bleibe mit allen anderen Komponenten systematisch verbunden (vgl. Kapitel 6).

---

[22] Vgl. Kapitel 6: »Eriksons theoretisches Gerüst«
[23] Vgl. Kapitel 5: »Empirischer Teil«

Das Phänomen, das hier im Zentrum der Betrachtung steht, ist die Identität, die am Ende der Adoleszenz phasen-spezifisch (V,5)[24] werde. Oberhalb der Diagonale finden sich schematisch die Vorläufer der Hauptlösung, deren Anfänge bis auf den Lebensbeginn zurückgehen würden; unterhalb der Diagonale das, was sich in der reifenden Persönlichkeit aus der Lösung ergebe. Das bedeutet, dass oberhalb der Diagonale die Ursachen der jeweiligen Krisenlösungen und unterhalb die Vorläufer zukünftiger Krisen lokalisiert sind.

Dieser Dreiteilung in Ursache, Phänomen und Wirkung lassen sich die Phasen des Lebenszyklus zuordnen, der nach Erikson zu den unentbehrlichen Koordinaten der Identität gehöre, »denn wir nehmen an, daß das Individuum erst in der Adoleszenz in seinem physiologischen Wachstum, in der geistigen Reifung und in der sozialen Verantwortung die Vorbedingungen entwickelt, um die Krise der Identität zu erleben und zu durchlaufen.« (Erikson 1968, 1988: 86) Die Darstellung entspricht der Behauptung Eriksons, »daß wir jetzt die Hauptrichtungen zur Sprache gebracht haben, von denen aus jede der nacheinander auftauchenden Komponenten der menschlichen Vitalität untersucht werden kann – vom Beginn des Lebens an bis zur Identitätskrise und darüber hinaus.« (Erikson 1968, 1988: 99)

Grafisch lässt sich diese Annahme folgendermaßen darstellen:

---

[24] Vgl. Abb. 7: »Epigenetisches Diagramm und Identität«

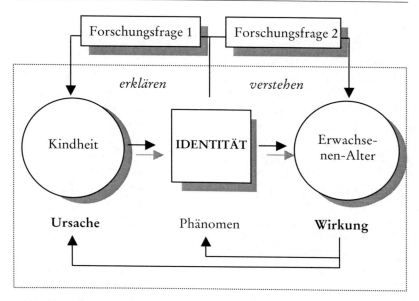

Abb. 6: Eriksons Identitätstheorie

Die Dreiteilung und die Form der grafischen Darstellung sind aus Ausführungen wie der folgenden abgeleitet: »Der Prozeß »beginnt« irgendwo in der ersten echten »Begegnung« von Mutter und Säugling, als zweier Personen, die einander berühren und erkennen können, und er »endet« nicht, bis die Kraft eines Menschen zur wechselseitigen Bestätigung schwindet. Aber wie schon gesagt, hat der Prozeß seine normative Krise in der Adoleszenz und ist in vielen Hinsichten durch das determiniert, was voranging, und determiniert vieles, was folgt.« (Erikson 1968, 1988: 19) Identität, die sich als Lösung der Identitätskrise manifestiert, ist das Phänomen seiner Theorie und determiniert das weitere Leben eines Individuums. Gemäß dieser Dreiteilung wird Eriksons Identitätstheorie dargestellt, da jeder dieser drei Prozesse mit seinen Phasen einer eigenen entwicklungstheoretischen und methodologischen Logik entspricht. Im Folgenden wird von drei Lebensphasen gesprochen, der Kindheit, der Jugend und des Erwachsenenalters. Ihnen werden die von Erikson benannten Entwicklungsstufen zugeordnet, zueinander in Bezug gesetzt und nachgezeichnet, wie Erikson diese miteinander, bezogen auf das Phänomen Identität, verbunden sieht.

7.1 Kindheit und Epigenese der Identität

Basierend auf »Freuds weitreichender Entdeckung, daß der neurotische Konflikt sich im Inhalt nicht sehr von den ›normativen‹ Konflikten unterscheidet, die jedes Kind in seiner Kindheit durchleben muß und deren Rückstände jeder Erwachsene in den geheimen Tiefen seiner Persönlichkeit mit sich trägt« (Erikson 1968, 1988: 86), nimmt Erikson an, dass die Identität des Menschen ihre Wurzeln in der Kindheit habe. Die Gründe dafür würden in der Epigenese selbst liegen: »Die Schritte müssen nicht nur aufeinander abgestimmt sein, sondern sie müssen sich auch zu einer definitiven Richtung und Perspektive aneinanderfügen. In der Adoleszenz müssen frühere Entwicklung, gegenwärtige Richtung und Zukunftsperspektive zusammen einen ideologischen Bauplan abgeben, und zwar um des Ichs des Jugendlichen willen [...] als auch um der Gesellschaft willen.« (Erikson, 1968: 498)

In den vier Phasen der Kindheit würden sich die jeweiligen Identitätselemente epigenetisch entwickeln und in der darauffolgenden Phase der Adoleszenz in der entsprechenden Krise Identität versus Identitätskonfusion integriert: »Vom genetischen Standpunkt aus tritt der Prozeß der Identitätsbildung als eine sich entfaltende Gestaltung in Erscheinung – eine Gestaltung, die allmählich durch sukzessive Ich-Synthesen und Neusynthesen während der gesamten Kindheit begründet wird.« (Erikson 1968, 1988: 158) Kindheit definiert Erikson in Relation zu dem, was eine »gesunde Persönlichkeit« beim Erwachsenen ausmache, nämlich dass sie »ihre Umgebung *aktiv beherrscht*, eine *gewisse Einheit der Persönlichkeit* zeigt und fähig ist, die Welt und sich selbst *richtig wahrzunehmen.*« (Ebd.: 87) Diese Kriterien seien relativ zu der kognitiven und sozialen Entwicklung des Kindes, sodass sich sagen lasse, dass »die Kindheit durch deren anfängliches Fehlen und durch ihre graduelle Entwicklung in komplexen Schritten zunehmender Differenzierung definiert wird.« (Ebd.) Die Lebensphase »Kindheit« umfasse die Altersspanne bis etwa 6 Jahre, wenn das Kind in die Schule komme. Nach dieser Phase »scheint die innere Bühne schon völlig für den »Eintritt ins Leben« aufgebaut zu sein« (Erikson 1963, 1999: 253), weil das Kind »seine erreichbare Umgebung und seine Körpermodi bemeistert« (ebd.) habe.

In seinen Arbeiten betont Erikson die Tatsache, dass alle Individuen einmal Kinder gewesen seien, und kritisiert, dass Werke über Geschichte, Gesellschaftskunde und Moral im Text gewöhnlich wenig und im Index gar keine Hinweise darauf enthalten würden. Kindheit scheine für die meisten Gelehrten dem Gebiet der Sozialarbeit anzugehören und nicht dem der Sozialwissenschaft, der Fürsorge von Wohltätern und nicht der von Denkern zu unterstehen (Erikson 1968, 1988). Diese Ansicht solle keineswegs den Weg für eine Originologie ebnen, d. h. »eine Denkmethode, die jede menschliche Situation auf eine ähnliche, frühere und schließlich auf die einfachste, im frühesten Kindesalter entstandene zurückführt, die als ihr Ursprung (origo) anzunehmen ist.« (Erikson 1958, 1975: 19) Erikson möchte folgende Tatsache betonen: »unter allen Geschöpfen zeichnet sich der Mensch durch eine lange biologische Kindheit aus, und die Kultur hat die Tendenz, die psychologische Kindheit sogar noch weiter zu verlängern, weil der Mensch Zeit braucht zu lernen, wie man lernt. Seine ganze hohe Spezialisierung und all seine komplizierten Fähigkeiten der Koordination und Reflexion hängen tatsächlich mit seiner verlängerten Abhängigkeit zusammen.« (Erikson 1968, 1988: 71)

Andererseits, und auch die umfassende Tatsache habe Freud ans Licht gebracht, werde das kindliche Affektleben durch Eltern und Großeltern zum Zwecke der Gefühlsentladung, der unterirdischen Gehässigkeit, der sinnlichen Unbeherrschtheit, der feigen Grausamkeit und der heuchlerischen Selbstgerechtigkeit, ausgebeutet. Die Polarität Erwachsener/Kind sei die erste im Inventar existentieller Oppositionen (männlich/weiblich sei die zweite), die den Menschen ausbeutbar mache und ihn zur Ausbeutung veranlasse. »Es ist daher nötig, tiefere Einsicht in die frühesten Konsequenzen der psychologischen Ausbeutung der Kindheit zu gewinnen.« (Ebd.) Dass dies bisher »übersehen« worden sei, sei nach Erikson kein Zufall und könne daher auch nicht einfach korrigiert werden. Er vermutet, dass diese Kindheitsamnesie daher komme, dass der rationale und moralische Mensch, nachdem er so hart darum gekämpft habe, das Bild des zivilisierten Menschen absolut und irreversibel zu gestalten, sich weigere zu sehen, wie jeder Mensch mit dem Anfang anfangen müsse (ebd.).

Sowohl das Verständnis als auch die Bedeutung der Kindheit, so führt Erikson aus, indem er »primitive« mit »entwickelten« Gesellschaften vergleicht, seien kulturabhängig. Kinder primitiver Stämme beispielsweise »nehmen an den technischen und magischen Geschehnissen teil;

Körper und Umwelt, Kindheit und Kultur[25] mögen für sie voller Gefahren sein, sind aber *eine* Welt.« (Erikson 1959, 1974: 16) In der Welt entwickelter Gesellschaften bilde die Kindheit einen getrennten Lebensabschnitt mit eigener Folklore. Die Expansionstendenz entwickelter Gesellschaften zusammen mit deren Schichtenbildung und Spezialisierung zwinge das Kind, »sein Ich-Modell auf wechselnde, nur einen Ausschnitt der Welt repräsentierende und noch dazu widerspruchsvolle Prototypen zu gründen.« (Ebd.: 17) Es sei das Spiel des heranwachsenden Kindes (und ihm diene die lange Kindheit), das ihm die Möglichkeit biete, »sich darin zu üben, in einer Existenz, die von Rollen und Visionen beherrscht und gelenkt wird, eine phantasievolle Auswahl zu treffen.« (Erikson 1977, 1978: 63)

Psychosoziale Entwicklungsstufen des Ich

Die drei Stufen der psychosozialen Entwicklung des Ichs seien die Introjektion, die Identifikation und die Identitätsbildung. Auf der ersten Stufe dominiere der Mechanismus der Introjektion-Projektion, der die primitive Einverleibung des Bildes eines anderen meine. Seine Integration bedürfe einer befriedigenden Wechselseitigkeit zwischen einer dauernden Bezugsperson und dem Kind. »Nur das Erlebnis einer solchen anfänglichen Gegenseitigkeit schafft einen sicheren Pol des Selbstgefühls, von dem aus das Kind nach dem anderen Pol greifen kann: nach seinen ersten Liebes-›Objekten‹.« (Erikson 1968, 1988: 154)

Auf der zweiten Stufe, der Identifikation, vergrößere sich das Umfeld der befriedigenden Wechselbeziehungen des Kindes auf vertrauenswürdige Vertreter einer sinnvollen Rollenhierarchie, wie sie die in irgendeiner Familienform zusammenlebenden Generationen bieten würden. »Das Kind pflegt sich in den verschiedenen Stadien seiner Entwicklung mit gewissen Teilaspekten der Menschen zu identifizieren, die, sei es in Wirklichkeit oder in der Phantasie, am stärksten auf es einwirken.« (Erikson 1959, 1974: 139) Die Identifikationen würden sich auf bestimmte überbewertete und kaum verstandene Körperteile, Fähigkeiten und Rollen-Erscheinungen beziehen, die nicht aufgrund ihres sozialen Wertes bevorzugt würden, sondern aufgrund der Natur der kindlichen Phantasie, die nur allmählich einer realistischen Bewertung der sozialen

---

25 Erikson definiert Kultur als die »vorhandenen Institutionen und [...] die »Lebensart«, d. h. [...] das, was wir heute als Sitten und Gebräuche« (Erikson 1974, 1975: 22) bezeichnen.

Wirklichkeit weiche (ebd.). »Die Gemeinschaft unterstützt diese Entwicklung insoweit, als sie dem Kind erlaubt, sich bei jedem Schritt an einem vollständigen ›Lebensplan‹ mit einer hierarchischen Rollenskala zu orientieren, wie sie von den Menschen der verschiedenen Altersstufen dargestellt werden.« (Ebd.: 141f.)

Die dritte Stufe der Ich-Entwicklung sei die Identitätsbildung, die notwendig werde, wenn die Brauchbarkeit der Kindheitsidentifikationen ende. Die Identitätsbildung sei das vorrangige Thema der Adoleszenz und wird in Kapitel 7.2: »Adoleszenz und Identitätsentwicklung« thematisiert.

Kindheitsidentifikationen

Identifikation sei die zweite der drei Stufen eines psychosozialen Entwicklungsplanes, über den das Ich in ein immer reiferes Wechselspiel mit den zur Verfügung stehenden Modellen hineinwachse. »Die ganze Kindheit hindurch werden Kristallisationen erprobt, welche das Kind fühlen und glauben lassen (um mit der bewußten Seite zu beginnen), daß es annähernd weiß, wer es ist – um jedoch bald zu finden, daß diese Selbstgewißheit immer wieder Brüchen in der psychosozialen Entwicklung« (Ebd.: 141) zum Opfer falle. Jedes der Kindheitsstadien leiste einen ganz spezifischen Beitrag zur Identitätsentwicklung, und zwar insofern, als dass diese früheren Erlebnisse die Identität erleichtern oder gefährden würden.

Das früheste und undifferenzierteste »Identitätsgefühl« entstehe aus dem Zusammentreffen von mütterlicher Person und Neugeborenen. Dabei handele es sich um eine Begegnung der wechselseitigen Vertrauenswürdigkeit und des gegenseitigen Erkennens, die dem Säugling das Gefühl einer hinlänglich zusammenhängenden Welt vermittle. Nur dieses wecke den Glauben, »der von den Müttern den Säuglingen in einer Weise übermittelt wird, die zu der vitalen Stärke der *Hoffnung* hinleitet, das heißt zu der dauerhaften Neigung, an die Erfüllbarkeit primärer Wünsche zu glauben, trotz der anarchischen Dränge und Wutanfälle der Abhängigkeit.« (Erikson 1968, 1988: 101f.) Das erfolgreiche Bestehen dieses Konflikts schaffe eine grundlegende Unipolarität (I,5)[26], d. h. das eigene Dasein als Individuum vorwiegend als gut zu empfinden. Trotz der Abhängigkeit des Säuglings »muß man doch annehmen, daß schon früh ein verläßliches Gefühl von der Realität ›guter‹ Mächte draußen und

---

[26] Vgl. Abb. 7: »Epigenetisches Diagramm und Identität«

im Innern entsteht.« (Erikson 1959, 1974: 179) Die vorzeitige Selbstdifferenzierung sei der negative Aspekt hiervon und »jene klinisch beschriebene Diffusion widersprechender Introjekte und jene Vorherrschaft von Phantasien, in denen eine feindliche Realität durch omnipotente Rachegefühle überwunden wird.« (Ebd.)

In der zweiten Phase der frühen Kindheit werde die erste Emanzipierung, die von der Mutter, zu Ende geführt, die in der Adoleszenz, wenn sich der Jugendliche von seinem Kindheitsmilieu abwende, auf viele Weisen wiederholt werde. Der Beitrag dieses Stadiums der Autonomie zum Stadium der Identitätskrise bestehe »in dem Mut, ein unabhängiges Individuum zu sein, das seine eigene Zukunft wählen und lenken kann«. (Erikson 1968, 1988: 109) Die Lösung dieser Krise erlaube eine Bipolarisierung mit der Bezugsperson (II,5), womit die Objekt-Besetzung im Sinne der Es-Psychologie gemeint sei. »Dies wiederum ermöglicht ein mutiges Experimentieren mit machtvollen, aber liebenden Einzelpersonen, deren Realität verbürgt erscheint, die zwar manchmal versagen, dann aber gewähren, gleichgültig erscheinen, um sich dann wieder dem Kinde voll zuzuwenden.« (Erikson 1959, 1974: 179) Vorübergehender oder dauerhafter Autismus sei das negative Gegenstück, das sich darin äußere, dass Kinder »vor der Bipolarisierung zurückscheuen oder an ihr verzweifeln in der regressiven Suche nach einer illusorischen guten ›Einzelkeit‹.« (Ebd.)

Den Beitrag des dritten Stadiums sieht Erikson darin, »die Initiative und das Gefühl für den Zweck erwachsener Aufgaben beim Kind freizusetzen, die eine Erfüllung seiner Spannweite an Fähigkeiten versprechen (aber nicht garantieren können)« (Erikson 1968, 1988: 117), und das unbedrängt von Schuldgefühlen. In der vierten Kindheitsphase bestehe der Beitrag zur Identität in der Identifizierung mit der Aufgabe ungestört von infantilen Minderwertigkeitsgefühlen, was die Grundlage für die kooperative Teilnahme am produktiven Leben des Erwachsenen bilde. Mit dieser »Errichtung einer festen Anfangsbeziehung zur Welt der Fertigkeiten und Werkzeuge und zu denen, die Kenntnisse vermitteln und an ihnen teilhaben, und mit dem Herannahen der Pubertät endet die eigentliche Kindheit.« (Ebd.: 122) Auf die Spiel- und Arbeitsidentifikationen (III, 5 und IV, 5) mit mächtigen Erwachsenen und mit älteren und jüngeren Spielgefährten geht Erikson mit Verweis auf die entsprechende Literatur über das Vorschul- und Schulalter nicht näher ein (Erikson 1959, 1974).

Die Identifikationen, die sich in der Kindheit herauskristallisieren, würden sich in der Reihenfolge der vier Phasen wie folgt formulieren lassen: 1. Ich bin, was man mir gibt, 2. Ich bin, was ich will, 3. Ich bin, was ich mir zu werden vorstellen kann und 4. Ich bin, was ich lerne (ebd.). Zusammenfassend seien die einzelnen Beiträge der Kindheit zur Identität »das primitive *Vertrauen* in das gegenseitige Erkennen; die Rudimente eines *Willens*, man selbst zu sein; die *Voraussicht* auf das, was man werden könnte; und schließlich die Fähigkeit zu *lernen*, wie man mit Geschicklichkeit das ist, was zu werden man in Begriff ist.« (Erikson 1968, 1988: 175)

Der Identifizierungsmechanismus sei nur begrenzt brauchbar, da die bloße Addition der Identifikationen nicht zu einer funktionsfähigen Persönlichkeit führe. Wo die Brauchbarkeit der Identifizierungen aufhöre, gewinne die dritte Stufe der psychosozialen Entwicklung des Ichs, die Identitätsbildung, an Relevanz: »Sie erwächst aus der selektiven Verwerfung und wechselseitigen Assimilation von Kindheitsidentifizierungen und ihrer Aufnahme in eine neue Gestaltung, die ihrerseits abhängig ist von dem Prozeß, durch den eine Gesellschaft (häufig durch Subgesellschaften) das junge Individuum identifiziert, es als jemanden bestätigt und anerkennt, der so werden mußte, wie er ist und der so wie er ist, als gegeben hingenommen wird.« (Ebd.: 154) Die sich so bildende Identität sei jeder einzelnen Identifizierung mit Individuen der Vergangenheit übergeordnet: »sie schließt alle bedeutsamen Identifizierungen in sich, aber sie verändert sie auch, um ein einzigartiges und entsprechend zusammenhängendes Ganzes aus ihnen zu machen.« (Ebd.: 156) Dieser Prozess konstituiert die Identitätskrise der Adoleszenz.

7.2 Adoleszenz und Identitätsbildung

Die Adoleszenz sei ein Stadium des Übergangs vom abwechselnd belebenden und versklavenden Gefühl einer überdefinierten Vergangenheit und einer Zukunft, die erst noch zu identifizieren und mit der sich zu identifizieren es gelte. Sie erfülle die Funktion, den Heranwachsenden auf die möglichen Errungenschaften und verbindlichen Ideale einer lebendigen, sich entwickelnden Kultur zu verpflichten (Erikson 1975, 1982). Jugend, ohne Rücksicht auf Konzepte und klinisches Vorgehen, »bedeutet zu jeder Zeit, vor allem einmal den geräuschvolleren und sichtbareren Teil dieser Sub-Rasse, plus den stillen Leidenden, die den Psychiatern unter die Augen kommen oder die die Dichter zum Leben erwecken.« (Erikson 1968, 1988: 22) Generell gebe es bei jedem Jugendlichen »das Potential einer *intensivierten Adoleszenz*, und das heißt, einer kritischen Phase, die durch die reziproke Verschärfung der inneren Konflikte beim einzelnen und der gesellschaftlichen Desorganisation um ihn her gekennzeichnet ist.« (Erikson 1975, 1982: 201)

Genetisch gesehen sei die Adoleszenz (Reifezeit) das letzte Stadium der Kindheit und erst endgültig abgeschlossen, »wenn das Individuum seine Kindheits-Identifizierungen einer neuen Art von Identifizierung untergeordnet hat, die es dadurch erwirbt, daß es Geselligkeit und Gesellungsfähigkeit in sich aufnimmt und mit und unter seinen Altersgenossen eine auf Wettbewerb eingestellte Lehrzeit durchgemacht hat.« (Erikson 1968, 1988: 150) Weil »der technologische Fortschritt mehr und mehr Zeit zwischen das frühe Schulleben und die endgültige Zulassung des jungen Menschen zur spezialisierten Arbeit legt« (Ebd.: 123), sei sie zu einer immer deutlicher umrissenen und bewussten Periode, fast zu einer Lebensform zwischen Kindheit und Erwachsensein geworden.

Die Aufgabe, die diese Lebensperiode an den Jugendlichen stelle, bestehe in der endgültigen Zusammenfassung all der konvergierenden und dem Aufgeben der divergierenden Identitätselemente. Dazu müssten erstens die wichtigsten Ich-Abwehrmechanismen gegen die gewaltig anwachsende Intensität der Triebe aufrechterhalten werden; zweitens müsse das Ich lernen, die wichtigsten »konfliktfreien« Leistungen in Übereinstimmung mit Werk-Möglichkeiten zu konsolidieren und drittens müssten die Kindheitsidentifikationen in Übereinstimmung mit den Rollen, die irgendein weiterer Ausschnitt der Gesellschaft anbiete, synthetisiert werden. Insofern müsse der Jugendliche Wahlen und Entscheidungen treffen, die mit zunehmender Unmittelbarkeit zu Verpflichtungen für das weitere Leben führen. Angesichts dieser an den Jugendlichen gestellten Aufgaben würden Dauer, Intensität und die Ritualisierung der Adoleszenz individuell, aber auch kulturell variieren (ebd.).

Wandel der Adoleszenz

Erikson versuche spekulativ, die sich wandelnden ökologischen Bedingungen der Jugend im gegenwärtigen Stadium der Geschichte (das heißt Mitte der siebziger Jahre in Amerika) zu formulieren. Als quantitative Veränderungen, die die Qualität der Adoleszenz in dieser Zeit gewandelt hätten, nennt Erikson, dass es einfach mehr junge Menschen gebe als je zuvor; dass sie in der Regel früher heranreifen würden; und dass mehr von ihnen aufgrund allgemeiner Belesenheit, höherer Bildung und einer durch Massenmedien vermittelten Symbolik – besser über das Geschehen in der Welt informiert seien.«Während aber solche gemeinsame Sprache und Symbolik geeignet ist, traditionelle Ideale der Identität, Persönlichkeit und Kompetenz zu übermitteln, kann dieses Versprechen recht illusorisch werden, weil die technologischen, legalen und bürokratischen Komplikationen, die sich aus der bloßen Zahl von Menschen und Dingen ergeben, dazu angetan sind, die Initiative aller, außer einiger ›Insider‹, zu lähmen.« (Erikson 1975, 1982: 202)

Qualitative Veränderungen, die auch heute noch Gültigkeit zu haben scheinen, sind zum einen der Bedeutungswandel der Lebensstadien in einer schnell sich verändernden Welt der Spezialisierung und des Expertentums: »war der ›Adoleszentulus‹ vordem ein Geschöpf im Übergangsstadium, so wird er heute zunehmend zum Teilhaber an einem autonomen Lebensstadium.« (Ebd.: 204) Diese Autonomie finde ihren Ausdruck darin, dass das Geschlechtsleben unabhängiger von der Fortpflanzung geworden sei und damit die Doppelmoral entfalle. Männer und Frauen könnten heutzutage prinzipiell beide ihren sexuellen Verhaltensstil wählen. Auf der anderen Seite sei es für die Ehrgeizigeren notwendig, frühzeitige Verpflichtungen im Sinne einer beruflichen oder akademischen Spezialisierung einzugehen. »Die dadurch bedingte Gefahr, schon bald Kompromisse mit Spezialisierung, Anpassung und frühem Erfolg zu schließen, bedroht jene Fähigkeit zur Erneuerung humanistischer, oder jedenfalls persönlicher Werte, ohne die eine universelle Technokratie tatsächlich zu neuer Sklaverei führen könnte – gefährlich gerade durch den Überfluß, den sie verspricht.« (Ebd.: 204)

Eine andere qualitative Veränderung sieht Erikson darin, dass der Krieg, als eine durch Tradition des ehrenhaften menschlichen Verhaltens gezügelte Institution, in jeder Hinsicht an Authentizität verliere. Das habe zur Folge, dass die Vorstellungen von Märtyrertum und Heroismus auf innenpolitische Fragen übertragen würden. Die Konsequenz sei die, dass sich die moderne Jugend nach ethischer Flexibilität sehne, nach der Fähigkeit »dabeizusein«, nach der Freude großer und kleiner »Happenings«, die festliche Hochstimmung, oft aber auch die vergängliche Illusion von leidenschaftlicher Kameradschaft hier und jetzt vermitteln würden.

Die psychosoziale Krise der Adoleszenz

Die psychosoziale Krise der Adoleszenz sei die Identitätskrise und von der Anthithese Identität versus Identitätsdiffusion bestimmt. Obwohl die Krise dieser Lebensphase durch eine »Identitäts-Bewusstheit« – ausgelöst durch das Zusammentreffen äußerer und innerer Umstände – charakterisiert sei, handele es sich nicht um ein Leiden, »sondern eine normative Krise, das heißt eine normale Phase erhöhten Konflikts, gekennzeichnet sowohl durch eine scheinbare Schwankung in der Ich-Stärke wie durch ein hohes Wachstumspotential.« (Erikson 1968, 1988: 158) Der Begriff der Krise werde »als Bezeichnung für einen notwendigen Wendepunkt akzeptiert, für den entscheidenden Moment, wenn die Entwicklung den einen oder den anderen Weg einschlagen muß, wo Hilfsquellen des Wachstums, der Wiederherstellung und weiterer Differenzierung sich eröffnen. Es zeigt sich, daß es auf viele Situationen anwendbar ist: auf eine Krise in der individuellen Entwicklung oder beim Auftreten einer neuen Elite, in der Therapie eines Einzelfalles oder in den Spannungen rapider historischer Veränderungen.« (Ebd.: 12)

Die Identitätskrise sei psychisch und sozial und habe darüber hinaus eine psychohistorische Seite. Der psychische Anteil der Identitätskrise finde in folgenden vier Punkten Ausdruck: 1. Sei sie teils bewusst und teils unbewusst. 2. »Sie unterliegt der *Konflikt-Dynamik*, was besonders an den Höhepunkten der Krise zu so gegensätzlichen seelischen Zuständen führen kann wie hohe Verletzlichkeit einerseits und die Vorbereitung zu großen Zukunftsaussichten andererseits.« (Erikson, 1973: 796) 3. Die Identitätskrise habe ihre eigene Entwicklungsperiode, »vor welcher es deshalb zu keiner wahren Krise kommen kann, weil die körperlichen, intellektuellen und sozialen Voraussetzungen noch nicht gegeben sind, und über die hinaus sie sich nicht verzögern darf, weil die nächste und alle folgenden Entwicklungen in Mitleidenschaft gezogen würden.« (Ebd.) 4. »Sie geht sowohl in die *Vergangenheit* zurück als auch in die *Zukunft* voraus; sie gründet sich auf die Kindheitsphasen und muß in jeder der folgenden Lebensphasen sich erhalten und erneuern.« (Ebd.)

Sozial sei die Identitätskrise insofern, als dass Identität innerhalb der Gemeinschaft, der der Einzelne angehört, gefunden werden müsse und das gesamte Leben hindurch von der Stützung gesellschaftlicher Modelle abhänge. Hier offenbart sich die psychohistorische Seite der Identitätskrise, denn die gesellschaftlichen Modelle seien mit der jeweiligen geschichtlichen Epoche verwoben. Bezüglich der unbewussten Komplikationen, die nach Erikson gewöhnlich ignoriert würden, führt er an, dass erstens die Krise bei manchen Jugendlichen, in manchen Klassen, in gewissen Geschichtsperioden kaum merklich vorübergehe; sich manchmal jedoch deutlich als kritische Periode abzeichne oder als eine Art zweiter Geburt erlebt werde. Außerdem weist er daraufhin, dass zweitens die Identitätsbildung in normativer Hinsicht auch eine negative Seite habe, »die das ganze Leben hindurch ein widerspenstiger, aufrührerischer Teil der Gesamtidentität bleiben kann.« (Ebd.: 797) Wenn sich diese negativen Elemente nicht in der positiven Identität unterbringen lassen würden, könne sich eine spezifische Angst-Wut bilden, die beispielsweise bei drohendem Identitätsverlust, in zügelloser Destruktivität der Massen explodieren oder aber sich in den Dienst der berechneten Gewalt der organisierten Vernichtungsmaschinerie stellen könne. Die dritte unbewusste Komplikation der Identitätskrise beziehe sich auf deren Tiefe, die oft von der latenten Panik abhänge, von der eine geschichtliche Periode erfüllt sei. »Manche Zeiten werden zu Identitäts-Vacua, die von drei Grundformen menschlicher Sorge erzeugt sein können: von *Furcht* auf Grund neu gegebener Tatsachen, etwa neuer Erfindungen (auch neuer Waffen), die das ganze Weltbild grundlegend verändern; von *Angst* auf Grund symbolischer Gefahren, die vage als Folge des Verfalls der bestehenden Ideologien geahnt werden, und *Beklemmung* vor einem existentiellen Abgrund ohne spirituellen Sinn.« (Ebd.)

Um diese Krise sowohl mit all ihren psychischen, sozialen und psychohistorischen als auch ihren bewussten und unbewussten Aspekten bewältigen zu können, sei die Jugend auf die Aktualität des Wachstums und die Teilnahme an der Realität angewiesen. Dabei werde die ideologische Struktur der Umgebung wesentlich für das Ich, »weil ohne eine ideologische Vereinfachung des Universums das jugendliche Ich seine Erfahrung nicht entsprechend seiner spezifischen Fähigkeiten und seiner sich erweiternden Beteiligung organisieren kann.« (Erikson 1968, 1988: 23) Dadurch werde die Jugend zum vitalen Regenerator im Prozess der sozialen Entwicklung, »denn sie bietet ihre Treue und ihre Energien selektiv der Erhaltung dessen an, was ihr das Gefühl des Echten vermittelt, und setzt sich für die Verbesserung oder die Zerstörung der Dinge ein, die ihre regenerative Bedeutung eingebüßt haben.« (Erikson 1964, 1966: 114)

Die Adoleszenz, so betont Erikson, sei trotz aller Ähnlichkeit mit neurotischen und psychotischen Symptomen und Phasen keine Krankheit, sondern eine normative Krise, »d. h. eine normale Phase vermehrter

Konflikte, charakterisiert einerseits durch eine scheinbare Labilität der Ichstärke, andererseits aber auch durch ein hohes Wachstumspotential.« (Erikson 1959, 1974: 144) Erst »in der Adoleszenz in seinem physiologischen Wachstum, in der geistigen Reifung und in der sozialen Verantwortung« (Erikson 1968, 1988: 86) entwickle das Individuum die Vorbedingungen, um diese Krise der Identität zu erleben und zu durchlaufen. »Wir können tatsächlich von der Identitätskrise als dem psychosozialen Aspekt des Heranreifens sprechen.« (Ebd.) Insofern sei die Adoleszenz das Stadium, »in dem das Individuum dem historischen Tage viel näher ist, als es das in früheren Stadien der Kindheitsentwicklung war. Während die infantilen Vorläufer der Identität unbewußter sind und sich sehr langsam, wenn überhaupt, verändern, ändert sich das Identitätsproblem mit der historischen Periode: das ist tatsächlich seine Aufgabe.« (Ebd.: 23) Unter »historischer Perspektive« verstehe Erikson etwas, »das zu entwickeln das menschliche Wesen nur während der Adoleszenz Gelegenheit hat. Es ist ein Gefühl der Unwiderruflichkeit bedeutsamer Ereignisse und ein oft dringendes Bedürfnis, völlig und schnell zu verstehen, was für eine Art von Geschehnissen in der Wirklichkeit und in Gedanken andere Menschen determinieren und warum.« (Ebd.: 244)

Ontogenese des Begriffes des Identitätskrise

Der Begriff der Identität sei während der Zeit des Zweiten Weltkrieges »zum ersten Mal in dem besonderen Sinn verwendet« (ebd.: 11) worden, wie er Gegenstand dieses Kapitels ist, und zwar im Sinne des Verlustes derselben. Dieser Zustand werde als »Identitätskrise« bezeichnet und sei zuerst zu einem speziellen klinischen Zweck in der Mount Zion Rehabilitationsklinik für Kriegsveteranen benutzt worden: »in einer nationalen Notsituation, die es Psychiatern verschiedener Überzeugungs- und Glaubensrichtungen, unter ihnen Emanuel Windholz und Joseph Wheelwright, erlaubte, harmonisch zusammenzuarbeiten.« (Ebd.: 12) Bei der Diagnose des Krankheitsbildes der Patienten seien sich die Mediziner insofern einig gewesen, als dass es sich weder um Bombenschocks handele noch um Drückeberger- oder Simulantentum. Vielmehr hätten die Veteranen »durch die Zwangssituation des Krieges ein Gefühl der persönlichen Gleichheit in sich selbst und der historischen Kontinuität verloren. Sie hatten eine Schädigung der zentralen Kontrolle über sich selbst erlitten, für die, nach dem psychoanalytischen Schema, nur »die »innere Organisation« des Ichs verantwortlich gemacht werden konnte.« (Ebd.)

Die gleiche zentrale Störung werde seitdem »bei jungen, in schwerem Konflikt stehenden Menschen entdeckt, deren Verwirrungsgefühl eigentlich einem Krieg innerhalb ihrer selbst zuzuschreiben ist, und bei Rebellen und destruktiven Gesetzesbrechern, die mit ihrer Gesellschaft im Kriegszustand stehen.« (Ebd.: 13) Gewalttätigkeit, Depressivität, Kriminalität und Isolation hätten sich nun als Resultat einer akuten und möglicherweise vorübergehenden Krise verstehen lassen. Dadurch habe sich die Sicht gewandelt, weg von »einen Zusammenbruch von der Art, der einen Patienten all den bösartigen Folgen einer fatalistischen Diagnose auszuliefern pflegt.« (Ebd.) Der Verlust der »Ich-Identität«, den Erikson als »Identitätsverwirrung« bezeichnet, sei von diagnostischer Bedeutung, die Einfluss auf die Bewertung und Behandlung solcher Störungen habe.

In der Ontogenese dessen, was Erikson als »Identitätskrise« bezeichnet, zeige sich, was immer in der Geschichte der Psychoanalyse der Fall gewesen sei: Was zuerst also als gemeinschaftliches dynamisches Grundverhalten einer Gruppe von schweren Störungen erkannt worden sei, habe sich später als pathologische Erschwerung, ungemäße Verlängerung einer oder Regression auf eine normative Krise erwiesen, die einem bestimmten Stadium der individuellen Entwicklung angehöre. Das Resultat sei die Einsicht, »dem Alter der Adoleszenz und des jungen Erwachsenen eine normative »Identitätskrise« zuzuordnen.« (Ebd.) »Sie tritt in einem Lebensabschnitt auf, in dem jeder Jugendliche aus dem, was noch von der Kindheit her in ihm wirksam ist, und aus den Hoffnungen, die er auf das vorgeahnte Erwachsensein setzt, eine zentrale Ausrichtung für sich finden muß. Er muß eine sinnvolle Beziehung entdecken zwischen seiner Vorstellung von sich selbst und der Vorstellung, die – wie er, schärfer als zuvor beobachtend, feststellt – andere über ihn haben.« (Erikson 1958, 1975: 14)

Die Annahme einer Identitätskrise als normative Entwicklungskrise der Adoleszenz entwickle seit dem Zeitpunkt Mitte des zwanzigsten Jahrhunderts, als erstmals vorsichtig angedeutet worden sei, manche jungen Leute könnten unter einem mehr oder weniger unbewussten Identitätskonflikt leiden, eine gewisse Eigendynamik. So teile ein bestimmter Typus in eindeutigen Ausdrücken und äußerer Darstellung mit, was man vorher für innere Geheimnisse gehalten habe. Das schließe Ansichten hinsichtlich des Identitätskonfliktes, einer sexuellen Identitätsverwirrung, der negativen Identität oder des psychosozialen Moratoriums ein. Die Frage, die sich nun jedoch stelle, sei die, ob das, worauf die Jugend

Anspruch erhebe, genau das sei, was ursprünglich gemeint worden sei. »Und haben wir und das, was wir meinen, sich nicht auch mit den gleichen Ereignissen verändert, die den Status des Identitätskonfliktes veränderten?« (Erikson 1968, 1988: 22)

Das psychosoziale Moratorium

Die gesellschaftliche Einrichtung, die es Jugendlichen erlaube, Identitätskrisen zu durchleben, nennt Erikson das »Psychosoziale Moratorium«. Gesellschaften würden je nach den Bedürfnissen der Individuen mehr oder weniger gutgeheißene Zwischenperioden zwischen Kindheit und Erwachsensein anbieten, die häufig durch eine Kombination von verlängerter Unreife mit provozierter Frühreife charakterisiert seien. Die Libidotheorie, so führt Erikson aus, trage allerdings dieser zweiten verlängerten Verzögerungsperiode, der Adoleszenz, nicht entsprechend Rechnung, denn hierbei sei das sexuell ausgereifte Individuum in seiner psychosexuellen Fähigkeit zur Intimität und in der psychosozialen Bereitschaft zur Elternschaft mehr oder weniger retardiert (ebd.). Erikson beschreibt das psychosoziale Moratorium als eine Periode, »während dessen der junge Erwachsene durch freies Experimentieren mit Rollen einen passenden Platz in irgendeinem Ausschnitt seiner Gesellschaft finden sollte, einen passenden Platz, der festumrissen ist und doch ausschließlich für ihn gemacht zu sein scheint.« (Ebd.: 151)

Es handle sich dabei um eine Phase, »da der junge Mensch teils jugendliche, teils erwachsene Verhaltensformen ausleben oder jedenfalls experimentell erproben und schließlich doch zu einer großartigen Übereinstimmung mit traditionellen Idealen oder neuen ideologischen Tendenzen finden kann.« (Erikson 1975, 1982: 206) Der junge Erwachsene gewinne dadurch das sichere Gefühl innerer und sozialer Kontinuität, das die Brücke bilde zwischen dem, was er als Kind gewesen sei, und dem, was er nunmehr im Begriff sei zu werden; »eine Brücke, die zugleich das Bild, in dem er sich selber wahrnimmt, mit dem Bilde verbindet, unter dem er von seiner Gruppe, seiner Sozietät erkannt wird.« (Erikson 1959, 1974: 138) Mit dem Begriff des Moratoriums beschreibt Erikson die allgemeinste Form der Initiation von Jugend in die Erwachsenengesellschaft, die auch und gerade für die moderne Industriegesellschaft gelte.

Er definiert diese Periode, die jemandem zugebilligt, aber auch aufgezwungen werden könne, als »einen Aufschub erwachsener Verpflichtungen oder Bindungen und doch handelt es sich nicht nur um einen Aufschub. Es ist eine Periode, die durch selektives Gewährenlassen seitens der Gesellschaft und durch provokative Verspieltheit seitens der Jugend gekennzeichnet ist und doch führt sie oft auch zu tiefen, wenn auch häufig vorübergehenden Bindungen auf seiten der Jugend und endet in einer mehr oder weniger feierlichen Bekräftigung der Bindung seitens der Gesellschaft.« (Erikson 1968, 1988: 152) Ein echtes Moratorium befreie vom Zeitdruck und gebe Spielraum für zeitlose Werte, müsse jedoch per definitionem einmal zu Ende gehen, da ein Moratorium ohne Ende alle Utopien abschaffe, außer der eines unendlichen Moratoriums (Erikson 1975, 1982).

Ideologie, Ganzheit, Totalität, Totalismus und Identität

Ideologie, Ganzheit, Totalität und Totalismus sind Konzepte, die in Eriksons Werk im Zusammenhang mit Identität auftauchen und deren Beziehung untereinander und zum Konzept der Identität im Folgenden thematisiert wird. Ideologie sei das Element der Ritualisierung, das der Entfremdung der Identitätsverwirrung, der das Individuum in der Adoleszenz ausgeliefert sei, entgegenwirke. Das ritualistische Element dieser Phase hat Erikson als Totalismus bezeichnet. Identität sei die Ganzheit, die mit Hilfe der Ritualisierung erreicht werden solle. Solange jedoch diese Ganzheit nicht vorhanden oder gestört sei, könne es sein, dass das Individuum in einer Totalität Zuflucht suche.

Auch hierbei werde entsprechend der klinischen Perspektive bei der vollständigen inneren Veränderung ausgegangen, d. h. »plötzliche Übergänge von einer im Gleichgewicht befindlichen ›Ganzheit‹ des Erlebens und Urteilens zu Zuständen des ›totalen‹ Fühlens, Denkens und Handelns« (Erikson 1968, 1988: 74). Solche Umstrukturierungen könnten als vorübergehende Phasen in bedeutsamen Stadien der kindlichen Entwicklung auftreten; sie könnten den Ausbruch einer geistigen Störung begleiten oder eine latente Möglichkeit beim Erwachsenen bleiben. Wenn das menschliche Wesen auf Grund zufälliger oder entwicklungsmäßiger Veränderungen einer wesentlichen Ganzheit verlustig gehe, wie dies beispielsweise für die Adoleszenz charakteristisch sei, »baut es sich und die Welt wieder auf, indem es Zuflucht zu etwas nimmt, was wir Totalitarismus nennen können. [...] Es ist eine alternative, wenn auch primitivere Art, mit der Erfahrung umzugehen, und hat daher, mindestens in Übergangszuständen, einen gewissen Anpassungs- und Überlebenswert.« (Erikson 1964, 1966: 84) Das bedeutet, wenn »der Mensch an seiner wesenhaften Ganzheit verzweifelt, rekonstruiert er sich und die Welt, indem er in einer künstlichen Totalität Zuflucht sucht.« (Erikson 1959, 1974: 168)

Insofern gebe es ein psychologisches Bedürfnis nach Totalität, das mehr sei als ein bloß regressiver oder infantiler Mechanismus. Die Frage, die sich hierbei stelle, sei die, ob der Totalismus sich wieder umkehren könne, wenn der Notstand vorüber sei, ob seine Elemente wieder zu einer Ganzheit synthetisiert werden könnten, die vorher möglich gewesen sei. »Es ist die Aufgabe des Ichs, im Individuum die Beherrschung der Erfahrung und die Lenkung des Handelns in solch einer Weise zu fördern, daß immer wieder eine bestimmte Ganzheitssynthese zwischen den verschiedenen, in Konflikt stehenden Stadien und Aspekten des Lebens hergestellt wird – zwischen unmittelbaren Eindrücken und assoziierten Erinnerungen, zwischen drängenden Wünschen und zwingenden Forderungen, zwischen den privatesten und den öffentlichsten Aspekten des Daseins.« (Erikson 1968, 1988: 77)

Epigenese der Ganzheit

Das Ich erwachse aus einem Stadium, in dem die Ganzheit mit dem physiologischen Gleichgewicht zusammenhänge, das durch die Wechselseitigkeit von Mutter und Säugling aufrecht erhalten werde. Durch diesen körperlichen Austausch mache die Mutter dem Säugling klar, dass er ihr trauen dürfe, der Welt und sich selbst. Das so entstehende Gefühl des Urvertrauens »ist die erste und grundlegende Ganzheit, denn es scheint zu besagen, daß das Innen und Außen als ein zusammenhängendes Gutes erfahren werden kann.« (Ebd.: 78) Die Trennung von der Mutter sei eine der unmittelbaren Krisen der Ganzheit im Laufe der Kindheit. Eine andere ist die, die in der Periode etwa um das fünfte Lebensjahr herum dominiere und in der psychoanalytischen Literatur zum Totalitarismus die stärkste Betonung erfahren habe. »Das ist der Zeitpunkt, wo das Kind plötzlich Episoden angstvoller und geheimer Schuld und Anzeichen einer frühen Starrheit des Gewissens begegnet, das nun, wo das kleine menschliche Wesen gelernt hat, die Ganzheit eines autonomen Daseins zu genießen und sich überschwängliche Eroberungen vorzustellen, versucht, es wieder gegen sich aufzuspalten.« (Ebd.: 81)

Das Ende der Kindheit scheint für Erikson »die dritte und unmittelbare politische Krise der Ganzheit zu sein. Junge Menschen müssen zu ganzen Menschen aus eigenem Recht werden, und das während eines Entwicklungsstadiums, das sich durch eine Vielfalt von Veränderungen im körperlichen Wachstum, in der genitalen Reifung und in der sozialen

Bewußtheit auszeichnet.« (Ebd.: 82) Die Ganzheit, die in dieser Phase erreicht werden müsse, hat Erikson als ein Gefühl der inneren Identität bezeichnet. Die Entfremdung der Adoleszenz umfasse das Gefühl der Identitätsverwirrung, der das ritualistische Element der Ideologie entgegenwirke. Ideologien wirken »einem drohenden Entfremdungsgefühl mit Hilfe positiver Rituale und bestätigender Dogmen entgegen, zusammen mit dem rigorosen und grausamen Bann gegen Fremdes in den eigenen Reihen oder bei fremden Feinden.« (Erikson 1964, 1966: 115) Aus dieser Perspektive werde der Begriff Ideologie im Sinne der bindenden Ritualisierungen, wie in Kapitel 6.2.4 erörtert, benutzt.

Vom Standpunkt des Heranwachsenden seien Ideologien[27] das, wonach junge Leute um die zwanzig in Religion und anderen dogmatischen Systemen suchen würden, d. h. eine ideologische Weltsicht, als Prinzip beziehungsweise Institution der Sozialordnung. »Wir sprechen hier nicht bloß von hohen Privilegien und luftigen Idealen sondern von psychologischen Notwendigkeiten. Denn die soziale Institution, die der Hüter der Identität ist, *ist* eben das, was wir *Ideologie* genannt haben.« (Erikson 1968, 1988: 128) Ideologie lasse sich aus der Perspektive definieren als eine »Lebensform oder Weltanschauung, die mit bestehender Theorie, vorhandenem Wissen und gesundem Menschenverstand in Einklang steht, darüber hinaus aber entscheidend mehr bietet: visionären Ausblick, kosmische Stimmung oder doktrinäre Logik. Ihnen gemeinsam ist die selbstverständliche Evidenz, die keines Beweises bedarf.« (Erikson 1958, 1975: 44)

Deshalb sei die Krise der Jugend auch die Krise einer Generation und der ideologischen Stichhaltigkeit ihrer Gesellschaft. »Die Identität enthält somit eine Komplementarität von Vergangenheit und Zukunft, sowohl im einzelnen wie in der Gesellschaft: sie verknüpft die Aktualität einer lebendigen Vergangenheit mit der einer verheißungsvollen Zukunft.« (Erikson 1968, 1988: 307) »Alle Ideologien haben tatsächlich einen unerläßlichen zeitlichen Aspekt, einschließlich der ideologischen Bedeutung, die die Ziele und Werte der verschiedenen Kulturen für die Jugend haben ob sie nun auf Erlösung oder Reform abzielen, auf Aben-

---

[27] Erikson benutzt den Begriff Ideologie in seiner ursprünglichen Bedeutung und nicht, wie er in der neueren Geschichte gebraucht werde, in der dieses Wort eine spezifisch politische Bedeutung erhalten habe: »Es bezieht sich auf totalitäre Gedankensysteme, die die geschichtliche Wahrheit mit Methoden verzerren, die von fanatischem Selbstbetrug bis zu gerissener Verfälschung und kaltblütiger Propaganda reichen.« (Erikson 1958, 1975: 23)

teuer oder Eroberung, Vernunft oder Fortschritt, in Übereinstimmung mit neu sich entwickelnden Identitätspotentialen.« (Ebd.: 177) »So sind Identität und Ideologie zwei Aspekte des gleichen Prozesses. Beide liefern die notwendige Bedingung für die weitere individuelle Reifung und mit ihr die nächsthöhere Form der Identifizierung, nämlich die Solidarität, die die gewöhnlichen Identitäten im gemeinsamen Leben, Handeln und schöpferischen Wirken miteinander verbindet.« (Ebd.: 184)

Erikson schreibt der Ideologie folgende acht Funktionen für die Jugend zu: »1. eine vereinfachte Zukunftsperspektive, die alle vorhersehbare Zeit umfaßt, und so der ›Zeitverwirrung‹ des einzelnen entgegenwirkt; 2. eine gewisse stark empfundene Übereinstimmung zwischen der inneren Welt der Ideale und Sünden und der sozialen Welt mit ihren Zielen und Gefahren; 3. eine Möglichkeit, eine gewisse Uniformität des Auftretens und Verhaltens zu zeigen, die der Identitätsbefangenheit des einzelnen entgegenwirkt; 4. einen Anreiz zu einem kollektiven Experimentieren mit Rollen und Techniken, das Hemmungsgefühle und persönliche Schuldgefühle überwinden hilft; 5. eine Einführung in das Ethos der herrschenden Technologie und damit in einen sanktionierten und geregelten Wettstreit; 6. ein geographisch-historisches Weltbild als Rahmen für die keimende Identität des einzelnen; 7. eine logische Grundlage für eine sexuelle Lebensform, die mit einem überzeugenden System von Prinzipien vereinbar ist und schließlich 8. eine Unterwerfung unter Führer, die als übermenschliche Figuren oder ›Große Brüder‹ über der Ambivalenz der Eltern-Kind-Beziehung stehen.« (Ebd.: 183)

Der Jugendliche suche »nach einer Art ideologischer Bestätigung [...], und hier verschmelzen spontane Riten und förmliche Rituale. Diese Suche kann jedoch auch zu einer fanatischen Teilnahme an militanten Ritualismen führen, die sich in *totalitärem* Denken ausdrücken. Damit ist eine totalitäre Weltvorstellung gemeint, die so illusionär ist, daß ihr die Kraft der Selbsterneuerung fehlt und die infolgedessen fanatisch destruktiv werden kann.« (Erikson 1982, 1988: 98) Totalismus sei das der Jugend vorbehaltene ritualistische Element und meine, »die fanatische, ausschließliche Beschäftigung mit dem [...], was innerhalb eines engmaschigen Ideensystems als unbezweifelbar ideal erscheint.« (Erikson 1977, 1978: 89) Insofern sei der Totalismus nicht nur ein ritualistisches Element, sondern als Totalität gleichsam das antagonistische Gegenstück einer Ganzheit.

Die Begriffe »Ganzheit« und »Totalität« würden beide Vollständigkeit bedeuten, sich aber darin unterscheiden, dass Ganzheit eine Sammlung von Teilen bezeichne, die in eine fruchtbare Vereinigung und Organisation eintreten würden.»Als eine *Gestalt* also bezeichnet Ganzheit eine gesunde, organische, progressive Wechselseitigkeit zwischen mannigfaltigen Funktionen und Teilen innerhalb eines Ganzen, dessen Grenzen offen und fließend sind.« (Erikson 1964, 1966: 83) »Im Gegensatz dazu stellt ›Totalität‹ eine ›Gestalt‹ dar, bei der die Betonung auf den starren Umrißlinien liegt: bei an sich willkürlich gewählten Grenzen darf nichts, was hineingehört, draußen bleiben, und nichts, was nach draußen gehört, kann innen geduldet werden. Totalität ist ebenso absolut exklusiv wie absolut inklusiv: ein Zustand des Entweder-Oder, der ein Element der Gewalt enthält; die Frage, ob die ursprünglich zum absoluten Kriterium erhobene Kategorie auch eine logische sei und ob die darin vereinten Teile sozusagen eine Affinität zueinander haben, wird gar nicht erwogen.« (Erikson 1959, 1974: 168)

7.2.1 Identitätsverwirrung

Identitätsdiffusion beziehungsweise Identitätsverwirrung sei die Antithese zur Identität, die zusammen den Konflikt der Identitätskrise konstituieren würden. Der Begriff der Identitäts-Diffusion sei der ältere, den Erikson später durch den Ausdruck Identitäts-Verwirrung ersetzt habe, weil er mehrfach, besonders durch befreundete Anthropologen, auf die falsche Nebenbedeutung des Begriffs Identitäts-Diffusion aufmerksam gemacht worden sei. »Für sie ist die gebräuchlichste Bedeutung des Ausdrucks Diffusion eine streng räumliche: die zentripetale Verteilung von Elementen von einem Ausgangszentrum aus. [...] Bei dieser Verwendung des Wortes spielt nichts Unordentliches oder Verwirrtes mit.« (Erikson 1968, 1988: 209) In seinem 1959 erschienenen Buch »Identität und Lebenszyklus« vermerkt er: »Ich bin wiederholt darauf aufmerksam gemacht worden, daß die Bezeichnung »Identitäts-Diffusion« nicht besonders glücklich gewählt sei. [...] Da jedoch der Begriff inzwischen durch mehrfaches Zitieren in anderen Arbeiten schon in die Terminologie hinein »diffundiert« ist, sollte man ihn wohl beibehalten.« (Erikson 1959, 1974: 154)

Knapp zehn Jahre später in »Jugend und Krise« (1968) führt er aus: »Dies dürfte der Platz sein, um kurz meine Ersetzung des Ausdrucks Identitäs-Diffusion (*identity diffusion*) durch den Ausdruck Identitäts-Verwirrung (*identity confusion*) zu besprechen. [...] Bei der Identitätsdiffusion [...] war an eine Aufspaltung der Selbst-Bilder gedacht, an einen

Verlust der Mitte und an eine Auflösung und Ausstreuung (*dispersion*). Vielleicht wäre ›Dispersion‹ ein besseres Wort gewesen, obgleich es wiederum nahe legen würde, daß eine Identität von einem auf viele andere übertragen wird, statt in sich selbst zu zerfallen – während Verwirrung (*confusion*) vielleicht ein zu radikales Wort ist; ein junger Mensch kann sich im Zustand einer leichten Identitäts-Diffusion befinden, ohne sich völlig verwirrt zu fühlen. Aber da ›Verwirrung‹ offensichtlich das bessere Wort sowohl für die subjektiven wie für die objektiven Aspekte des zu beschreibenden Zustands ist, wird es am besten sein, an einem Ende eines Kontinuums »leichte« Verwirrung festzustellen, und am anderen ›schwere‹ und ›bösartige‹ (maligne).« (Erikson 1968, 1988: 208f.)

Die Identitätsverwirrung bezeichne »ein psychopathologisches Syndrom von Störungen [...], das junge Menschen daran hindert, sich die institutionell angebotene Karenzzeit ihrer Gesellschaft zunutze zu machen oder sich [...] aus eigener Kraft ein eigenes, einzigartiges Moratorium zu schaffen und zu wahren.« (Erikson 1959, 1974: 153) An anderer Stelle hält er fest, dass der Ausdruck Identitäts-Diffusion »die Unfähigkeit junger Menschen um zwanzig Jahre herum beschreibt, ihren Platz und ihre Berufung im Leben festzulegen, und die Tendenz mancher von ihnen, anscheinend bösartige Symptome und Regressionen zu entwickeln.« (Erikson 1964, 1966: 57) Bei dieser Lebenskrise handele es sich um eine vorübergehende oder dauerhafte Unfähigkeit des Ichs zur Bildung einer Identität, wobei »nicht nur die Peripherie, sondern auch das Zentrum mit ergriffen ist: Es ist eine Zersplitterung des Selbst-Bildes eingetreten, ein Verlust der Mitte, ein Gefühl von Verwirrung und in schweren Fällen die Furcht vor völliger Auflösung.« (Erikson 1959, 1974: 154)

Die Identitätsverwirrung habe Erikson im pathologischen Zusammenhang entdeckt und als normal für die Jugendphase mit dem Argument verallgemeinert, dass es bestimmte Stadien im Lebenszyklus gebe, »wo selbst augenscheinlich bösartige Störungen mit mehr Erfolg als *erschwerte Lebenskrisen* behandelt werden, statt als Krankheiten, die unter psychiatrische Routinediagnosen fallen.« (Erikson 1964, 1966: 58) Auch wenn die Identitätsverwirrung keine diagnostische Einheit darstelle, so glaubt Erikson, »daß eine Beschreibung der Entwicklungskrise, innerhalb derer eine Störung akut einsetzt, von nun an Teil jedes diagnostischen Bildes sein sollte, und besonders jeder Prognose und jeder indizierten Therapie.« (Erikson 1968, 1988: 161) Andererseits, so hält er zusammenfassend fest: »Nur an den beinah psychotischen Formen der Identitätskonfusion, wie manche Jugendliche sie erleben, und an der Panik eines allgemeinen Identitätsverlusts, wie sie manche historische Epochen durchzieht, erkennen wir also die dynamischen Gründe dafür, warum die Identitätsbildung in der Lebensgeschichte des einzelnen – und in der Geschichte – so entscheidend ist.« (Erikson 1975, 1982: 270)

Der Jugendliche müsse die Rollen und Visionen seiner Kindheit im Falle ökonomischer und historischer Umwälzungen sinnvoll anpassen, und deshalb komme es zu einer gewissen Identitätsverwirrung. Genau dazu sei die Adoleszenz da. In dieser Phase akzeptiere der Heranwachsende vielleicht gern bestehende Regelungen, möglicherweise aber auch schöpferische Anregung, empfinde ideologische Inspiration oder aber werde zur Zerstörung motiviert (Erikson 1963, 1971). Ein Zustand akuter Identitätsdiffusion manifestiere sich gewöhnlich, wenn der Jugendliche einer Häufung von Erlebnissen gegenüber stehe, »die gleichzeitig von ihm die Verpflichtung zur *physischen Intimität* (die keineswegs immer deutlich sexuell sein muß), zur *Berufswahl*, zu energischer *Teilnahme am Wettbewerb* und zu einer *psychosozialen Selbstdefinition* fordern.« (Erikson 1959, 1974: 155) Ob die so entstehende Spannung zur Lähmung führe, hänge von der regressiven Anziehungskraft ab, die eine latente Krankheit ausübe. Die Mechanismen des Lähmungszustandes würden so konstruiert scheinen, »daß ein Minimum tatsächlicher Verpflichtung und Entscheidung mit einem Maximum innerer Überzeugung verbunden bleibt, noch Zeit und Kraft zu Entscheidung zu haben.« (Ebd.: 156) Insofern bestehe die soziale Funktion des entstehenden Lähmungszustandes darin, »eine Situation aufrechtzuerhalten, die die geringste aktuelle Wahl und Bindung fordert« (Erikson 1968, 1988: 162).

Die vorübergehende Regression des Jugendlichen stelle einen Versuch dar, ein psychosoziales Ultimatum zu vermeiden oder hinauszuschieben. »Wir haben daher als primäre Gefahr dieser Altersstufe die Identitätsverwirrung beschrieben, die in übermäßig verlängerten Moratorien zum Ausdruck kommen kann (Hamlet bot ein großartiges Beispiel), oder in wiederholten impulsiven Versuchen, das Moratorium durch eine plötzliche Wahl zu beenden – das heißt, mit historischen Möglichkeiten zu spielen – und dann zu leugnen, daß schon irgendeine irreversible Verpflichtung stattgefunden hat, oder manchmal auch in schweren regressiven pathologischen Zuständen« (Ebd.: 243f.) Die Identitätsverwirrung definiere das, »was Individuen und Völkern das Gefühl einflößt, daß sie ihren eigentlichen Kern verraten und den Zugriff an »ihre« Zeit verlieren.« (Erikson 1964, 1966: 186) Dieses schwierige Verhältnis zur Zeit kennzeichne im Allgemeinen jene extreme Form der Identitätsdiffusion, die zu Stillstand und Regression führe. »Die Zeit wird durch einen Kunstgriff zum Stehen gebracht: man ignoriert den natürlichen Wechsel von Tag und Nacht, von aktiven und weniger aktiven Perioden, von Zeiten, die mehr der Arbeit und dem Gespräch gehören, mit solchen, die der Abgeschlossenheit und dem Nachdenken gewidmet sind.« (Erikson 1958, 1975: 10)

Symptome der Identitätsverwirrung

Die unterschiedlichen Teilsymptome sind im Diagramm (S. 195) auf der Horizontalen V angeordnet und lassen sich nach oben, entlang den »regressiven« Vertikalen 1, 2, 3 und 4 bis zu ihren Vorgängern in der Kindheit verfolgen. Insofern stellt die Horizontale (V) die Ableitungen früherer relativer Errungenschaften dar, die jetzt zu Hauptfaktoren im Kampfe um die Identität werden. Die Horizontale zeigt gewisse gesetzmäßige Zusammenhänge zwischen den Elementen der Identitätsdiffusion wie auch zwischen denen der Identitätsbildung. Erikson weist darauf hin, dass frühere Errungenschaften (auf der Diagonalen) gewissen Umwandlungen unterlägen, bevor sie auf einer späteren Stufe (den Horizontalen unterhalb der Diagonale) wiedererscheinen und müssten deshalb mit Begriffen des späteren Stadiums umbenannt werden (Erikson 1959, 1974).

Zeitperspektive versus Zeitdiffusion (V,1)

Das erste Teilsymptom gemäß dieser Systematisierung sei das Misstrauen gegen die Zeit selbst, d. h. die Vorherrschaft der Zeitverwirrung (V,1). Damit werde der Verlust jener Ich-Funktion bezeichnet, welche die Zeitperspektive und die Zukunftserwartung festhalte. Sie »steht in Beziehung zu den frühsten Lebenskrisen (I,1), und zwar deshalb, weil die Wahrnehmung von Zeitzyklen und Zeitqualitäten der ersten Erfahrung von wachsender Bedürfnisspannung, Befriedigungsaufschub und schließlicher Vereinigung mit dem bedürfnisstillenden »Objekt« entspringt.« (Ebd.: 180) Dadurch würden Zeitelemente in die Bildung des Ur-Vertrauens, der inneren Zuversicht, dass genügend Befriedigung mit genügender Sicherheit voraussagbar sei, hineingetragen, um Wünschen und »Arbeiten« lohnend zu machen. Jugendliche, die unter einer Zeitverwirrung litten, würden der Zeit nicht trauen und hätten das Gefühl gleichzeitig sehr jung, fast babyhaft, und uralt zu sein. »Die Bösartigkeit

Eriksons Identitätstheorie

	1	2	3	4	5	6	7	8
I Oral-sensorisch	Vertrauen vs. Misstrauen				Unipolarität vs. vorzeitige Selbstdifferenzierung			
II Muskulär-anal		Autonomie vs. Zweifel			Bipolarität vs. Autismus			
III Lokomotorisch-Genital			Initiative vs. Schuld		Spiel-Identifikation vs. (ödipale) Phantasie-Identitäten			
IV Latenz				Leistung vs. Minderwert	Arbeitsidentifikation vs. Identitätssperre			
V Pubertät u. Adoleszenz	Zeitperspektive vs. Zeitdiffusion	Selbstsicherheit vs. Identitätsbewusstheit	Rollenexperimentieren vs. Rollenfixierung	Lehrzeit vs. Arbeitslähmung	**Identität vs. Konfusion**	Sexuelle Polarisierung vs. bisexuelle Verwirrung	Führer- und Gefolgschaft vs. Autoritätsverwirrung	Ideologische Bindung vs. Verwirrung der Werte
VI Frühes Erwachsenenalter					Solidarität vs. soziale Isolierung	Intimität vs. Isolierung		
VII Erwachsenenalter							Generativität vs. Stagnation	
VIII Reife								Integrität vs. Ekel

Abb. 7: Epigenetisches Diagramm und Identität

dieses Zustands liegt in der resignierten Überzeugung, daß die Zeit daran nichts ändern werde, und zugleich in der heftigen Furcht, daß sie es doch tun könnte.« (Ebd.: 159)

Die in bedrohlichster Weise regredierten Jugendlichen würden eine Haltung zeigen, die von einem Misstrauen gegen die Zeit als solche gekennzeichnet sei: »jede Verzögerung scheint ein Betrug zu sein, jedes Warten ein Erlebnis der Impotenz, jede Hoffnung eine Gefahr, jeder Plan eine Katastrophe, jeder mögliche Versorger ein potentieller Verräter.« (Erikson 1968, 1988: 176) Deshalb werde die Zeit durch das magische Mittel der katatonen Unbeweglichkeit gezwungen stillzustehen. Diese Extreme seien in wenigen Fällen der Identitätsverwirrung manifest, aber in vielen latent. Jeder Jugendliche kenne wahrscheinlich zumindest flüchtige Momente, wo er mit der Zeit selbst uneins sei. »Die Zeitverwirrung ist also mehr oder weniger typisch für alle Jugendlichen in dem einen oder anderen Stadium, obgleich sie nur bei einigen pathologisch ausgeprägt ist.« (Ebd.: 177)

Selbstgewissheit versus peinliche Identitätsbewusstheit (V,2)

Ein weiterer Bestandteil der Identitätsverwirrung sei die peinlich empfundene Identitätsbewusstheit (V,2), d. h. »eine schmerzliche Bewußtheit von sich selbst, die über Diskrepanzen zwischen der eigenen Selbstachtung, dem erhöhten Selbst-Bildnis als einer autonomen Person und der Erscheinung, die man in den Augen anderer annimmt, nachgrübelt.« (Ebd.: 178) Zweifel und Scham (II,2) seien die Vorfahren der Identitätsbewusstheit. Sie würden das Autonomiegefühl stören und hemmen, d. h. »die selbstverständliche Hinnahme des psychosozialen Faktums, daß man ein und für allemal ein Individuum ist, das in jedem Sinne des Wortes auf seinen eigenen Füßen stehen muß.« (Erikson 1959, 1974: 182)

Dementsprechend sei die Identitätsbewusstheit eine Wiederauflage des ursprünglichen Zweifels, der sich auf die Zuverlässigkeit der Erzieher und des Kindes selbst beziehe. Der Unterschied liege darin, dass sich der Zweifel in der Adoleszenz als selbstzweiflerische Befangenheit auf die Verlässlichkeit und Vereinbarkeit der ganzen Spanne der Kindheit beziehe. Diese solle man jetzt hinter sich lassen und eine Identität erringen, die einen nicht nur vor sich selber, sondern auch vor den anderen unterscheidbar machen werde. Das daraus resultierende peinigende und überwältigende Schamgefühl, »wird im normalen Verlauf der Ereignisse durch jene *Selbstsicherheit* (V,2) aufgewogen, die jetzt durch ein endgültiges Gefühl der Unabhängigkeit von der Familie als der Matrix des Selbst-Bildes gekennzeichnet ist, und durch eine Sicherheit der Erwartung.« (Erikson 1968, 1988: 179)

Experimentieren mit Rollen versus negative Identitätswahl (V,3)

Die Symptome der Rollenfixierung oder die Wahl einer negativen Identität, die eine Identitätsdiffusion kennzeichnen könnten, seien mit dem frühen Konflikt (III,3) zwischen freier Initiative (in Realität, Phantasie und Spiel) und ödipalen Schuldgefühl verknüpft. Der relativ normale Ausdruck einer schuldfreien Initiative in diesem Stadium sei eine Art systematischen Rollen-Experimentierens, das den ungeschriebenen Gesetzen der jugendlichen Vor-Gesellschaften folge. Wo Patienten »hinter die ödipale Krise zurück, auf eine totale Vertrauenskrise regredieren, da bleibt die Wahl einer selbstvernichtenden Rolle oft die einzig annehmbare Form der Initiative auf dem Weg wieder voran und nach oben, und das in der Form eines vollständigen Ableugnens allen Ehrgeizes, als einzig möglichen Weg, Schuldgefühle gänzlich zu vermeiden.« (Ebd.)

Negative Identität

Im dritten Stadium der psychosozialen Entwicklung habe die »negative Identität« ihre ontogenetischen Wurzeln, die gleichsam für den Fortbestand der Pseudo-Spezies so wesentlich sei, »denn sie verkörpert alles, was man nicht sein oder zeigen soll – und was man doch potentiell in sich trägt. Die negative Identität liefert eindrückliche Bilder realer oder imaginärer anderer Pseudo-Spezies (Nachbarn, Feinde, Hexen, Geister), denen man nicht ähneln darf, wenn man von seiner eigenen Pseudo-Spezies angenommen werden will.« (Erikson, 1968: 491)

Die negative Identität entstehe dadurch, dass das Kind dazu erzogen werde, »sich selbst zu beobachten« im Hinblick darauf, was möglich und/oder erlaubt sei und was nicht. »Um das zu erreichen, führen ihm Eltern und andere Erwachsene vor Augen, was aus ihm werden könnte, wenn es (und sie) nicht aufpassen. Damit werden zwei einander entgegengesetzte Bilder vom eigenen Selbst geschaffen: eines, das eine Person repräsentiert, die jene Entwicklung und Selbstbehauptung hervorbringt, wie sie zu Hause und in der betreffenden Kultur gewünscht wird, und ein höchst verhängnisvolles negatives Bild dessen, wie man nicht sein oder sich nicht zeigen soll, wie man möglicherweise aber doch ist.« (Erikson 1982, 1988: 58f.) Die negative Identität umfasse die Identitätselemente, »die eine Familie zu vergessen wünscht – auch wenn sie gelegentlich Gegenstand sentimentaler Gefühle ist – und deren bloße Andeutung sie in ihren Kindern zu unterdrücken sucht.« (Erikson 1958, 1975: 56)

Mancher Jugendliche ziehe es vor, statt einem fortgesetzten Diffusionsgefühl ausgeliefert zu sein, »lieber ein Niemand oder ganz und gar schlecht oder tatsächlich tot zu sein – und das total und aus freien Stücken –, als nur immer nicht ganz dies und nicht ganz jenes.« (Erikson 1959, 1974: 168) »Solche rachsüchtigen Entscheidungen zugunsten einer negativen Identität stellen natürlich den verzweifelten Versuch dar, mit einer Situation fertigzuwerden, in welcher die vorhandenen positiven Identitätselemente einander aufheben.« (Ebd.: 167) Insofern greife die negative Identität pervers nach denjenigen Rollen und Identifikationen, die in kritischen Entwicklungsstadien als höchst unerwünscht und gefährlich und doch bedrohlich naheliegend gezeigt worden seien. In so einer Situation sei es für die betroffene Person leichter, »ein Identitätsgefühl aus der völligen Identifikation mit dem von der Umwelt am wenigsten Gewünschten oder Erwarteten zu gewinnen, als um ein Realitätsgefühl in jenen Rollen zu kämpfen, die zwar von der Umwelt anerkannt, aber dem Patienten mit seinen inneren Reserven nicht erreichbar waren.« (Ebd.)

»Allerdings: um sich selbst zu definieren, braucht die neue Identität auch einige, die *unten* sind, die an ihrem Platz bleiben, eingesperrt oder sogar beseitigt werden müssen. Um einem neuen Selbst gemäß zu leben, braucht der Mensch etwas schlechthin Anderes, das am unteren Ende der sozialen Skala jene *negative Identität* repräsentiert, die jeder Mensch und jede Gruppe als Inbegriff all dessen in sich tragen, was sie nicht sein dürfen.« (Erikson 1974, 1975: 40) Die negative Identität sei das notwendige Gegenstück jeder positiven Identität, wodurch diese sich ständig selbst stärke, »indem sie Unerwünschtes ablehnt, sich gegen jene negativen Möglichkeiten abgrenzt, die jeder Mensch in sich selbst begrenzen und verdrängen, verleugnen und abstoßen, brandmarken und quälen muß.« (Ebd.: 80) Bestätige die Gesellschaft jedoch den Jugendlichen ausschließlich in seiner negativen Identität, könne sie sich zu einem festen Selbstbild entwickeln. »Wenn solche »negativen Identitäten« von Lehrern, Richtern und Psychiatern als die »natürliche« und endgültige Identität eines Jugendlichen akzeptiert werden, dann setzt er nicht selten seinen Stolz und auch sein Bedürfnis nach totaler Orientierung darein, genau das zu werden, was seine gleichgültige Gemeinschaft von ihm erwartet.« (Erikson 1968, 1988: 84)

Zutrauen zur eigenen Leistung versus Arbeitslähmung (V,4)

Das Symptom der Identitätsdiffusion, das seine Wurzeln im Schulalter habe, sei die Arbeitslähmung (V,4). Dabei handle es sich um eine akute Störung der Leistungsfähigkeit der Jugendlichen, »und zwar entweder in der Form, daß sie unfähig sind, sich auf irgendwelche Arbeit zu konzentrieren, oder in Gestalt einer selbstzerstörerischen, ausschließlichen Beschäftigung mit irgendwelchen einseitigen Dingen«. (Erikson 1959, 1974: 161) Sie sei »die logische Folge eines starken Minderwertigkeitsgefühls; in Fällen der Regression bis zum Ur-Mißtrauen erstreckt es sich auf alles, was man mitbekommen hat.« (Ebd.: 185) Dieses Gefühl der Unzulänglichkeit spiegele weniger einen wirklichen Mangel an latenter Kraft wider, sondern übermittle vielmehr die unrealistischen Forderungen, »die ein Ich-Ideal erhebt, das sich nur mit Allmacht oder Allwissen zufriedengibt; es kann die Tatsache ausdrücken, daß die unmittelbare soziale Umgebung keinen Platz für die wirklichen Begabungen des Individuums hat; oder es kann die paradoxe Tatsache verraten, daß ein Individuum in den frühen Schuljahren zu einer spezialisierten Frühreife verführt wurde, die seine Identitätsentwicklung weit hinter sich zurückließ.« (Erikson 1968, 1988: 180) Im »normalen« Fall nehme der junge Mensch experimentierend am Spiel- und Arbeitswettkampf teil und lerne dadurch, seine Leistungsform und Arbeitsidentität zu finden und zu behaupten (Erikson 1959, 1974).

Die bisher dargestellten Merkmale (V,1; V,2; V,3; V,4) seien die regressiven Tendenzen der Identitätskrise, die in den Symptomen der Identitätsverwirrung besonders deutlich hervortreten. Damit ist das Feld (V,5) und das Hauptthema der Arbeit erreicht. Geht man darüber hinaus, treffe man »auf eine Gruppe psychosozialer Elemente, die nicht Folgezustände, sondern Vorläufer künftiger Krisen sind.« (Ebd.: 185) Insofern würden diese Aspekte der Identitätsbildung die künftige Entwicklung vorwegnehmen.

Sexuelle Identität versus bisexuelle Diffusion (V,6)

Den ersten Aspekt bezeichnet Erikson als eine Polarisierung der sexuellen Unterschiede (V,6), d. h. »die Kontroverse *sexuelle Identität gegen bisexuelle Diffusion* als unmittelbare Vorläufer des Konflikts *Intimität gegen Isolierung.«* (Ebd.) Die bisexuelle Diffusion äußere sich entweder darin, dass der junge Erwachsene im Banne besonderer Sitten oder Verführungen die Identitätsentwicklung vorzeitig abbreche, weil er sich schon früh auf Geschlechtsbetätigung ohne Intimität einstelle. »Oder er wird im Gegenteil das genitale Element hinter irgendwelchen sozialen oder intellektuellen Zielen zurückstellen, so daß die genitale Polarisierung mit dem anderen Geschlecht für immer schwach bleibt.« (Ebd.: 186)

Die bisexuelle Verwirrung in der Jugend verbinde sich mit der Identitätsbewusstheit »in der Begründung einer übermäßigen, ausschließlichen Beschäftigung mit der Frage, welche Art von Mann oder Frau oder welche Art von Zwischenwesen oder Abweichung von der Norm man wohl werden würde.« (Erikson 1968, 1988: 181) Wenn in dieser Zeit etwas passiere, das den Jugendlichen als einen sozial abweichenden Typus kennzeichne, könne er, verstärkt durch die Überwertung einer negativen Identität, eine tiefe Fixierung entwickeln, die ihm echte Intimität gefährlich erscheinen lasse. Außerdem weist Erikson darauf hin, dass trotz kultureller und/oder schichtspezifischer Unterschiede der sexuellen Gebräuche, die Entwicklung einer psychosozialen Intimität ohne ein gefestigtes Identitätsgefühl nicht möglich sei (ebd.).

Führungspolarisierung versus Autoritätsdiffusion (V,7)

Indem der Jugendliche lerne, unter Gleichaltrigen sowohl Führerschaft zu übernehmen als auch Gefolgschaft zu leisten (V,7), vollziehe er einen wichtigen Schritt in Richtung auf Elternschaft und erwachsene Verantwortung hin. Die Fürsorge, die er in den Funktionen entwickle, die er übernehme, »kann der allgemeinen Reifung des Individuums sozusagen vorangehen, gerade weil die herrschende Ideologie den Rahmen für eine Orientierung in der Führerschaft zur Verfügung stellt.« (Ebd.: 182) Den Gegenpol, die Autoritätsdiffusion, legt Erikson am Problem der jugendlichen Delinquenz dar: »Was die *Autoritätsdiffusion* betrifft, so reiht die organisierte Delinquenz den Jugendlichen in eine Gruppe von seinesgleichen mit einer festen Hierarchie ein; zugleich gibt es klar erkennbare Feinde, etwa die anderen Gangs oder die Welt außerhalb der eigenen Gang.« (Erikson 1959, 1974: 211)

Ideologische Polarisierung versus Diffusion der Ideale (V,8)

Um beim Problem jugendlicher Delinquenz zu bleiben: »Eine Gangsterethik schützt das Mitglied vor dem Gefühl der Diffusion der Ideale.« (Ebd.) Dies sei der Gewinn, den der Straffällige habe, wenn er die Delinquenz als Lebensform oder Lebenszweck wähle, denn ohne »irgendeine derartige *ideologische Bindung*, wie sehr sie auch in einer »Lebensform« stillschweigend inbegriffen wäre, erleidet die Jugend eine *Verwirrung der Werte* (V,8), die besonders gefährlich für einige unter ihr sein kann, die aber in großem Maßstab sicherlich das Gewebe der gesamten Gesellschaft gefährdet.« (Erikson 1968, 1988: 183) Abschließen hält Erikson bezüglich der letzten beiden Phasen fest: »Überhaupt lassen sich die beiden noch übrigen Felder der Horizontale V, die für unseren klinischen Aspekt ohnehin nicht zentral sind, nur im Zusammenhang einer Erörterung der sozialen Institutionen betrachten.« (Erikson 1959, 1974: 187)

Identitätswiderstand

In Fällen akuter Identitätsverwirrung werde der so genannte Identitätswiderstand zum Kernproblem der therapeutischen Begegnung. Nach Erikson sei der Identitätswiderstand nicht nur auf Patienten mit Identitätsverwirrung beschränkt, sondern stelle eine universale Form des Widerstands dar, der im Verlauf mancher Analysen regelmäßig erlebt, aber selten erkannt werde. »Der Identitäts-Widerstand besteht in seiner milderen und häufigeren Form in der Furcht des Patienten, daß der Analytiker auf Grund seiner besonderen Persönlichkeit, seines Milieus oder seiner Weltanschauung leichtfertig oder absichtlich den schwachen Kern der Identität des Patienten vernichten und an deren Stelle die seinige setzen könnte.« (Erikson 1968, 1988: 211)

Erikson stellt hinsichtlich des Identitätswiderstands die These auf, dass manche der vieldiskutierten unaufgelösten Übertragungsneurosen bei Patienten und Ausbildungskandidaten häufig aus der im besten Falle nur ganz unsystematischen Analyse des Identitätswiderstands resultieren würden. Weiter führt er dazu aus: »In solchen Fällen kann der Analysand während der ganzen Analyse jedem möglichen Übergriff der Wertmaßstäbe des Analytikers auf seine eigene Identität Widerstand entgegensetzen, während er sich in allen anderen Punkten unterwirft; oder der Patient nimmt mehr von der Identität des Analytikers in sich auf, als mit seinen eigenen Mitteln verarbeitbar ist; oder er verläßt die Analyse mit dem lebenslangen Gefühl, mit nichts Wesentlichen versorgt worden zu sein, das ihm der Analytiker schuldig war.« (Ebd.)

Der Identitätswiderstand müsse als Haupthinweis auf die Technik akzeptiert und die Deutung der Fähigkeit des Patienten, aus ihr Nutzen zu ziehen, angepasst werden. In diesen Fällen, so führt Erikson aus, sabotiere der Patient die Kommunikation, bis er irgendwelche Grundprobleme entschieden habe, und bestehe darauf, dass der Therapeut seine negative Identität als wirklich und notwendig akzeptiere ohne den Patienten auf diese zu beschränken. Wenn der Therapeut diese beiden Forderungen erfülle und dem Patienten geduldig durch viele ernste Krisen hindurch beweise, »daß er Verständnis für den Patienten aufrecht erhalten kann, ohne ihn entweder zu verschlingen oder sich ihm als Toten-Mahlzeit anzubieten« (ebd.: 212), dann erst könnten sich, wenn auch noch so zögernd, die bekannteren Übertragungsformen entwickeln.

7.2.2 Identität

Der andere Pol des Spannungsfeldes, in dem der Jugendliche durch die eigene Verarbeitung eine individuelle Lösung der Krise entwickeln müsse, sei der der Identität. »Ich habe es daher unternommen, die spezifische Krise zu skizzieren, die in der Jugend dem Auftreten eines Gefühls *psychosozialer Identität* vorausgeht sowie der Bereitschaft, den *ideologischen Stil* zu akzeptieren, der die Ritualisierung der jeweiligen Kultur bestimmt. Nur die Integration dieser beiden Prozesse bereitet die Jugend auf die Ausrichtung ihrer neuen Kraft an den technologischen und historischen Strömungen des Tages vor.« (Erikson 1977, 1978: 87) Um den spezifischen Zuwachs an Persönlichkeitsreife anzudeuten, »den das Individuum am Ende der Adoleszenz der Fülle seiner Kindheitserfahrungen entnommen haben muß, um für die Aufgaben des Erwachsenenlebens gerüstet zu sein« (Erikson 1959, 1974: 123), benutze Erikson den Begriff der *Ich-Identität*.

Bezüglich seines Identitätsbegriffes führt Erikson aus, dass er das Problem der Identität nur verdeutlichen könne, indem er es von einer Anzahl von Blickwinkeln aus anleuchte, »etwa biographischen, pathographischen und theoretischen, wobei dann der Begriff der Identität im jeweiligen Zusammenhang für sich selber sprechen soll. Es wird sich dadurch einmal um ein bewußtes Gefühl der individuellen Identität, ein andermal um das unbewußte Streben nach einer Kontinuität des persönlichen Charakters zu handeln scheinen; einmal wird die Identität als ein

Kriterium der stillschweigenden Akte der Ich-Synthese, dann wieder als das Festhalten an einer inneren Solidarität mit den Idealen und der Identität einer Gruppe erscheinen. Manchmal wird der Begriff völlig naiv im Sinne der Umgangssprache benutzt werden, um dann wieder vage an vorhandene Begriffe der Psychoanalyse und Soziologie anzuknüpfen.« (Ebd.: 124f.)

Im Folgenden wird versucht, Eriksons Verständnis von Identität zu rekonstruieren. Seine Überlegungen basieren auf dem klassischen psychoanalytischen Konzept des Ichs und der insbesondere von Hartmann vorgeschlagenen Modifikation, nach der das Ich, nicht wie noch bei Freud völlig von den Trieben abhängig sei, sondern eine zentrale Rolle im psychischen Prozess der Anpassung an die Umwelt spiele. Es werde von einem Ich ausgegangen, das unabhängig vom Es, intentional und autonom sei. Eine weitere Wurzel des Identitätsverständnisses, aus der Erikson insbesondere Eigenschaften und Charakteristika von Identität abgeleitet hat, sind Formulierungen von Sigmund Freud und William James. Diese würden überzeugend aussagen, wie sich Identität anfühle, wenn man der Tatsache gewahr werde, dass man sie unzweifelhaft besitze.

Ich, Ego, Selbst

Ausgangspunkt von Eriksons Überlegungen zur Identität sei die Psychoanalyse und deren Ich-Begriff. Er betrachtet die Identitätsthematik vom sekundären Organisationsprozess menschlicher Existenz aus; i. e. der Prozess der Organisation der Erfahrung durch die Ich-Synthese, der die Kohärenz und die Individualität der Erfahrung schütze, »indem er das Individuum auf die Entgegennahme von Schocks vorbereitet, wie sie bei plötzlichen Kontinuitätsbrüchen im Organismus oder im Milieu drohen. Der Prozess befähigt das Individuum, innere und äußere Gefahren zu antizipieren, und setzt es in die Lage, seine Anlagen mit den gegebenen sozialen Möglichkeiten zu integrieren.« (Erikson 1963, 1999: 28f.) Das heißt, dass das Ich »das innere »Organ« ist, welches es dem Menschen ermöglicht, die zwei großen evolutionären Entwicklungen zusammenzufassen, sein *inneres Leben* und sein *soziales Planen*.« (Erikson 1964, 1966: 136)

In der Psychoanalyse »bezeichnet der Terminus ›Ich‹ jene ausgleichende Funktion im seelischen Leben, welche die Dinge unter dem Gesichtspunkt des Handelns zurechtrückt. Mit Hilfe eines gesunden Nervensystems vermittelt das Ich zwischen äußeren Ereignissen und inneren Reaktionen, zwischen Vergangenheit und Zukunft sowie zwischen dem höheren und dem niedrigen Selbst. Vor allem aber arbeitet das Ich ständig an der Aufrechterhaltung des Gefühls, daß wir (und das heißt: jeder von uns) im Fluß unserer Erfahrung im Zentrum stehen und nicht an irgendeiner Peripherie herumgeschleudert werden; daß die Handlungen, die wir planen, von uns ausgehen und wir nicht herumgestoßen werden; und schließlich, daß wir aktiv sind und uns von anderen aktivieren lassen, und uns durch schwierige Lagen nicht passiv oder untätig machen lassen.« (Erikson 1974, 1975: 103f.)

»Worüber das ›Ich‹ nachdenkt, wenn es den Körper, die Persönlichkeit und die Rollen sieht oder erwägt, an die es fürs Leben gebunden ist, unwissend, wo es vorher war und danach sein wird – das sind die verschiedenen Selbste, die unser zusammengesetztes Selbst ausmachen.« (Erikson 1968, 1988: 214) In jedem gegebenen Lebensstadium habe das Ich es mit einem sich wandelnden Selbst zu tun, das die Forderung stelle, mit aufgegebenen und mit vorausgesehenen Selbsten synthetisiert zu werden. Die Gegenspieler der jeweiligen Selbste seien die »Anderen«, mit denen das Ich die Selbste beständig vergleiche. Trenne man das Ich und die Selbste vom »Ego«, »können wir dem Ego jene Domäne zuweisen, die es immer besessen hat, seit es in Freuds frühesten Tagen von der Neurologie in die Psychiatrie und Psychologie geriet: die Domäne einer inneren Organisation, die unsere zusammenhängende Existenz sichert, indem sie in jeder Reihe von Augenblicken all die Eindrücke, Gefühle, Erinnerungen und Impulse abschirmt und synthetisiert, die in unser Denken einzudringen suchen und unser Handeln erfordern und die uns zerreißen würden, wenn sie nicht von einem langsam herangewachsenen und zuverlässig wachsamen Abschirmsystem sortiert und gelenkt würden.« (Ebd.: 215) Der Ich-Begriff, den Erikson benutzt, besteht aus einem Ich, einem Ego und einem aus vielen Selbsten bestehenden Selbst.

Das Ich sei vollbewusst, wenn wir »ich« sagen können und es auch meinen. Die Selbste seien vorbewusst, das heißt, sie könnten bewusst werden, wenn das Ich sie bewusst mache und wenn das Ego dem zustimme. Das Ego sei unbewusst, wir würden seiner Wirkung aber niemals seiner selbst gewahr. Erikson betont, dass beide Begriffe sowohl der des unbewussten Ego als auch der des bewussten Ich unentbehrlich seien: »den Begriff des unbewußten Ego zu opfern, das zustande bringt, für uns zu tun, wie Herz und Hirn tun, was wir uns niemals ›ausrechnen‹ oder bewußt planen könnten, würde bedeuten, die Psychoanalyse als ein Instrument aufzugeben, ebenso wie die Schönheit (um thomistisch zu sprechen), die nur es uns sehen lassen kann. Auf der anderen

Seite würde ein Ignorieren des bewußten ›Ichs‹ in seiner Beziehung zu seiner Existenz (wie die psychoanalytische Theorie das getan hat) bedeuten, daß man den Kern der menschlichen Selbstbewußtwerdung, die Fähigkeit, die schließlich die Selbstanalyse möglich macht, verleugnet.« (Ebd.: 216)

Die Gegenspieler des Ego seien klassischerweise das Es, das Über-Ich und die »Umwelt«. Die übergeordnete Aufgabe des Ego bestehe darin, aktiv in passiv zu verwandeln, d. h. die Lasten, die das Es und das Über-Ich auferlegen würden, so auszulesen, dass sie zu Willensentschlüssen würden. »Das gilt an der inneren Grenze, wo das, was als »Es« erlebt wird, vertraut, ja zahm werden muß, und doch in höchstem Maße zu genießen; wo das, was sich wie eine zermalmende Gewissenslast anfühlt, zum erträglichen, ja zum »guten« Gewissen werden muß.« (Ebd.) Bezüglich der Umwelt spricht Erikson in Anlehnung an Anna Freud von der Außenwelt. Unter Annahme der Tatsache, dass die menschliche Umgebung sozial sei, konzeptualisiert er die Außenwelt des Ego als die Egos anderer, die für es bedeutsam seien. »Sie sind bedeutsam, weil mein ganzes Sein auf vielen Stufen grober oder subtiler Kommunikation in ihnen eine Gastfreundlichkeit wahrnimmt für die Art, in der meine innere Welt geordnet ist und sie mitumschließt, was mich meinerseits gastfreundlich macht für die Art, wie sie ihre Welt ordnen und mich miteinschließen – eine wechselseitige Bestätigung also, die zuverlässig mein Sein aktiviert, so wie man sich auf mich verlassen kann, das ihre zu aktivieren.« (Ebd.: 216f.)

Das Ego bezeichne einen seelischen Mechanismus der Verwandlung von passiv in aktiv, »einem Mechanismus, der für die Aufrechterhaltung der menschlichen Individualität von zentraler Bedeutung ist, da er es dem Menschen ermöglicht, in dieser Welt widerstreitender Kräfte eine individuelle Position aufrechtzuerhalten, die durch Ganz-Sein, Aktiv-Sein und Auf-einen-Mittelpunkt-bezogen-Sein gekennzeichnet ist.« (Erikson 1964, 1966: 77) Insofern sei das Ich ein »zentrales und teilweise unbewusstes, organisierendes Agens«. (Erikson 1968, 1988: 208) Diese Funktionen des Ichs seien die Attribute dessen, was Erikson Identität nenne und machten zusammen »den Unterschied zwischen einem Gefühl (und entsprechendem Handeln) der Ganzheit und einem der Fragmentierung aus.« (Erikson 1974, 1975: 104)

Identität und Selbst

Erikson weist darauf hin, dass sich sein Begriff der Identität im allgemeinsten Gebrauch mit dem decke, was verschiedene Autoren das Selbst nennen, sei es in Form eines Selbst-Konzepts im Mead'schen Sinne, eines Selbstsystems wie von Sullivan beschrieben oder der fluktuierenden Selbsterfahrung wie von Schilder, Federn und anderen konzipiert (Erikson 1968, 1988). Sich auf Hartmann beziehend, der in der psychoanalytischen Ich-Psychologie das ganze Gebiet klarer herausgearbeitet habe, benutze Erikson den Begriff »Selbst-Repräsentanz« anstatt den der »Objekt-Repräsentanz«. Hartmann sei in der Diskussion der so genannten libidinösen Besetzung des Ichs im Narzissmus zu dem Schluss gekommen, dass das, was besetzt werde, eigentlich das Selbst sei und empfehle deshalb den – nun auch von Erikson benutzten – Begriff »Selbst-Repräsentanz«. Freud habe, so merkt Erikson an, diese Selbst-Repräsentanz, »wenn auch weniger systematisch, in seinen gelegentlichen Hinweisen auf die »Haltungen des Ichs zum Selbst« und auf die flüchtigen Besetzungen, die dieses Selbst in labilen Zuständen des »Selbstgefühls« erfährt, vorweggenommen.« (Erikson 1959, 1974: 188f.)

Die genetische Kontinuität einer solchen Selbst-Repräsentanz, die der Arbeit des Ichs zugeschrieben werden müsse, stehe in diesem Zusammenhang im Mittelpunkt des Interesses von Erikson: »Es gibt keine andere innere Instanz, die die akzentsetzende Auswahl wichtiger Identifikationen während der Kindheit vollbringen könnte, noch auch die allmähliche Integrierung der Selbst-Images als Vorstufen einer Identität.« (Ebd.: 189) So erstarke das Selbstwertgefühl des Individuums zu der Überzeugung, dass das Ich wesentliche Schritte auf eine greifbare kollektive Zukunft zu machen lerne und sich zu einem definierten Ich innerhalb einer sozialen Realität entwickeln werde. Genau dieses Gefühl bezeichnet Erikson als »Ich-Identität«. (Ebd.: 17)

Ich-Identität und Ich-Ideal

Erikson erklärt, welche Beziehung die Begriffe Ich-Identität und Ich-Ideal zueinander hätten, da er diese beiden analogen Bezeichnungen gewählt habe. Freud, so legt Erikson dar, schreibe die verinnerlichte Übernahme kultureller Einflüsse den Funktionen des Über-Ichs oder Ich-Ideals zu, welches die aus der Umwelt und ihren Traditionen stammenden Gebote und Verbote repräsentiere. Beide Begriffe unterschieden sich in ihrer unterschiedlichen Beziehung zur phylogenetischen beziehungsweise ontogenetischen Geschichte. »Das Über-Ich wäre demnach der archaischere und mehr verinnerlichte Vertreter des evolutionären Moralprinzips, der angeborenen Fähigkeit des Menschen zur Bildung eines primitiven, kategorischen Gewissens. Im Bunde mit ontogenetisch frühen Introjektionen ist und bleibt das Über-Ich ein unbeugsamer, rachsüchtiger Träger ›blinder‹ Moralität. Das Ich-Ideal dagegen ist weniger starr, mehr an die wechselnden Ideale der historischen Periode gebunden, und steht damit der Ich-Funktion der Realitätsprüfung viel näher.« (Ebd.: 190)

Auf den Begriff der Ich-Identität übertragen bedeute das, dass diese sich noch näher mit der sozialen Realität berühre, insofern sie als Untersystem des Ichs die Summe der Selbst-Vorstellungen, die aus den durchlebten Krisen der Kindheit stammen würden, zu prüfen, zu sortieren und zu integrieren hätte. »Man könnte sagen, daß die Identität durch das mehr oder weniger tatsächlich erreichte, jedoch immer wieder zu revidierende Realitätsgefühl des Selbst gekennzeichnet ist, wogegen die Bilderwelt des Ideal-Ichs etwa eine Anzahl anzustrebender, aber nie ganz erreichbarer Idealziele des Selbst wäre.« (Ebd.: 190f.)

Dimensionen der Identität

Eriksons Gedanken und Überlegungen hinsichtlich des Begriffes Identität beruhen auf Formulierungen von William James und von Sigmund Freud; jedoch entstammen sie nicht deren theoretischen Arbeiten, sondern individuellen Mitteilungen. Da beide Äußerungen und die Leben, die hinter ihnen stünden, Erikson dazu gedient hätten, einige Dimensionen der Identität festzulegen und zu erklären, warum das Identitätsproblem so allgegenwärtig und doch so schwer zu fassen sei, werden beide Aussagen hier wiedergegeben.

William James habe in einem Brief an seine Frau geschrieben: »Der Charakter eines Mannes ist an der geistigen und moralischen Haltung erkennbar, in der er sich, wenn sie ihn erfaßte, am tiefsten und intensivsten aktiv und lebendig fühlte. In solchen Augenblicken gibt es in unserem Inneren eine Stimme, die spricht und sagt: ›Dies ist mein wirkliches Ich!‹« Solch ein Erlebnis enthält immer »[...] ein Element aktiver Spannung, als wäre man sozusagen sich selbst gewachsen und traute den äußeren Dingen zu, daß auch sie ihre Rolle spielen, so daß eine volle Harmonie entsteht, aber ohne jene *Garantie*, daß sie es tun werden. Laß es eine Garantie sein [...] und die Haltung wird für mein Bewußtsein sofort stagnierend und antriebslos. Nimm die Garantie fort und ich fühle (vorausgesetzt, ich bin überhaupt in kraftvollem Zustand) eine Art tiefer enthusiastischer Wonne, eine bittere Bereitschaft, alles zu tun und zu leiden ... ein Gefühl, das, obgleich es eine reine Stimmung oder Emotion ist, der ich in Worten keine Form verleihen kann, sich mir als das tiefste Prinzip aller aktiven und theoretischen Entschlossenheit, die ich besitze, verbürgt.« (James, 1920 in: Erikson 1968, 1988: 15)

Obwohl William James das Wort Charakter benutze, nehme Erikson sich die Freiheit zu behaupten, dass er ein Gefühl der Identität beschreibe, das im Prinzip von jedem Menschen erlebt werden könne. Unter diesem Identitätsgefühl versteht Erikson »das *subjektive Gefühl* einer bekräftigenden *Gleichheit und Kontinuität*« (Ebd.) und arbeitet aus James' Äußerung Charakteristika heraus, auf denen seine Gedanken und Formulierung des Identitätsgefühls basieren. Zunächst einmal könne das Gefühl der Identität von jedem Menschen erlebt werden, es sei geistig und moralisch (im Sinne der Moralphilosophie in James' Zeit) und es »überkomme« einen als eine Erkenntnis und nicht als etwas, wonach man mühsam »geforscht« habe. Außerdem sei dieses Gefühl eine aktive Spannung statt einer lähmenden Frage, die eine Herausforderung »ohne Garantie« schaffen müsse, statt einer, die in einem Geschrei nach Sicherheit untergehe (ebd.).

Die andere Äußerung, die Eriksons Überlegungen zum Identitätsbegriff beeinflusst habe, sei einer Ansprache Sigmund Freuds an die Mitglieder des Vereins B'nai B'rith in Wien 1926 entnommen: »Was mich ans Judentum band, war – ich bin schuldig, es zu bekennen – nicht der Glaube, auch nicht der nationale Stolz, denn ich war immer ein Ungläubiger, bin ohne Religion erzogen worden, wenn auch nicht ohne Respekt vor den ›ethisch‹ genannten Forderungen der menschlichen Kultur. Ein nationales Hochgefühl habe ich, wenn ich dazu neigte, zu unterdrücken mich bemüht, als unheilvoll und ungerecht, erschreckt durch die warnenden Beispiele der Völker, unter denen wir Juden leben. Aber es blieb genug anderes übrig, was die Anziehung des Judentums und der Juden unwiderstehlich machte, viele dunkle Gefühlsmächte, umso gewaltiger, je weniger sie sich in Worten erfassen ließen, ebenso wie die klare Bewußtheit der inneren Identität, die Heimlichkeit der gleichen seelischen Konstruktion. Und dazu kam bald die Einsicht, daß ich nur meiner jüdischen Natur die zwei Eigenschaften verdankte, die mir auf meinem schwierigen Lebensweg unerläßlich geworden waren. Weil ich

Jude war, fand ich mich von vielen Vorurteilen, die andere im Gebrauch ihres Intellekts beschränkten, als Jude war ich dafür vorbereitet, in die Opposition zu gehen und auf das Einvernehmen mit der ›kompakten Majorität‹ zu verzichten.« (Freud, 1926 in: Erikson 1968, 1988: 16f.)

Nach Erikson bekräftige Freud in dieser Formulierung »eine Einheit der *persönlichen und der kulturellen* Identität« (Ebd.: 16) und verwende den Ausdruck Identität, obwohl in einer beiläufigen Art, in einem höchst zentralen ethnischen Sinn: »Es dämmert uns also, daß die Gruppenidentität einer Person relativ zu der einer anderen sein und daß der Stolz, eine starke Identität zu gewinnen, eine innere Emanzipierung von einer dominierenden Gruppenidentität bezeichnen kann [...].« (Ebd.: 17)

Die Formulierungen von William James und Sigmund Freud würden, so Eriksons Ansicht, überzeugend aussagen, »wie sich Identität anfühlt, wenn man der Tatsache gewahr wird, daß man sie unzweifelhaft besitzt.« (Ebd.: 15) In all ihrer Spontaneität seien sie Hervorbringungen geschulter Geister und daher fast systematische Beispiele der Hauptdimensionen eines positiven Identitätsgefühls. Beide Aussagen zusammengenommen würden offenbaren, warum das Problem der Identität so komplex und allgegenwärtig und doch so schwer zu fassen sei, »denn wir haben es mit einem Prozeß zu tun, der *im Kern des Individuums* »lokalisiert« ist und doch auch *im Kern seiner gemeinschaftlichen Kultur*, ein Prozeß, der faktisch die Identität dieser beiden Identitäten begründet.« (Ebd.: 18)

Der Begriff der Identität

Erikson bietet in seinem Werk verschiedene Definitionen von Identität an und bekennt, dass er das Problem nur verdeutlichen könne, indem er es von einer Anzahl von Blickwinkeln aus anleuchte. In den beiden im vorherigen Kapitel zitierten Äußerungen Freuds und James' spiegeln sich die Hauptkomponenten des Erikson'schen Identitätsbegriffes wider. Beide Komponenten hängen mit der weitreichenden Modifikation des psychoanalytischen Ich-Begriffes zusammen, nach der das Ich als bewusstes, autonomes und intentionales Agens begriffen werde. Hier wurzelt Eriksons Konzeption eines Identitätsgefühls, das er in James' Äußerungen besonders deutlich beschrieben finde und das subjektive Gefühl einer bekräftigenden Gleichheit und Kontinuität meine. Nach der insbesondere durch Hartmann modifizierten Form des Ich-Begriffes, werde das ICH als bewusst mit einem unbewusst wirkenden innewohnenden »Ego« konzeptualisiert. Das unbewusste Wirken des Ego sei eine der

Funktionen, »Erfahrungen in einer Weise zu integrieren, daß dem Ich eine bestimmte zentrale Rolle innerhalb der Dimensionen des Seins garantiert wird: damit das Ich also – wie angedeutet – den Gang der Dinge eher als effektiv *Handelnder* denn als impotenter Dulder empfinden kann; eher *aktiv* und *unternehmerisch* als inaktiviert [...]; eher *im Zentrum stehend* und *dabei zu sein* als an den Rand geschoben und kaltgestellt; eine *Auswahl* zu treffen statt überwältigt zu werden; *bewußt* statt verwirrt zu sein: dies alles gipfelt in dem Gefühl, in seiner Zeit und an seinem Platz *zu Hause* zu sein und sich in gewisser Weise erwählt zu fühlen selbst dann, wenn man eine Wahl trifft.« (Erikson 1982, 1988: 119f.)

Das Ego vermittle »das Gefühl ›ich‹, das dem einzelnen Individuum das zentrale Bewusstsein, eine fühlende und denkende, mit Sprache begabte Kreatur zu sein, die einem Selbst (in Wirklichkeit zusammengesetzt aus einer Reihe von ›Selbsten‹) begegnen und ein Konzept eines unbewußten Ichs entwerfen kann.« (Ebd.: 114) Erikson geht von der Annahme aus, dass die synthetischen Methoden des Ego mit der Errichtung brauchbarer Abwehren gegen unerwünschte Triebimpulse und Affekte bestimmte grundlegende Existenzmodi wiederherstellen würden. Diese Existenzmodi nennt Erikson »Ich«-Gefühl, d. h. »ein Gefühl, *zentriert* und *aktiviert, ganz* und *bewußt* zu sein – womit das Gefühl überwunden wird, peripher oder inaktiviert, fragmentiert und dunkel zu sein.« (Ebd.: 115) Die Existenzmodi »sind [...] gleichzeitig Weisen des *Erfahrens*, die der Introspektion zugänglich sind, Weisen des *Verhaltens*, die von anderen beobachtet werden können und unbewußte *innere Zustände*, die durch Tests und Analyse bestimmbar sind.« (Erikson 1963, 1999: 245)

Die Annahme eines bewussten Ichs führt konsequenterweise zu einem veränderten Verständnis der Umwelt. Das Gefühl der Gleichheit und Kontinuität, i. e. das Identitätsgefühl, hänge von einer zunehmenden Zahl »anderer« ab: »einige eng genug verbunden, um jeder für sich in einem wichtigen Lebensabschnitt als der ›Andere‹ erkannt zu werden, zum größten Teil aber eine vage Anzahl miteinander in Beziehung stehender Anderer, die ihr Realitätsgefühl mit uns teilen oder uns gar aufzunötigen versuchen, selbst wenn sie gleichzeitig nach Wegen suchen, ihr Realitätsgefühl von unserem abzugrenzen.« (Erikson 1982, 1988: 120) Die Realität bestehe aus einer Reihe unentbehrlicher Komponenten, die psychoanalytisch gesehen von Trieben abhängen würden, bei denen die affektiven Energien im Laufe der Entwicklung dem Ego zur Verfügung gestellt würden. »Sie sorgen für die Einbettung der reifenden Fähigkeiten in die Welt der Phänomene und sozialen Gruppierungen.« (Ebd.: 121) Hier greife Freuds Äußerung, die Erikson als Basis der Formulierung einer weiteren Dimension der Identität diene, nämlich, dass Identität immer auch die Einheit der persönlichen und der kulturellen Identität, d. h. des Ichs und seiner Umwelt bedeute. Die Modifikation des psychoanalytischen Realitätsbegriffes sei notwendig gewesen, um Identität fassen zu können, denn »gewisse Gewohnheiten des psychoanalytischen Theoretisierens, Gewohnheiten, die Umgebung als »Außenwelt« oder »Objektwelt« zu bezeichnen, können der Umgebung als einer durchdringenden Aktualität nicht Rechnung tragen.« (Erikson 1968, 1988: 20)

Von einem aktiven Ich ausgehend reiche es nicht, nur von der Anpassung dieses Ichs an die Umwelt zu sprechen: »Bedenkt man nämlich, wie konfliktbeladen jede menschliche Anpassung ist, dann hat das Ego zu dem Zeitpunkt, von dem man behaupten kann, es steuere die Anpassung, bereits Anpassungserfahrungen in sich aufgenommen und massive Identifikationen introjiziert.« (Erikson 1982, 1988: 120) Das aktive Ich, die Umwelt und der synthetisierende Anpassungsmechanismus sind die drei Variablen, die den Identitätsbegriff bei Erikson konstituieren. Sie stellen die jeweiligen Blickwinkel dar, von denen aus er das Problem der Identität anleuchtet und die in ihren unterschiedlichen Beziehungen zu einander die Fragen und Themen aufwerfen, denen sich Erikson in seinem Leben und Werk gewidmet hat.

Erikson vertritt die Auffassung, »daß Identität nicht ein abgeschlossenes inneres System bedeutet, das unzugänglich für Veränderungen wäre, sondern vielmehr einen psychosozialen Prozeß, der im Individuum wie in seiner Gesellschaft gewisse wesentliche Züge aufrechterhält und bewahrt.« (Erikson 1964, 1966: 87) Insofern setze ein Gefühl der Identität »stets ein Gleichgewicht zwischen dem Wunsch, an dem festzuhalten, was man geworden ist, und der Hoffnung, sich zu erneuern, voraus – eine Dimension der Identität, die zu allen Zeiten eine Unterscheidung in konservativ, wenn nicht reaktionär, und liberal, wenn nicht radikal, erforderlich macht: Aspekte ein und desselben Weltbildes.« (Erikson 1974, 1975: 113) Hierin zeige sich die Komplementarität zwischen Identität und Ideologie.

Die reine Tatsache der Existenz, d. h. zu wissen, wer man sei, bezeichnet Erikson als die persönliche Identität (Erikson 1963, 1999). Die persönliche Identität sei eine Auflistung der situativen Selbste der Person, d. h. deren Persönlichkeitsmerkmale. Das bewusste Gefühl dagegen,

»eine persönliche Identität zu haben, beruht auf zwei gleichzeitigen Beobachtungen: auf der Wahrnehmung der Selbstgleichheit und Kontinuität der eigenen Existenz in Zeit und Raum; und auf der Wahrnehmung der Tatsache, daß auch andere unsere Gleichheit und Kontinuität erkennen.« (Erikson 1968, 1988: 45) Diese Fähigkeit, »sein Selbst als etwas zu erleben, das Kontinuität besitzt, das ›das Gleiche‹ bleibt, und dementsprechend handeln zu können« (Erikson 1963, 1999: 36), werde vom Identitätsgefühl vermittelt, dessen Ergebnis die Ich-Identität sei.

»Ich-Identität in ihrem subjektiven Aspekt ist also das Bewußtwerden der Tatsache, daß die synthetisierenden Methoden des Ichs über eine Selbstgleichheit und Kontinuität verfügen, *einen Stil der eigenen Individualität*, und daß dieser Stil mit der Gleichheit und Kontinuität der *eigenen Bedeutung für signifikante andere* in der unmittelbaren Gemeinschaft übereinstimmt.« (Erikson 1968, 1988: 46) Oder wie Erikson an anderer Stelle festhält: »Das Gefühl der Ich-Identität ist also das angesammelte Vertrauen darauf, daß der Einheitlichkeit und Kontinuität, die man in den Augen anderer hat, eine Fähigkeit entspricht, eine innere Einheitlichkeit und Kontinuität (also im Sinne der Psychologie) aufrechtzuerhalten.« (Erikson 1959, 1974: 107)

»Das Kernproblem der Identität besteht […] in der Fähigkeit des Ichs, angesichts des wechselnden Schicksals Gleichheit und Kontinuität aufrechtzuerhalten. Das Schicksal aber kombiniert immer Veränderungen in den inneren Zuständen, die das Ergebnis fortschreitender Lebensstadien sind, mit Veränderungen in der Umwelt, in der historischen Situation. Identität bedeutet auch die Elastizität, in den Wandlungsprozessen wesentliche Grundformen zu bewahren. So sonderbar das scheinen mag, bedarf es also einer festbegründeten Identität, um radikale Veränderungen zu ertragen, denn die festbegründete Identität hat sich selbst rund um Grundwerte aufgebaut, über die Kulturen gemeinsam verfügen.« (Erikson 1964, 1966: 87) »Der Begriff ›Identität‹ drückt also insofern eine wechselseitige Beziehung aus, als er sowohl ein dauerndes inneres Sich-Selbst-Gleichsein wie ein dauerndes Teilhaben an bestimmten gruppenspezifischen Charakterzügen umfaßt.« (Erikson 1959, 1974: 124)

Identitätsbildung

Nach Erikson entsprächen 20 Jahre der Zeitspanne »der menschlichen Entwicklung, derer das Individuum bedarf, um ein Gefühl der Identität zu erwerben, eine Identität, die fest und informiert genug ist, um handeln zu können – was genug Erfahrung voraussetzt, die Macht der Tatsachen und die Tatsachen der Macht anzuerkennen; genug praktischen Idealismus, um infantile Ideale an lebende Personen und Probleme zu heften; und genug rebellisches Engagement für die Zukunft, um einen Teil der internalisierten Forderungen infantiler Schuld hinter sich zu lassen.« (Erikson 1974, 1975: 82) »Die endgültige Identität, wie sie am Ende der Adoleszenz feststeht, ist also jeder einzelnen Identifizierung mit Individuen der Vergangenheit übergeordnet: sie schließt alle bedeutsamen Identifizierungen in sich, aber sie verändert sie auch, um ein einzigartiges und entsprechend zusammenhängendes Ganzes aus ihnen zu machen.« (Erikson 1968, 1988: 156)

Die Ganzheit, die im Stadium der Adoleszenz erreicht werden müsse, hat Erikson als das Gefühl der inneren Identität bezeichnet. »Um die Ganzheit zu erfahren, muß der junge Mensch eine fortschreitende Kontinuität zwischen dem, was er während der langen Jahre der Kindheit geworden ist, und dem, was er in der antizipierten Zukunft zu werden verspricht, empfinden.« (Ebd.: 82) »Die sich herauskristallisierende Ich-Identität verknüpft also die frühen Kindheitsphasen, in denen der Körper und die Elternfiguren führend waren, mit den späteren Stadien, in denen eine Vielfalt sozialer Rollen sich darbietet und im wachsenden Maße aufdrängt.« (Erikson 1959, 1974: 109) Die Ich-Identität sei »das Ergebnis der synthetisierenden Funktion an einer der Ich-Grenzen nämlich jener ›Umwelt‹, die aus der sozialen Realität besteht, wie sie dem Kind während aufeinanderfolgender Kindheitskrisen übermittelt wird.« (Erikson 1968, 1988: 208)

»Genetisch betrachtet, zeigt sich der Prozeß der Identitätsbildung als eine sich entfaltende Konfiguration, die im Laufe der Kindheit durch sukzessive Ich-Synthesen und Umkristallisierungen allmählich aufgebaut wird; es ist eine Konfiguration, in die nacheinander die konstitutionellen Anlagen, die Eigentümlichkeiten libidinöser Bedürfnisse, bevorzugte Fähigkeiten, bedeutsame Identifikationen, wirkungsvolle Abwehrmechanismen, erfolgreiche Sublimierungen und sich verwirklichende Rollen integriert worden sind.« (Erikson 1959, 1974: 144) Dabei wende die Identitätsbildung »einen Prozeß gleichzeitiger Reflexion und Beobachtung an, einen Prozeß, der auf allen Ebenen des seelischen Funktionierens vor sich geht, durch welches der Einzelne sich selbst im Lichte dessen beurteilt, wovon er wahrnimmt, daß es die Art ist, in der andere ihn im Vergleich zu sich selbst und zu einer für sie bedeutsamen Typologie beurteilen; während er ihre Art, ihn zu beurteilen, im Lichte dessen beurteilt, wie er sich selbst im Vergleich zu ihnen und zu Typen wahrnimmt, die für ihn relevant geworden sind.« (Erikson 1968, 1988: 18) Dieser Prozess sei im besten Fall ein Prozess zunehmender Differenzierung, der immer umfassender werde, während das Individuum sich fortschreitend eines sich erweiternden Kreises anderer bewusst werde, die für es Bedeutung hätten.

Die Identitätsbildung sei solange unbewusst, bis innere Bedingungen und äußere Umstände zusammentreffen und eine »Identitätsbewusstheit« vertiefen würden. In der Phase der Adoleszenz, so führt Erikson aus, besonders zwischen den Zangen vitaler innerer Bedürfnisse und unerbittlicher äußerer Forderungen, erfahre der Jugendliche eine Identitäts-Bewusstheit. Das heißt, das Ich, voll bewusst, denke über die normalerweise vorbewussten Selbste nach und mache sie somit bewusst. Es gehe hierbei um »eine schmerzliche Bewußtheit von sich selbst, die über die Diskrepanzen zwischen der eigenen Selbstachtung, dem erhöhten Selbst-Bildnis als einer autonomen Person und der Erscheinung, die man in den Augen anderer annimmt, nachgrübelt.« (Ebd.: 178)

Aufgrund der biologischen Beschaffenheit des Menschen könne diese Bewusstheit erstmalig in der Adoleszenz auftreten, weil das Ich vorher von seiner kognitiven und emotionalen Entwicklung her dazu noch nicht in der Lage sei. Bis zu diesem Zeitpunkt »umfaßt die Identität (aber ist mehr als) die Summe all der aufeinanderfolgenden Identifikationen jener frühen Jahre, als das Kind sich wünschte, so zu sein wie die Menschen, von denen es abhing, und oft gezwungen war, so zu werden. Die Identität ist ein einzigartiges Produkt, das nun auf eine Krise stößt, die sich nur in neuen Identifizierungen mit Altersgleichen und mit Führerfiguren außerhalb der Familie lösen läßt.« (Ebd.: 82f.) Die Ich-Identität sei in einer bestimmten Kultur-Identität verankert. Erikson glaubt, »daß hier derjenige Teil des Ichs liegt, welcher am Ende der Adoleszenz die infantilen Ich-Phasen integriert und die Zwangsherrschaft des kindlichen Über-Ichs neutralisiert.« (Erikson 1963, 1999: 275)

Zusammenfassend lässt sich festhalten: »Man ist sich seiner Identität am bewußtesten, wenn man sie eben erst zu gewinnen im Begriff steht und gewissermaßen überrascht seine eigene Bekanntschaft macht; das gleiche Gefühl entsteht, wenn man gerade auf eine Krise zusteuert und das peinliche Erlebnis der Identitätsdiffusion hat«. (Erikson 1959, 1974: 147) Das Identitätsgefühl werde außerhalb solcher Phasen der Identitätsbewusstheit vorbewusst als psychosoziales Wohlempfinden erlebt begleitet von dem Gefühl, »Herr seines eigenen Körpers zu sein, zu wissen, daß man »auf dem rechten Weg ist«, und eine innere Gewißheit, der Anerkennung derer, auf die es ankommt, sicher sein zu dürfen.« (Ebd.) Von prototypischer Bedeutung für den Prozess der Identitätsbildung und für das Identitätsproblem als solches sei das ganze Wechselspiel zwischen dem Psychologischen und dem Sozialen, dem Entwicklungsmäßigen und dem Historischen, was sich nur als eine Art psychologischer Relativität verbegrifflichen lasse. Im Sinne einer Formel hält Erikson fest: »Nun: ein Gefühl der Identität haben, heißt, sich mit sich selbst – so wie man wächst und sich entwickelt – eins fühlen; und es heißt ferner, mit dem Gefühl einer Gemeinschaft, die mit ihrer Zukunft wie mit ihrer Geschichte (oder Mythologie) im reinen ist, im Einklang zu sein.« (Erikson 1974, 1975: 29)

7.3 Erwachsensein und Folgen/Wirkung der Identität

Nach Erikson sei die Identitätsbildung, die in der Jugendzeit »kritisch« werde, in Wirklichkeit ein Generationenproblem, da von der jeweiligen Definition des Erwachsenseins die Identität abhänge und gleichzeitig zu der nächsten Definition von Erwachsensein führe. »Im menschlichen Sinn in vollem Umfang erwachsen zu sein, bedeutet die Bereitschaft, einen Platz im technologisch-politischen System einzunehmen und auch bestimmte unverrückbare Wertvorstellungen und Imagines zu besitzen, die der eigenen Art innewohnen. Gleichzeitig muß man bereit sein, feindliche Identitäten und überlebte oder fremdartige Ideologien abzulehnen (durch schlichte Mißbilligung, moralische Abscheu, fanatischen Widerstand oder Krieg).« (Erikson 1977, 1978: 87)

»Erwachsen sein« heiße also, »sein eigenes Leben zurückblickend und vorausschauend in kontinuierlichem Verlauf zu sehen. Indem er eine gewisse Begriffsbestimmung seiner Person akzeptiert, die gewöhnlich von seiner wirtschaftlichen Tätigkeit, dem Platz in der Generationenfolge und seiner Stellung in der Gesellschaft abhängt, kann der Erwachsene seine Vergangenheit sondernd so rekonstruieren, daß es scheint, als habe sie ihn Schritt für Schritt geplant – oder vielmehr er *sie*.« (Erikson 1958, 1975: 122) Erwachsensein bedeutet auch fruchtbar zu sein, was nicht unbedingt bedeute, dass man Kinder zeugen müsse. »Aber es heißt zu wissen, was man tut, wenn man keine Kinder erzeugt. Das Recht (oder die Verpflichtung), weniger (oder keine) Kinder zu haben, kann nur dann ein freies Recht sein, wenn es größere persönliche Verantwortung und größere Verantwortung der Gemeinschaft für alle, die geboren werden, bedeutet – eine Verantwortung, die sich auf den ganzen Lebenszyklus beziehen muß.« (Erikson 1974, 1975: 138f.) »Das Problem des Erwachsenenalters ist, wie man für jene *sorgt*, denen man sich beim Hervorgehen aus der Identitätsperiode verpflichtet und an die man sich gebunden fühlt und denen man jetzt *ihre* Identität schuldig ist.« (Erikson 1968, 1988: 28f.)

Die Definition des Erwachsenseins hänge von der jeweiligen Konsolidierung ab, ohne die jede Frage nach der Identität selbstgenießerischer Luxus sei, weil »nur eine derartige Konsolidierung die Koordinaten für die Spannweite der Identitätsbildung einer Periode und deren unerläßliche Beziehung zu einem Gefühl inspirierter Aktivität bietet, obgleich sie das für viele oder sogar die meisten nur leistet, indem sie abgeteilte Felder von prononcierter Enge, von erzwungenen Dienstleistungen und von begrenztem Status schafft.« (Ebd.: 28) Konsolidierung führe damit zu einem Gefühl des Eingebettetseins und des natürlichen Flusses zwischen den Artefakten der Organisation. Sie helfe, einen Stil der Vollkommenheit und Selbstverherrlichung aufkommen zu lassen und gestatte es dem Menschen darüber hinaus, gleichzeitig seinen Horizont zu beschränken, so dass er nicht sehe, was die neu gewonnene Vertrautheit der Welt zerstören und ihn allen Arten von Fremdheit aussetzen könne (ebd.).

Damit verbunden wirft Erikson eine andere Frage auf, nämlich »auf was der ›typische‹ Erwachsene der Konsolidierung jeder Ära, um eines Stils des kulturellen Gleichgewichts und vielleicht der Vollkommenheit willen, zu verzichten in der Lage und bereit ist, und was an Verzicht er von anderen verlangt.« (Ebd.: 29) Die Konsolidierungen würden durch Rituale bewirkt, indem es »die Ritualisierung des Alltagslebens den Erwachsenen erlaubt, ja, von ihnen fordert, daß sie den Tod als unerforschlichen Hintergrund allen Lebens vergessen und der absoluten Realität von Weltsichten Vorrang geben, die sie mit anderen desselben geographischen, historischen und technologischen Umkreises teilen. Durch das Ritual wird der Tod zur sinnvollen Grenze dieser Realität.« (Erikson 1977, 1978: 91)

Die Stadien des Erwachsenenalters seien die Intimität, die Generativität und die Ich-Integrität und die Lösung deren jeweiliger Krise hänge von der Identität ab. In seinem Buch »Jugend und Krise« betitelt Erikson die Phase des Erwachsenenalters mit »jenseits der Identität«. Diese Formulierung umfasse für ihn »das Leben nach der Adoleszenz und die Verwendung der Identität und tatsächlich auch die Rückkehr mancher Formen der Identitätskrise in den späteren Stadien des Lebenszyklus.«

(Erikson 1968, 1988: 130) In diesen Jahren lebe das Individuum mit einer Vielzahl von chronologischen, biologischen und psychologischen Zeitmaßstäben. »Diese Dreiheit entspricht genau unseren Begriffen Ethos, Soma und Psyche: das Ethos nämlich projiziert seine Werte auf die chronologische Zeit, während das Soma die biologische und die Psyche die erlebte Zeit beherrschen.« (Erikson 1982, 1988: 138)

Die erste Krise des Erwachsenenalters werde von dem Konflikt Intimität versus Isolierung beherrscht. Intimität könne als Krisenlösung nur dann dominieren, wenn der Jugendliche seiner Identität sicher sei, da echte Intimität »sowohl eine Kontrapunktierung wie eine Verschmelzung von Identitäten ist«. (Erikson 1968, 1988: 130) Intimität meine mehr als die sexuelle Intimität, und zwar die Fähigkeit »eine echte und wechselseitige psychosoziale Intimität mit einer anderen Person zu entwickeln, sei es in einer Freundschaft, in erotischen Begegnungen oder in gemeinsamer Begeisterung.« (Ebd.) Schaffe es der junge Erwachsene nicht, solche Beziehungen mit seinen eigenen Hilfsmitteln einzugehen, könne es zu einem tiefen Gefühl der Isolierung kommen. Isolierung definiert Erikson als die »Unfähigkeit, mit der eigenen Identität ein Risiko einzugehen, indem man mit einem anderen echte Intimität teilt« (ebd.: 132) oder wie er an anderer Stelle darlegt, »die Angst, allein und ›unerkannt‹ zu bleiben« (Erikson 1982, 1988: 92) Diese Hemmung werde häufig durch die Angst vor den Folgen der Intimität, i. e. Nachkommen und dem Übernehmen von Fürsorge, verstärkt. Das Gegenstück zur Intimität sei die Distanzierung, die ihren Ausdruck in der Bereitschaft finde, das eigene Territorium der Intimität und Solidarität zu befestigen und alle Außenseiter mit fanatischer Überwertung der kleinen Unterschiede zwischen dem Vertrauten und dem Fremden anzusehen. Um sich distanzieren zu können, bedürfe es jedoch einer Identität, denn man müsse wissen, was zu einem gehöre und wovon man sich distanziere. Das Anwachsen der Identität beruhe jetzt auf der Formulierung: Wir sind, was wir lieben (Erikson 1968, 1988).

Die Fähigkeit sich zu verlieren, um sich in der Begegnung von Körper und Seele wiederzufinden, habe der junge Erwachsene in der vorherigen Phase erworben. Sie führe »früher oder später zu einer kräftigen Expansion wechselseitiger Interessen und zu einer libidinösen Besetzung dessen, was gemeinsam geschaffen und wofür gemeinsam Sorge getragen wird.« (Erikson 1982, 1988: 87) Hierin liege ein weiteres Kennzeichnen des Erwachsenenalters, das die Phase mit der kritischen Antithese Generativität versus Selbstabsorption und Stagnation charakterisiere. Es gehe um die Hervorbringung neuen Lebens, neuer Produkte und neuer Ideen einschließlich einer Art Selbst-Zeugung, die mit der weiteren Identitätsentwicklung befasst sei.

»Beim alternden Menschen, der Dingen und Menschenwesen seine Fürsorge zuwendet und der sich, der Notwendigkeit gehorchend, in die Siege und Enttäuschungen geschickt hat, bei diesem Erzeuger anderer und Schöpfer von Dingen und Gedanken – nur bei ihm kommt die Frucht der sieben Stadien allmählich zur vollen Reife.« (Erikson 1968, 1988: 134) In der entsprechenden Phase dominiere der Konflikt Integrität versus Abscheu und Verzweiflung, in der der Mensch als soziales Geschöpf einer neuen Auflage einer Identitätskrise begegne. Die Lösung des Konfliktes lasse sich in die Worte fassen: »Ich bin, was von mir überlebt.« (Ebd.: 136)

8 Erikson und seine Kritiker: Ein fiktiver Dialog

In diesem Kapitel werden verschiedenen Kritikpunkten, die gegenüber Eriksons Werk geäußert wurden, Zitate aus Eriksons Werk entgegengesetzt, sodass zwischen Erikson und seinen Kritikern ein fiktiver Dialog inszeniert wird.

Ausgangspunkt dieses Kapitels ist Eriksons Feststellung, »daß nichts in den Beziehungen zwischen Individuen oder Gruppen unfruchtbarer ist als ein Versuch, die Ideale des anderen in Frage zu stellen, indem man nachweist, daß er vom Standpunkt unseres eigenen Bewußtseins aus inkonsequent in seinen Lehren ist. Denn jedes Bewußtsein, sei es das eines Individuums oder einer Gruppe, hat nicht nur seine spezifischen Inhalte, sondern auch seine eigene, ihm eigentümliche Logik, die seine Kohärenz sichert.« (Erikson 1963, 1999: 125f.) Im Folgenden werde ich (negative) Kritikpunkte der aktuelleren Literatur bezüglich des Modells von Erikson darstellen und diesen Zitate aus dem Werk Eriksons gegenüberstellen.

»Problematisch erscheint allerdings Eriksons unangemessene Annahme präformierter und universeller Entwicklungsphasen.« (Haußer, 1995: 118)

»Diese Frage muß mit dem Hinweis beantwortet werden, daß die Lebensphasen durchweg an somatische Prozesse ›gekoppelt‹ bleiben, auch wenn sie von psychischen Prozessen der Persönlichkeitsentwicklung und der ethischen Kraft sozialer Prozesse abhängig bleiben. Man kann daher davon ausgehen, daß sich der epigenetische Charakter dieser Leiter in einer bestimmten linguistischen Kohärenz aller Begriffe widerspiegelt.« (Erikson 1982, 1988: 75)

»Er stellt fest, was die Entwicklung beeinflußt (beispielsweise körperliche Reifung, Eltern, kulturelle Normen, das Ausmaß der Bewältigung früherer Krisen), sagt aber nichts dazu, wie dies geschieht. Durch welche Mechanismen lernt ein Kleinkind, wann es vertrauensvoll reagieren und wann mißtrauisch sein sollte?« (Miller, 1983: 168)

»Die ontogenetische Kultivierung eines Gesichtspunktes [...] geschieht durch die minutiöse *Ritualisierung* des Alltagslebens, die von den geringfügigsten Faktoren persönlichen Zusammenspiels bis zu den feierlichen Zusammenkünften bei kulturellen Ereignissen reicht [...].« (Erikson 1977, 1978: 99) »Der erwachende Säugling sendet eine Botschaft an seine Mutter und löst in ihr sogleich ein ganzes Repertoire gefühlsgesteuerten Verhaltens in Worten und Handlungen aus. Sie nähert sich ihm, spricht ihn mit heiterer oder besorgter Stimme an und beginnt zu handeln, indem sie mit allen Sinnen, durch Sehen, Fühlen, Riechen die möglichen Quellen des Unbehagens feststellt. Dann beginnt sie, seinen Bedürfnissen durch die nötigen Dienstleistungen abzuhelfen, indem sie ihn neu wickelt und bettet, seine Nahrung bereitet, ihn aufnimmt usw. Wenn man das mehrere Tage lang beobachtet (vor allem in einem anderen als dem eigenen Milieu), so wird einem klar, daß dieses tägliche Geschehen hochgradig formelhaft verläuft: die Mutter scheint sich verpflichtet zu fühlen (und zugleich große Lust daraus zu schöpfen), eine Handlungsfolge zu wiederholen, die im Kinde vorhersehbare Reaktionen erweckt, was wiederum sie dazu ermutigt, in dieser Weise fortzufahren.« (Erikson 1968: 483) »Durch Wiederholung wird es *vertraut*, zugleich aber erneuert sich immer wieder das *Überraschungsmoment* des Wieder-Erkennens, das eine kathartische Lösung der Affekte bietet.« (Ebd.: 485)

»Hinzu kommt die Annahme des ›Ein für allemal‹, der Irreversibilität einmal erfolgter Krisenlösungen [...] Die Irreversibilitätsannahme steht in krassem Widerspruch zu heutigen empirisch gesicherten Ergebnissen der Krisenbewältigung.« (Haußer, 1995: 118f.)

Bezüglich der fünften der acht Krisen, die während des Lebenszyklus bewältigt werden müssen, sagt Erikson beispielsweise: »Wie das ›gute Gewissen‹ wird dieses Gefühl aber immer wieder verloren und muß neu erworben werden, obwohl sich in der späteren Adoleszenz dauerhaftere und sparsamere Methoden entwickeln und festigen, mit denen das Identitätsgefühl aufrechterhalten und wiedergewonnen werden kann.« (Erikson 1959, 1974: 147f.) »Denn die Identität ist niemals als eine ›Errungenschaft‹ in der Form eines Panzers der Persönlichkeit oder sonst als irgendetwas Statisches und Unveränderliches ›festgelegt‹.« (Erikson 1968, 1988: 20)

»Erikson beschränkt also die Dynamik der Identitätsbildung auf eine relativ enge Lebensphase angesichts der für seine Zeit zutreffenden Situation, daß auf Jugendliche eine Vielzahl von Veränderungen biologischer, psychologischer und sozialer Art zukommt.« (Keupp u. a., 1999: 77)

»Der Prozeß ›beginnt‹ irgendwo in der ersten echten ›Begegnung‹ von Mutter und Säugling, als zweier Personen, die einander berühren und erkennen können, und er ›endet‹ nicht, bis die Kraft eines Menschen zur wechselseitigen Bestätigung schwindet. Aber wie schon gesagt, hat der Prozeß seine normative Krise in der Adoleszenz und ist in vielen Hinsichten durch das determiniert, was voranging, und determiniert vieles, was folgt.« (Erikson 1968, 1988: 19) »Die Identität wird am Ende der Adoleszenz phasen-spezifisch, d. h. das Identitätsproblem muß an dieser Stelle seine Integration als relativ konfliktfreier psychosozialer Kompromiß finden – oder es bleibt unerledigt und konfliktbelastet.« (Erikson 1959, 1974: 149)

Die Eriksonschen Anforderungen an einen gelingenden Prozeß der Identitätsbildung sind sehr hoch gesteckt. Schon um überhaupt die Normalität unterschiedlicher Selbsterfahrungen zu integrieren, bedarf es eines ›gesunden‹ Ich. Gesellschaftliche Umbrüche, tiefgreifende biographische Veränderungen, disparate Erfahrungen müssen notwendig das Ich überfordern und in eine Dauerkrise stürzen.« (Keupp u. a., 1999: 78)

»Das psychiatrische Denken sieht die Welt voller Gefahren, so daß es schwer ist, bei jedem Schritt die angespannte Vorsicht zu lockern. Auch ich habe mehr auf Gefahren als auf konstruktive Wege hingewiesen. Vielleicht dürfen wir dies als ein Zeichen dafür nehmen, daß wir durch ein Stadium des Lernens hindurch vorwärtsschreiten. Wenn jemand Autofahren lernt, muß er sich zuerst einmal bewußt machen, was alles passieren *kann*; er muß alle Gefahrensignale an seinem Armaturenbrett und auf der Straße hören, sehen und verstehen lernen. Aber kann doch hoffen, daß er dieses Stadium des Lernens einmal überwunden haben und dann ganz bequem durch die Landschaft gleiten und die Aussicht genießen wird, im vollen Vertrauen darauf, daß er auf alle Anzeichen von Störung im Getriebe oder von Verkehrshindernissen automatisch und hinreichend rasch reagieren wird.« (Erikson 1959, 1974: 121) »Die Persönlichkeit ist ununterbrochen mit den Zufällen und Gefahren des Daseins befaßt, genauso wie der Stoffwechsel des Körpers ununterbrochen gegen den Tod ankämpft. Während wir die Diagnose eines Zustandes relativer Stärke stellen und die Symptome seiner Störung abgrenzen, erkennen wir nur deutlicher die paradoxen und tragischen Möglichkeiten des menschlichen Lebens.« (Erikson 1963, 1999: 269)

Erikson unterstelle außerdem eine problemlose Synchronisation von innerer und äußerer Welt. »Die Leiden, der Schmerz und die Unterwerfung, die mit diesem Einpassungsprozeß gerade auch dann, wenn er ge-

sellschaftlich als gelungen gilt, verbunden sind, werden nicht auf gezeigt.« (Keupp u. a., 1999: 29f.).

»Ich meinerseits bin nie imstande gewesen, die Behauptung zu akzeptieren, daß der Mensch in der merkantilen Kultur oder in der Ackerbaukultur oder selbst in der Buchkultur im Prinzip weniger ›entfremdet‹ gewesen sein soll, wie er es in der Technologie ist. [...] in jeder Technologie und in jeder historischen Periode gibt es Typen von Individuen, die (»richtig« erzogen) die dominierenden Techniken mit ihrer Identitätsentwicklung kombinieren können und *werden*, was sie *tun*. Unabhängig von kleineren Überlegenheiten oder Unterlegenheiten können sie sich in der *kulturellen Konsolidierung* einrichten, die ihnen das an gemeinschaftlicher Bestätigung und vorübergehender Erlösung sichert, was darin liegt, Dinge gemeinsam zu tun und sie richtig zu tun – eine Richtigkeit, die durch die freigiebige Antwort der ›Natur‹ bestätigt wird, sei es in Form der erlangten Beute, der geernteten Nahrung, der produzierten Güter, des erworbenen Geldes oder der gelösten technischen Probleme.« (Erikson 1968, 1988: 27)

»So hat es sich ergeben, daß wir uns gerade zu einem geschichtlichen Zeitpunkt mit der Identität beschäftigen, da diese problematisch geworden ist.« (Erikson 1963, 1999: 278) »Die Erforschung der Identitätskrise« verweist uns daher unausweichlich auf Konflikte und Krankheitszustände, die durch Rollenanforderungen bedingt sind, welche die Effizienz des Menschen in einem gewissen Stadium der ökonomischen und kulturellen Entwicklung gesteigert haben – um den Preis der Verleugnung zentraler Aspekte seiner Existenz.« (Erikson 1975, 1982: 112)

Immer wieder kritisieren Identitätsforscher an Eriksons Werk, »daß er seinen zentralen Begriff – die menschliche Identität – nirgendwo ordentlich wissenschaftlich definiert.« (Haußer, 1983: 19)

Dieser Kritikpunkt ist als konstruktive Kritik bereits von Stuart Hampshires formuliert worden. Erikson: »Dabei lasse ich mich von Stuart Hampshires ermutigen, der meint, ich ›lasse (meinen) viel mißbrauchten Identitätsbegriff undefiniert‹, weil er primär dazu dient, eine Reihe von Phänomenen zusammenzufassen, die mit Gewinn gemeinsam untersucht werden sollten.« Offenbar hat nun Hampshires die Schwierigkeit begriffen, Wesen und Bedeutung von etwas zu bestimmen, das sowohl *psycho* als auch *sozial* ist.« (Erikson 1975, 1982: 16) An anderer Stelle äußert er sich wie folgt zu dieser Problematik: »Je mehr man über diesen Gegenstand schreibt, desto mehr wird das Wort zu einem Ausdruck für etwas, das ebenso unergründlich als allgegenwärtig ist. Man kann ihn nur untersuchen, indem man seine Unentbehrlichkeit in verschiedenen Zusammenhängen feststellt.« (Erikson 1968, 1988: 7) Dennoch postuliert Erikson in dem eben zitierten Buch »Jugend und Krise«: »[...] daß es an der Zeit scheint, besser und endgültig abzugrenzen, was Identität ist und was nicht.« (Ebd.: 11)

»Ein weiteres Problem ist, daß der Freud-Schüler Erikson seine ersten Phasen an Freuds Theorie der psychosexuellen Entwicklung festmacht [...], dann aber, wo diese endet, die letzten drei Phasen eher deskriptiv am Lebensalter orientiert.« (Haußer, 1995: 120)

»In der psychoanalytischen Literatur wurden die Triebschicksale und Ich-Entwicklungen immer nur bis zur Adoleszenz beschrieben, mit der Begründung, daß die kindlichen Konflikte nunmehr entweder von der reifen Genitalität absorbiert oder in der Form irrationaler Fixierungen konserviert würden, um unter den mannigfaltigsten Verkleidungen wieder aufzutauchen.« (Erikson 1963, 1999: 273) »Es ist jedoch nicht möglich im Rahmen der Libidotheorie auch den zweiten Entwicklungsaufschub, nämlich die ganze Adoleszenz, zu erklären. Hier wird das geschlechtsreif gewordene und in seinen geistigen Funktionen fertige Individuum in seiner psychosexuellen Fähigkeit zur Intimität und in seiner psychosozialen Bereitschaft zur Elternschaft mehr oder weniger retardiert.« (Erikson 1959, 1974: 137) »Hierzu soll [...] die Meinung beigesteuert werden, daß wir, um das Kindesalter wie auch die Gesellschaft zu verstehen, unser Gesichtsfeld wesentlich erweitern müssen. Wir müssen die Art und Weise erfassen, wie Gesellschaften die unvermeidlichen Kindheitskonflikte nicht nur erschweren, sondern auch leiten und durch Aussicht auf eine gewisse Sicherheit, Identität und Integrität erleichtern. Dadurch nämlich, daß sie die Ich-Werte stärken, schaffen die Gesellschaften die einzige Voraussetzung, unter der menschliches Wachstum überhaupt möglich ist.« (Erikson 1963, 1999: 273)

Erikson wurde schon früh wegen seiner psychosozialen »Versöhnungs«-Konzeption kritisiert und ihm der Verrat an der triebtheoretischen Radikalität Freuds vorgeworfen (Keupp u. a., 1999: 29).

»Angeregt durch Freuds Diktum, daß die Erziehung nicht mehr erreichen könne als eine Verstärkung des durch die Entwicklung Angelegten, fragte ich mich, welche potentiellen Quellen menschlicher Kraft womöglich nicht nur in den Stadien des individuellen Lebens, sondern auch in den konstituierenden Elementen der Gesellschaft liegen, in der das menschliche Leben sich entfalten muß. Dabei ging ich von der Annahme aus, daß der menschliche Lebenszyklus (so verheißungsvoll wie verletzlich) und die sozialen Institutionen (so korrumpierbar wie unverzichtbar) sich miteinander entwickeln. Dieser Gedanke wurde nicht nur als ›Optimismus‹ geschmäht, der Freuds grandiosen Pessimismus widerspräche, sondern auch als Befürwortung des Sichabfindens mit der Gesellschaft als solcher.« (Erikson 1975, 1982: 269) »Was nun meinen angeblichen Optimismus betrifft, so übersehen meine ergebenen Freunde wie erbitterten Kritiker gern die Tatsache, daß ich für jeden Schritt der psychosozialen Entwicklung eine spezifische Krise und einen spezifischen Konflikt postuliere, der sich, gemäß der psychosexuellen Theorie, in einer lebenslangen Angst äußert (Urmißtrauen, Scham, Schuld, Selbstzweifel, Konfusion, Isolation, Stagnation, Ekel, Verzweiflung) – und zwar nicht nur, weil ich mich mit deren Existenz abfinden muß, sondern weil es auch ohne diese keine menschliche Kraft gäbe.« (Ebd.: 270)

»Wie bei Freud entsteht ein Großteil der Probleme aus Eriksons methodologischen Unzulänglichkeiten, das heißt insbesondere dem weitgehenden Fehlen kontrollierter Experimente.« (Miller, 1993: 168)

»Der Mensch, der Gegenstand der psychosozialen Wissenschaft, hält nicht still genug, um sich in sowohl meßbare wie relevante Kategorien aufteilen zu lassen.« (Erikson 1968, 1988: 39) »Ich habe es so ausgedrückt: man kann das Wesen der Dinge untersuchen, indem man ihnen etwas *an*tut, aber etwas über die eigentliche Natur lebender Wesen kann man nur lernen, wenn man etwas *mit* ihnen oder *für* sie tut. Es handelt sich natürlich um das Prinzip der klinischen Wissenschaft.« (Erikson 1964, 1966: 208) »Für manchen wird die Relativität, wie sie der ärztlichen Arbeit eigen ist, unvereinbar mit ihrem wissenschaftlichen Wert erscheinen. Aber ich habe den Verdacht, daß gerade diese Relativität, wenn sie richtig gehandhabt wird, die Ärzte zu besseren Gefährten der Wissenschaftler von heute und morgen machen wird, als alle Versuche, das Studium der menschlichen Seele auf eine mit der traditionellen Naturwissenschaft identische Forschungsform zu reduzieren.« (Ebd.: 73)

»[...] und auch entsprechende empirische Belege – abgesehen von Fallbeispielen – weitgehend fehlen.« (Ulich, 1987: 14)

»Durch ein Stipendium der Field-Stiftung war ich in die Lage versetzt, mich während der letzten fünf Jahre auf das Studium emotionaler Störungen bei Jugendlichen um die Zwanzig zu konzentrieren. Die klinische Arbeit mit akut gestörten jungen Menschen fand in der Hauptsache im Austen Riggs Center in Stockbridge, Massachusetts, statt, gelegentlich auch im Western Psychiatric Institute in der School of Medicine der Universität Pittsburgh. [...] Innerhalb des gesicherten Rahmens der diagnostischen Möglichkeiten und therapeutischen Verfahren beider Krankenhäuser ließen sich die Schwierigkeiten junger Patienten als Variationen eines einzigen Themas, der Lebenskrise, studieren, die sich zwar bei Patienten besonders schwer auswirkt, in gewissem Maße aber für die Jugend überhaupt normal ist.« (Erikson 1958, 1975: 7f.) »Die uns zur Verfügung stehenden Quellen sind die Fallberichte einer Anzahl junger Patienten im Alter zwischen 16 und 24 Jahren, die anläßlich akuter Störungen zur Behandlung kamen. Einige davon habe ich selber gesehen und behandelt; eine größere Anzahl lernte ich durch Kontrollanalysen oder Seminare im Austen Riggs Center in Stockbridge und am Western Psychiatric Institute in Pittsburgh kennen; der größte Teil der Berichte stammt aus den Archiven des Austen Riggs Center.« (Erikson 1959, 1974: 153) »Selbstverständlich wäre eine detaillierte Darstellung der Fälle notwendig, um die Berechtigung eines solchen ›phasen-spezifischen‹ Ansatzes zu beweisen, eine Darstellung, die sowohl die gemeinsame Lebenskrise wie auch die unterschiedlichen Diagnosen in dieser Patientengruppe beleuchtete. Ich kann hier nur hoffen, sozusagen glaubwürdige Impressionen zu vermitteln. Die Tatsache, daß die Fälle einerseits in einer privaten Klinik auf dem Lande, andererseits in der Industriestadt Pittsburgh zur Behandlung kamen, läßt die Annahme zu, daß hier zwei Extreme der sozio-ökonomischen Verhältnisse in den Vereinigten Staaten, und also auch zwei extreme Formen eines Identitätsproblems, repräsentativ vertreten sind. [...] Die Frage, ob und inwieweit die hier anzudeutenden Schwierigkeiten auch für Jugendliche charakteristisch sind, die sich in einer mittleren und damit bequemeren Position auf der sozio-ökonomischen Leiter befinden, muß offen bleiben.« (Ebd.: 154f.)

»Meine Lesart ist, daß der ›normative Erikson‹, also der Erikson, der Identitätsbildung modellhaft beschreibt, in der Tat veraltet ist. Dies zeigt sich in seiner Begrifflichkeit des Gelingens ebenso wie in der des Scheiterns.« (Kraus, 2000: 21)

»Die Annahme, daß in jeder Phase ›etwas Gutes‹ errungen wird, das neuen inneren Konflikten und wechselnden Bedingungen gegenüber unauflöslich ist, bedeutet meiner Meinung nach eine Projektion der Erfolgsideologie auf die Lehre von der kindlichen Entwicklung, jener Erfolgsideologie, die unsere privaten und öffentlichen Tagträume so gefährlich durchsetzen und uns im gesteigerten Kampf um eine sinnvolle

Existenz in einer neuen industriellen Geschichtsepoche zur Torheit verleiten könnte.« (Erikson 1963, 1999: 269)

Dieser Punkt ist auch unter der prinzipiellen Frage des Erfolgs bzw. Misserfolgs der Krisenlösungen in einem Interview der Zeitung Psychologie Heute von 1983 mit Erik Erikson thematisiert worden. Die in diesem Zusammenhang relevante Passage sei hier zitiert:

PH: »Ist es so, daß nach der erfolgreichen Überwindung einer Krise die unterlegene Eigenschaft nicht verschwindet, sondern sich das Gleichgewicht nur verschiebt und die positive Eigenschaft das Übergewicht gewinnt?«

Erikson: »Ja, es ist eine Frage des Gleichgewichts. Wir vermeiden jedoch die Begriffe ›positiv‹ und ›negativ‹. Manchmal kann eine Eigenschaft, die in unserer Terminologie unter die ›dystonischen‹ (mit einer Tendenz zum Ungleichgewicht) fällt, positive Aspekte haben. Die Lebenskrise im Alter schließt beispielsweise den Konflikt Integrität und Verzweiflung ein. Wie wäre es denn möglich, integer, also aufrichtig zu sein, und nicht gleichzeitig auch über bestimmte Dinge im eigenen Leben oder über die menschlichen Bedingungen allgemein zu verzweifeln? Selbst, wenn Sie ein wunderschönes Leben geführt haben, müßte Sie die Tatsache, daß so viele Menschen ausgebeutet oder vernachlässigt wurden, verzweifeln lassen.« (Erikson, 1983: 33)

9 Abschließende Einschätzung

In diesem Kapitel wird zum einen die Rezensionsgeschichte des Erikson'schen Werkes und zum anderen dessen Aktualität thematisiert.

Der erste Teil des Kapitels befasst sich mit Problemen, die daraus resultieren, dass Eriksons Werk in Amerika entstanden und nach Deutschland importiert worden ist. Dabei steht neben der Frage der unterschiedlichen chronologischen Reihenfolge der Veröffentlichungen in Amerika und Deutschland ein linguistisches Problem im Mittelpunkt. Dieses ergibt sich daraus, dass Erikson, dessen Muttersprache Deutsch gewesen ist, seine Arbeiten auf Englisch geschrieben und veröffentlicht hat. Meine Arbeit basiert jedoch auf der deutschen Übersetzung seiner Theorien und Konzepte. Die sich daraus ergebenden Probleme sind das Thema des ersten Teilkapitels. Zum anderen soll sich der Frage nach der Aktualität seines Werkes gewidmet werden, was gleichsam die Konklusion der vorliegenden Arbeit darstellt.

9.1 Eriksons Werk in Deutschland

Aus der Tatsache, dass Eriksons Werk von Amerika nach Deutschland importiert und folglich vom Amerikanischen ins Deutsche übersetzt worden ist, resultieren zwei Problemkomplexe. Der erste betrifft die Chronologie der Veröffentlichungen seiner Arbeiten auf der einen Seite im englischen und auf der anderen Seite im deutschen Sprachraum. Der zweite Problemkomplex hängt mit der Übersetzung als solcher zusammen. Am Anfang der Arbeit habe ich dargelegt, dass jedes verwendete Zitat mit dem Pendant aus dem englischen Originalwerk verglichen werde, um einschätzbar zu machen, ob die Interpretation seines Werkes basierend auf den deutschen Ausgaben seiner Bücher auf die englische Version übertragbar sei. Dieser unmittelbare Vergleich bestimmter Textstellen hat Probleme und Schwierigkeiten offenbart, die ein weiteres Thema dieses Teilkapitels sind.

Chronologie der Veröffentlichungen

Hinsichtlich der Problematik der Chronologie beziehe ich mich auf Eriksons Bücher, da sie insofern die Knotenpunkte seines Gesamtwerkes darstellen, als dass Erikson in ihnen häufig frühere Artikel in überarbeiteter Form und unter einer bestimmten thematischen Schwerpunktsetzung veröffentlicht hat. Die folgende Abbildung (S. 229) stellt die chronologische Reihenfolge dar, in denen die Bücher im englischen und im deutschen Sprachraum veröffentlicht worden sind. Die Werke tragen jeweils den Titel, unter dem sie im entsprechenden Sprachraum erschienen sind. Die Nummern in Klammern hinter den Buchtiteln entsprechen der Reihenfolge, in der Erikson seine Bücher publiziert hat.

Anhand der Abbildung kann man erkennen, dass Erikson in den fünfziger, sechziger und siebziger Jahren kontinuierlich in jeder Dekade drei Bücher veröffentlicht hat. Im deutschen Sprachraum dagegen ist in den fünfziger Jahren lediglich sein Buch »Kindheit und Gesellschaft« und in den sechziger Jahren »Einsicht und Verantwortung« erschienen. Es war der Klett-Verlag, der diese Bücher aufgelegt hat, ebenso wie das 1970 erschienene Buch »Jugend und Krise«. Alle drei Bücher hat Marianne von Eckardt-Jaffé übersetzt und sind die ersten Bücher, die von Erikson in deutscher Sprache erhältlich gewesen sind. Ab 1971 übernimmt der Suhrkamp Verlag die Verlegung der Erikson'schen Werke, was zwei Konsequenzen hat, zum einen werden alle folgenden Bücher von unterschiedlichen Personen übersetzt und zum anderen gibt es in den siebziger Jahren einen Boom von Eriksons Büchern auf dem deutschsprachigen Markt.

Um Informationen über den beruflichen Hintergrund der jeweiligen Übersetzer zu erhalten, habe ich den Klett und den Suhrkamp Verlag angeschrieben. Die Antwort des Suhrkamp Verlags: »[…] Leider kann ich Ihnen auf Ihre Anfrage nicht so erschöpfend Auskunft erteilen, wie Sie das gehofft hatten. Wir haben keinerlei Unterlagen mehr zu den Übersetzern von Erikson vorliegen. Der damals für das Wissenschaftsprogramm zuständige Lektor – Friedhelm Herborth, selber einer der Übersetzer – ist schon seit längerem nicht mehr im Verlag tätig und wir arbeiten aktuell mit anderen Übersetzern zusammen.« Eine schriftliche Nachfrage bei Friedhelm Herborth hinsichtlich dieser Thematik ist unbeantwortet geblieben. Eine ähnliche Antwort vom Klett Verlag: »[…] Über die Übersetzerin liegen uns leider auch keine Informationen vor, tut mir leid.« Eigene Recherchen im Internet haben ergeben, dass die Übersetzerin der im Klett Verlag erschienen Bücher, Marianne von Eckardt-Jaffé, auf Übersetzungen psychoanalytischer Literatur spezialisiert zu sein scheint. Sie hat unter anderen von Heinz Hartmann »Psychoanalyse und moralische Werte«, Stuttgart: Klett (1973) und von David Rapa-

Abschließende Einschätzung 229

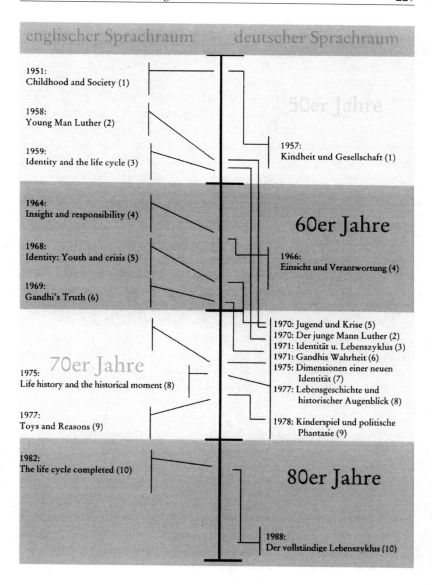

Abb. 8: Zeitliche Abfolge der Veröffentlichungen

port »Die Struktur der psychoanalytischen Struktur: Versuch einer Systematik.«, Stuttgart: Klett (1961) übersetzt.

In den siebziger Jahren gibt es einen Boom von Eriksons Büchern im deutschen Raum, sechs von Eriksons Büchern werden in dieser Dekade übersetzt und publiziert. Veröffentlicht werden »Der junge Mann Luther«[28] und »Identität und Lebenszyklus« mit zwölfjähriger und »Gandhis Wahrheit« und »Jugend und Krise« mit zweijähriger Verzögerung. Im Gegensatz zu den vorherigen zwei Dekaden kommen seine drei Bücher, die er in den siebziger Jahren in Amerika veröffentlicht hat, »Dimensionen einer neuen Identität«, »Lebensgeschichte und historischer Augenblick« und »Kinderspiel und politische Phantasie« mit maximal zweijähriger Verzögerung auf den deutschen Markt. Sein letztes Buch »Der vollständige Lebenszyklus« erscheint sechs Jahre, nachdem es im amerikanischen Sprachraum veröffentlicht worden ist, auf dem deutschen Markt.

Das bedeutet, dass im deutschen Raum innerhalb von acht Jahren, siebzig Prozent des Erikson'schen Werkes in Buchform, das eine Schaffensperiode von 19 Jahren umfasst, in nicht chronologischer Reihenfolge auf den Markt kommt. Eriksons Buch »Identität und Lebenszyklus« ist beispielsweise im amerikanischen Sprachraum 1959 und im deutschen 12 Jahre später, also 1971 erschienen. In diesem Buch bezieht sich Erikson auf 22 Aufsätze und Artikel, die er zwischen 1937 und 1958 verfasst und veröffentlicht hat, sodass es als Zeugnis seines zwanzigjährigen Schaffens in den vierziger und fünfziger Jahren gelten kann. Im Vorwort des Buches legt Erikson dar: »Der klinische Psychoanalytiker wird jedoch feststellen, daß ich erst in neueren Arbeiten begonnen habe, allen Ernstes die Probleme der klinischen Evidenz [...] und der therapeutischen Methode aufzugreifen, im Lichte unserer erweiterten geschichtlichen Erfahrung. Auch in dieser Hinsicht legt meine Monographie, die einen Abschnitt des von einem einzelnen Kliniker zurückgelegten Weges nachzeichnet, wahrhaft ein noch offenes psychologisches Problem vor.« (Erikson 1959, 1974: 9)

Diesem Problem habe sich Erikson nach 1959 in seinen Arbeiten gestellt. In den 12 Jahren zwischen der Veröffentlichung dieses Buches in Amerika und in Deutschland hat Erikson mehr als zwanzig Aufsätze

---

[28] Der Suhrkamp Verlag hat das Buch 1975 veröffentlicht. Eine Anmerkung verweist darauf, dass die deutsche Erstausgabe 1970 im Szczesny Verlag, München erschienen ist.

und Artikel und seine drei Bücher »Einsicht und Verantwortung«, »Jugend und Krise« und »Gandhis Wahrheit« veröffentlicht. Als 1971 »Identität und Lebenszyklus« in Deutschland erscheint, liegt nicht nur das Ende der historischen Periode, auf die es sich bezieht, mehr als zehn Jahre zurück, sondern die Zwischenzeit stellt bereits wieder eine schöpferische Periode in Eriksons Leben und einen weiteren Abschnitt seines Weges dar. Die dadurch entstehende Verschiebung in der Chronologie hat zur Folge, dass Eriksons Werk teilweise missverstanden und missverständlich rezitiert worden ist. Zum einen, weil die Entstehung und Veränderung seiner Begriffe nicht nachvollziehbar gewesen ist, und zum anderen, weil der Bezug zu der Zeit, in der seine Arbeit entstanden ist und die sein Werk beeinflusst oder motiviert hat, fehlt.

Übersetzung des Erikson'schen Werkes

Der zweite Problemkomplex, der die Übersetzung der Arbeiten vom Amerikanischen ins Deutsche betrifft, zeigt sich bereits in der Gegenüberstellung der Buchtitel. Die Titel im englischen Original weichen teilweise sehr von dem deutschen Titel ab, worin ich nicht nur ein sprachliches, sondern ein inhaltliches Problem sehe.

»Einsicht und Verantwortung: Die Rolle des Ethischen in der Psychoanalyse« heißt im Original »Insight and Responsibility. Lectures on the Ethical Implications of Psychoanalytic Insight«.

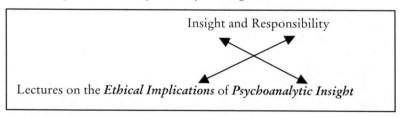

Abb. 9:   Insight and Responsibility

Wie die Grafik zeigt, hat Erikson die Worte des Titels und des Untertitels chiastisch angeordnet. Zweck des Chiasmus ist die Verdeutlichung einer Antithese bis hin zur Betonung stärkster und schärfster Gegensätze. Dadurch dass Erikson das Verhältnis von Einsicht und Verantwortung und von Ethik und Psychoanalyse antithetisch formuliert, erscheint der Titel seines Buches als Appell. »Insight and Responsibility. Lectures on the Ethical Implications of Psychoanalytic Insight« bedeutet, dass die psychoanalytische Einsicht ethische Implikationen beinhalte und diese die Verantwortung der psychoanalytisch Tätigen darstellen, deren Köpfen die psychoanalytischen Einsichten entspringen. Der Appell besteht darin, die damit verbundene ethische Verantwortung zu übernehmen. Die Gesprächsebene der in diesem Buch veröffentlichten Vorlesungen heiße Einsicht (Erikson 1964, 1966). Der Untertitel hätte auch mit »Vorträge über die ethischen Implikationen psychoanalytischer Einsicht« übersetzt werden können, da Einsicht für Erikson ein Konzept mit eigener Konnotation darstellt. Psychoanalytische Einsicht enthalte ethische Implikationen, die das gemeinsame Thema der sechs in diesem Buch abgedruckten Vorträge sind. Der Appell des Titels besteht darin, mit der Hilfe von Einsicht die Verantwortung für die ethischen Implikationen psychoanalytischer Einsicht zu übernehmen und so deren Antithese zu überwinden. Überlegungen, die sich aus dem deutschen Titel nicht so unmittelbar ableiten lassen, wodurch Eriksons Forderung an Dringlichkeit verliert.

»Jugend und Krise: Die Psychodynamik im sozialen Wandel« heißt im Original: »Identity: Youth and Crisis«. Der Titel, den Erikson für seine Arbeit gewählt hat, verweist auf das zentrale Thema des Buches, nämlich Identität und den Gesichtspunkt, unter dem das Thema diskutiert werden soll: Jugend und Krise. Jugend und Krise sind dynamische Konzepte und somit beinhaltet der Untertitel die Vielschichtigkeit des Problems, dem sich der Autor widmet. Der deutsche Titel »Jugend und Krise: Die Psychodynamik im sozialen Wandel« macht den von Erikson gewählten Untertitel zum Haupttitel des Buches, wodurch das Thema: »Identität« und damit der Identitätsbegriff aus dem deutschen Titel verschwindet. Vielleicht ist der Grund dafür der, dass man sich zu dieser Zeit im deutschen Sprachraum von der Verwendung des Identitätsbegriffes, besonders wie er im amerikanischen Sprachraum benutzt wird, distanziert. Folgende Feststellung von Erikson in seinem Buch »Jugend und Krise« hinsichtlich der Verwendung des Identitätsbegriffes scheint diese Vermutung zu bestätigen: »Derartig wahllose Verwendungen sind tatsächlich so häufig geworden, daß kürzlich ein deutscher Kritiker des Buches, in dem ich den Ausdruck zum ersten Mal im Zusammenhang mit der psychoanalytischen Ich-Theorie gebrauchte, ihn das Lieblingsthema der amerikanischen Populärpsychologie nannte.« (Erikson 1968, 1988: 12) Vielleicht ist es aber auch nur undenkbar für einen wissenschaftlichen Verlag, den Eindruck entstehen zu lassen, er würde Arbeiten aus dem Gebiet der amerikanischen Populärpsychologie veröffentlichen.

»Kinderspiel und politische Phantasie: Stufen in der Ritualisierung der Realität« heißt im Original: »Toys and Reasons. Stages in the Ritualization of Experience«. Der englische Titel seines Buches spielt auf ein Zitat von William Blake an: »The child's toys and the old man's reasons are the fruits of the two seasons.« Das Zitat ist vor dem Vorwort abgedruckt, sodass es damit auf die Wahl des Titels verweist und in Verbindung mit dem Untertitel des Buches dessen Thema formuliert. Die deutsche Version des Titels hat nicht nur die Originalität der Titelwahl eingebüßt, sondern auch die Klarheit, mit der das ganze Thema in dem englischen Titel auf den Punkt gebracht wird.

Im Zusammenhang mit den verschiedenen Ich-Begriffen zeigt sich das Übersetzungsproblem besonders stark. Das Problem der Übersetzung und Rückübersetzung der psychoanalytischen Ich-Begriffe wirkt sich meines Erachtens nach sehr auf das Verständnis des Erikson'schen Identitätsbegriffes aus, da dieser aus der Konzeptualisierung des Ichs und dessen Entwicklung resultiert (vgl. Kapitel 7). Marianne von Eckardt-Jaffé, die das Buch »Jugend und Krise« übersetzt hat, erläutert dort in einer Fußnote: »Es ergibt sich hier eine (nicht völlig zu lösende) übersetzerische Schwierigkeit: Freud hatte sich auf die (substantivischen) Begriffe des Ich, Es und Über-Ich beschränkt. In allen Übersetzungen ins Englische wurde ›das Ich‹ mit ›ego‹ bezeichnet, wie auch alle Zusammensetzungen (Ichideal etc.) mit ego gebildet wurden – im Gegensatz zum persönlichen Fürwort ›ich‹, das natürlich mit ›I‹ übersetzt wird. In Übersetzungen englischsprachiger analytischer Arbeiten ins Deutsche ist wohl auch durchweg ›the ego‹ mit ›das Ich‹ bezeichnet worden. Es scheint sich in den letzten Jahren in der englischsprachigen Literatur ein doppelter Gebrauch – teils ›the ego‹, teils ›the I‹ – herausgebildet zu haben, mit Diskussionen der jeweils gemeinten Begriffe.« (Eckardt-Jaffé in Erikson 1968, 1988: 213f.)

Ein anderes Übersetzungsproblem betrifft die Übersetzung bestimmter Konzepte des Erikson'schen Werkes. Erikson konzipiert beispielsweise in seiner Identitätstheorie die so genannte »identity-consciousness«, dazu führt er aus: »We also diagnosed *identity-consciousness* among the ingredients of identity confusion, and we meant by it a special form of painful self-consciousness which dwells on discrepancies between one's self-esteem, the aggrandized self-image as an autonomous person, and one's appearance in the eyes of others.« (Erikson 1968: 183) Wie an anderer Stelle ausgeführt, ist das Selbst – zusammengesetzt aus vielen Selbsten – vorbewusst, wenn man ein Gefühl der Identität hat und auch die Identitätsbildung wird von Erikson als zum größten Teil unbewusst konzeptualisiert. Treffen jedoch innere Bedingungen und äußere Umstände zusammen, könne das Ich das Selbst zum Gegenstand seiner Gedanken, also sich selbst und das Identitätsgefühl bewusst machen.

Vor diesem theoretischen Hintergrund würde ich den Begriff *identity-consciousness* mit Identitäts-Bewusstheit übersetzen, denn dadurch dass das Identitätsgefühl bewusst wird, ist es kein vorbewusstes Wohlempfinden mehr und wird problematisch. Obwohl sie offensichtlich ein wichtiges Konzept der Identitätstheorie von Erikson darstellt, wird *identity-consciousness* in ein und demselben Werk mit drei unterschiedlichen Begriffen übersetzt, nämlich Identitätsbewusstheit, Identitäts-Befangenheit und Identitätsbefreiung. Beim Vergleich der jeweiligen Stellen mit dem Original stellt man fest, dass Erikson jedes Mal, den Begriff der *identity-consciousness* verwendet. Obwohl die Ausführungen dazu kurz und an verschiedenen Stellen des Buches zu finden sind, entfaltet er das Konzept der Identitätsbewusstheit als Bestandteil seiner Theorie.

So führt Erikson in »Identity: Youth and Crisis« aus: »Identity-consciousness is, of course, overcome only by a sense of identity won in action. Only he who ›knows where he is going and who is going with him‹ demonstrates an unmistakable if not always easily definable unity and radiance of appearance and being.« (Erikson, 1968: 300) Die deutsche Übersetzung dieser Stelle: »Diese Identitäts-Befangenheit kann natürlich nur durch ein Identitätsgefühl überwunden werden, das im Handeln errungen wird. Nur der weiß, ›wohin er geht und wer mit ihm geht‹, zeigt eine unmißverständliche, wenn auch nicht immer einfach zu definierende Einheitlichkeit und etwas Ausstrahlendes in Erscheinung und Wesen.« (Erikson 1968, 1988: 297) Aufgrund des Vergleichs mit dem englischsprachigen Original wissen wir, dass mit Identitätsbefangenheit die Identitätsbewusstheit und damit jedes Mal der gleiche Sachverhalt gemeint ist. Die Übersetzung der Stelle, an der Erikson diesen Sachverhalt bzw. den Begriff *identity-consciousness* definiert, ist in der Ausgabe von »Jugend und Krise« von 1988, aus der auch die vorherige Passage zitiert wurde, die folgende: »Unter den Bestandteilen der Identitätsverwirrung diagnostizierten wir auch die *Identitäts-Befreiung*, und wir meinten damit eine schmerzliche Bewußtheit von sich selbst, die über die Diskrepanzen zwischen der eigenen Selbstachtung, dem erhöhten Selbst-Bildnis als einer autonomen Person und der Erscheinung, die man in den Augen anderer annimmt, nachgrübelt.« (Ebd.: 178)

Interessanterweise wird *identity-consciousness* an der Stelle, an der Erikson erörtert, ob das Identitätsgefühl bewusst sei, mit Identitätsbewusstheit übersetzt, obwohl seine diesbezüglichen Äußerungen inhaltlich konform mit seiner Definition des Begriffes sind: »Denn zwischen den doppelten Zinken des vitalen inneren Bedürfnisses und der unerbittlichen äußeren Anforderung kann das noch experimentierende Individuum zum Opfer einer vorübergehenden extremen Identitätsbewusstheit werden [...].« (Ebd.: 160) Im Original hat Erikson natürlich auch hier den Begriff *identity-consciousness* benutzt: »For between the double prongs of vital inner need and inexorable outer demand, the as yet experimenting individual may become victim of a transitory extreme identity consciousness ...« (Erikson, 1968: 165). Die Funktion der Ideologie, die es dem Jugendlichen ermögliche, eine gewisse Uniformität des Auftretens und Verhaltens zu zeigen, wirke der Identitätsbefangenheit des Einzelnen entgegen (Erikson 1968, 1988). Auch hier heißt es im Original identity-consciousness und sollte deshalb besser mit Identitätsbewusstheit übersetzt werden. Unstimmigkeiten und Unklarheiten innerhalb des Erikson'schen Werkes sind im deutschen Sprachraum vorprogrammiert, wenn ein und derselbe Begriff innerhalb einer Arbeit mit drei unterschiedlichen Begriffen übersetzt und so der konzeptionelle Status der »Identitätsbewusstheit« verkannt wird.

Dieses Problem vergrößert sich dadurch, dass in verschiedenen Ausgaben der deutschen Version »Jugend und Krise« in den gleichen Textstellen unterschiedliche Begriffe benutzt werden, mit denen *identity-consciousness* übersetzt worden ist. In der Ausgabe des Buches »Jugend und Krise« aus dem Jahr 1988 wird der Begriff an der Stelle, an der er definiert wird, mit Identitätsbefreiung übersetzt: »[...] diagnostizierten wir auch die *Identitäts-Befreiung*« (Erikson 1968, 1988: 178) In der Ausgabe des Buches vierzehn Jahre früher, wird diese Stelle folgendermaßen übersetzt: »Unter den Bestandteilen der Identitätsverwirrung diagnostizierten wir auch die *Identitäts-Befangenheit*, und wir meinten damit eine schmerzliche Bewußtheit von sich selbst, die über die Diskrepanzen zwischen der eigenen Selbstachtung, dem erhöhten Selbst-Bildnis als einer autonomen Person und der Erscheinung, die man in den Augen anderer annimmt, nachgrübelt.« (Erikson 1968, 1974: 188)

Totalität ist ein weiterer Begriff, dessen konzeptioneller Status durch die uneinheitliche Übersetzung verwischt wird. In den beiden Büchern »Einsicht und Verantwortung« und »Identität und Lebenszyklus« benutzt Erikson zur Beschreibung dessen, wozu der Jugendliche Zuflucht nehme, wenn er einer wesentlichen Ganzheit verlustig gehe, den Begriff »totalism«. In »Einsicht und Verantwortung« wird dieser mit Totalitarismus (Erikson 1964, 1966: 84) und in »Identität und Lebenszyklus« mit Totalität (Erikson 1959, 1974: 168) übersetzt. Was in diesem Zusammenhang die Sache erschwert, ist, dass Totalitarismus, Totalität und Totalismus wiederum Bestandteile des Erikson'schen Konzepts der Totalität darstellen.

Abschließend noch ein übersetzerisches Problem, das nicht die Diskussion einzelner Begrifflichkeiten betrifft, sondern ganzer Textpassagen, die es in der englischen Version, dessen Übersetzung der jeweilige Text sein soll, nicht gibt. Es geht hierbei um den Artikel »Autobiographic Notes«, den Erikson 1970 im englischen Sprachraum veröffentlicht hat und der unter dem Titel »Autobiografisches zur Identitätskrise« 1973 in Deutschland erscheint. Ein paar Jahre später nimmt Erikson den Artikel in modifizierter Form unter dem Titel »Identity Crisis« in Autobiographic Perspective« in sein Buch »Life History and the Historical Moment« auf. Dieses wird unter dem Titel »Lebensgeschichte und historischer Augenblick« 1977 im deutschen Sprachraum veröffentlicht und besagter Artikel mit »Identitätskrise in autobiographischer Sicht« übersetzt.

In dem fraglichen Abschnitt werden Eriksons deutsche, jüdische und dänische Identitätselemente thematisiert und wie sich das Judentum in seiner Kindheit und Jugend innerhalb seiner Familie geäußert habe. Wichtiger noch als das ist die Definition von »persönlicher Identität«, mit der dieser Abschnitt beginnt: »Solche Namen, auch wenn sie einem nur gelegentlich angeheftet werden, können ein Gefühl der Entfremdung verstärken und wirklich eine Zeitlang mehr das ›eigentliche‹ Selbst repräsentieren als die einfachsten, feststehenden sozialen Tatsachen, die die *persönliche* Identität ausmachen.« (Erikson 1975, 1982: 26) Eine Definition, die dazu beiträgt, eine gewisse Klarheit in Eriksons Identitätstheorie und seine vielseitige Verwendung zusammengesetzter Identitätsbegriffe zu bringen. Ohne das englische Gegenstück darf man diesem nicht das volle theoretische Gewicht einräumen, weil nicht sicher ist, ob diese Definition tatsächlich Eriksons Konzept entspricht.

Zusammenfassend lässt sich festhalten, dass aus der Tatsache, dass Eriksons Werk in Amerika erschienen und nach Deutschland importiert worden ist, zwei Problemkomplexe resultieren. Der erste betrifft die unterschiedliche Chronologie der Veröffentlichung im deutschen und amerikanischen Sprachraum. Der zweite hängt mit der Übersetzung seines Werkes vom Amerikanischen ins Deutsche zusammen. Sich diesen Problemen zu widmen, muss das Ziel weiterer Forschungen sein, was die Rekonstruktion der deutschen Publikationsgeschichte hinsichtlich der Chronologie der Erstveröffentlichungen, aber auch hinsichtlich der Auflagensystematik umfassen müsste. Dadurch ließe sich der geschichtliche Zusammenhang herstellen, in dem sein Werk entstanden ist. Auch ließen sich Antworten auf Fragen finden, worauf sein Werk eine Reaktion und wodurch es beeinflusst worden ist. Die boomartige Nachfrage und Verbreitung seiner Bücher in den 70er Jahren in Deutschland müssten thematisiert werden. Konkret bezogen auf seine Arbeit muss die weitere Forschung die begrifflichen Veränderungen innerhalb seines Werkes aufzeigen, zum einen die Veränderungen, die tatsächlich von ihm stammen, und die Veränderungen, die durch die Übersetzung und Veröffentlichung im deutschen Raum entstanden sind. Damit verbunden würde ein Vergleich der Begriffe im Original und der Übersetzung dazu beitragen, bestehende Unklarheiten hinsichtlich seines Werkes zu beseitigen.

9.2 Konklusion: Dimensionen einer neuen Identität

Eriksons Identitätstheorie ist heutzutage aktuell. Zum einen inhaltlich, was folgende Aussage exemplarisch belegen soll: »Das Studium der Identität wird daher in unserer Zeit zu einer genau so strategischen Frage, wie es das Studium der Sexualität zu Freuds Zeiten war.« (Erikson 1975, 1982: 44) »Um es auf eine Formel zu bringen: Der Patient unserer Tage leidet vorwiegend unter dem Problem, was er glauben soll oder kann, während die Patienten in den Anfängen der Psychoanalyse vorwiegend unter Hemmungen litten, die sie daran hinderten, das zu sein, was sie ihrer festen Wertskala nach zu sein glaubten.« (Erikson 1963, 1999: 275) Zum anderen ist sein Werk aus historischen Gründen aktuell. Erstens weil seine Konzepte sowohl den Menschen als auch seine Umwelt und deren Veränderungen fassen und so auch heute ein brauchbares Instrumentarium darstellen können. Zweitens hat Erikson seine Theorie während einer Schaffensperiode entwickelt, die das 20. Jahrhundert reflektiert. Sie stammt aus der Zeit, als sich Identität als Problem und Forschungsthema epidemisch auszubreiten beginnt, und spiegelt somit die gesellschaftlichen Veränderungen wider, die die Identitätsthematik aktuell und problematisch machen. Insofern ist sie ein Teil der Geschichte der Identitätsforschung.

»In allen Epochen der Geschichte haben seelische Störungen, die sich durch epidemische Verbreitung oder besondere Faszination auszeichneten, spezifische Aspekte der Natur des Menschen im Konflikt mit ›den Zeiten‹ beleuchtet und wurden durch innovative Einsichten überwunden.« (Erikson 1975, 1982: 19) Aus dieser Perspektive gilt es vier Komponenten in Eriksons Werk zu benennen: Erstens die seelische Störung, die sich durch epidemische Verbreitung oder besondere Faszination auszeichnet, zweitens den spezifischen Aspekt der Natur des Menschen, der in Konflikt mit drittens »den Zeiten« steht. Die vierte Komponente betrifft die Frage, welches die innovativen Einsichten seien, durch die der Konflikt überwunden werde.

Grafisch lässt sich dies wie folgt darstellen.

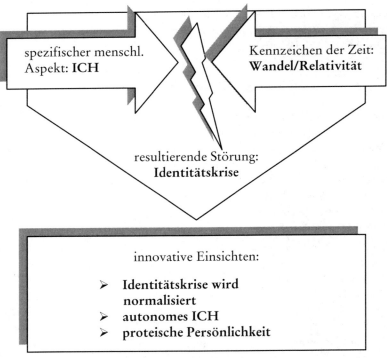

Abb. 10: Konklusion des Erikson'schen Werkes

Die seelische Störung (vgl. Kapitel 7.2.1), die sich zu Eriksons Zeit beginnt epidemisch auszubreiten und Aufschluss über den Konflikt zwischen dem Menschen und seiner Umwelt gibt, ist die Identitätskrise. Der spezifische Aspekt der Natur des Menschen, der im Konflikt mit »den Zeiten« steht, ist das ICH (vgl. 7.2.2). Bezüglich der Zeit, mit der das Ich in Konflikt steht, führt Erikson aus, dass »wir in einer größeren Welt unsere Erde als erweitert empfinden und doch zusammengeschrumpft durch Radioverbindungen und Kernwaffen, durch geistige Unrast und die Eroberung des Raumes.« (Erikson 1964, 1966: 92) Diese Bestandsaufnahme führt ihn zur der Frage: »Ist nicht die sehnsuchtsvolle Betonung der Wurzeln eine Reaktion auf die trotzige und schöpferische Überschreitung einer primär landwirtschaftlichen und »heimatgebundenen« Existenz zu Beginn des modernen Zeitalters?« (Ebd.) Hierin offenbare sich einer der Gründe für das inflationäre Interesse an der Identitätsthematik: »So hat es sich ergeben, daß wir uns gerade zu einem geschichtlichen Zeitpunkt mit der Identität beschäftigen, da diese problematisch geworden ist. Und zwar beginnen wir damit in einem Lande, in dem sich eben aus all den durch die Einwanderer importierten Identitäten eine Super-Identität bilden will; und der Zeitpunkt unseres Unternehmens ist der der rasch wachsenden Mechanisierung, welche die im wesentlichen bäuerlichen und patriarchalischen Identitäten auch in den Ursprungsländern aller dieser Einwanderer zu vernichten droht.« (Erikson 1963, 1999: 278)

»Als Mensch, der in Jahrzehnten rascher Wandlungen der historischen Perspektive mit der Behandlung und dem Studium von Kindern, Jugendlichen und Erwachsenen beschäftigt war, mußte ich die häufig verwirrende *Dialektik sozialer Stabilität und sozialen Wandels* und ihre Wirkung auf die verschiedenen Lebensabschnitte zur Kenntnis nehmen.« (Erikson 1977, 1978: 138) Das eigentliche Problem »seiner Zeit«, dem Erikson meiner Meinung nach gegenüber gestanden hat, ist nicht die Mechanisierung und der daraus resultierende Wandel der sozialen Umwelt an sich, sondern der Wandel des Wandels: »Denn während historischer Wandel einst ein Übergangsstadium war, gekennzeichnet durch Reformationen und Revolutionen, die zu ersehnten Gleichgewichtszuständen führten, ist Veränderung heute eigengesetzlich, und niemand kann vorhersagen oder gar planen, wie die Welt von morgen aussehen wird, wiewohl es nicht an eifrigen Bemühungen fehlt, sich wenigstens das Jahr 2000 auszumalen.« (Erikson 1975, 1982: 205) Veränderung, wie Erikson an anderer Stelle darlegt, wirkliche »Veränderung ist nicht Sache der Meinung oder oberflächlichen Haltung; wirkliche Veränderung bedeutet einen inneren Konflikt, denn er führt durch das schmerzhafte Bewußtsein von unserer

Lage zu einem neuen Gewissen in dieser Lage.« (Erikson 1957a: 20) In Eriksons Werk spiegelt sich seine Auseinandersetzung mit dieser neuen Qualität von Wandel und deren Auswirkung auf das Individuum wider. Ausgehend von seinem Selbstverständnis als Kliniker hat sich Erikson in seinen Arbeiten vorrangig mit dem Konflikt zwischen Ich und seiner sozialen Umwelt in der jeweiligen Zeit beschäftigt. Er hat die Gefahren aufgezeigt, denen das Ich während seiner Entwicklung ausgeliefert ist, und die entsprechenden Krisen, deren Charakteristika und Lösungen dargelegt. Die Lösung der Identitätskrise sei die Identität, deren Entwicklung ebenso in seinen Arbeiten thematisiert wird wie die Schwierigkeiten ihrer Entwicklung und die möglichen Folgen ihrer Fehlentwicklung. Als Reaktion auf seine Zeit ist sein Werk gleichzeitig ein Spiegel dieser Zeit und stellt eine Lösung oder eine Antwort auf die Phänomene »seiner« Zeit dar. Nach Erikson reflektieren solche Phänomene ganz allgemein gesprochen »historische und technologische Veränderungen, die anfangs immer nur eine Frage von graduellen Unterschieden zu sein scheinen, bis viele kleine Unterschiede sich zu einer beängstigend neuen Gesamtqualität summieren: dann erst erkennen wir eine Krise.« (Erikson 1975, 1977: 201)

Auch die »innovativen Einsichten«, zu denen Erikson gelangt ist, spiegeln seine Antworten auf die graduellen Veränderungen, die er in seiner Zeit beobachtet hat, wider. Er hat nicht wie Identitätsforscher heutzutage einer (bereits) historisch gewordenen Krise gegenübergestanden, deren Konsequenzen einen gewissen Normalitätsstatus erreicht haben, sondern er ist Teilhaber an dieser historischen Aktualität gewesen. Zu den aus heutiger Perspektive bedeutendsten Einsichten gehören: 1. dass Erikson im Gefolge der psychoanalytischen Ich-Psychologie das Ich als autonomes Agens konzipiert, das sich der Umwelt anpasst, sie sich aber auch aneignet. Dies hat zur Folge, dass Erikson den klassischen psychoanalytischen Ich-Begriff und den Umwelt-Begriff modifiziert, um der veränderten sozialen Realität Rechnung zu tragen. Diese Einsicht bezieht sich direkt auf zwei der Variablen, die den Identitätsbegriff bei Erikson konstituieren, nämlich »Ich« und »Umwelt«. Da aber alle drei Variablen voneinander abhängig sind, wirken sich entsprechende Änderungen in diesen beiden Variablen auf die dritte Variable, den »synthetisierenden Anpassungsmechanismus«, aus.

2. Erikson weist der Identitätsdiffusion eine natürliche Periode im menschlichen Leben zu: die Adoleszenz. Dadurch ent-pathologisiert und normalisiert er die Identitätsdiffusion, was mit der folgenden Aus-

sage beispielhaft gezeigt wird: »In unseren Tagen nun scheint ein Zustand der *Identitätskonfusion*, der an sich gar nicht abnorm ist, mit allen neurotischen und fast psychotischen Symptomen einherzugehen, die ein junger Mensch aufgrund seiner Konstitution, früher Schicksale und widriger Umstände zeigen mag. Tatsächlich ist der Jugendliche anfällig für schwerere Störungen, als sie sich in späteren Lebensphasen manifestieren, denn die Adoleszenz ist eine Zeit, da das Individuum oft halb-vorsätzlich gewissen, höchst regressiven oder repressiven Tendenzen nachgibt, um sozusagen festen Boden zu gewinnen und sich seiner noch unentwickelten Kindheitskräfte wieder zu versichern.« (Erikson 1975, 1982: 19f.) Erikson postuliert, »daß die Konflikte, die wir in unseren Krankengeschichten in sehr gesteigerter Form antreffen, im Prinzip allen Individuen gemeinsam sind, so daß das dargestellte Bild nur eine verzerrte Wiedergabe des normalen Reifungszustandes ist.« (Erikson 1968, 1988: 175)

Die dritte bedeutsame Einsicht, die aus den ersten beiden Einsichten resultiert, besteht in der Formulierung des Konzepts einer proteischen Persönlichkeit, d. h. einer Persönlichkeit, die in vielerlei Gestalt auftreten könne. Gemäß der ersten beiden Einsichten ist die Umwelt ständigem Wandel unterworfen und es gibt ein aktives Ich, das diesen Veränderungen begegnen kann. Dementsprechend können diffuse und krisenhafte Zustände nicht als ausschließlich pathogen betrachtet werden. Die Persönlichkeit, die mit diesem Wandel umgehen kann, als proteisch zu konzeptionalisieren, ist auch insofern bedeutend in Eriksons Werk, als dass es ein »positives« Konzept von Identität ist, das besagt, was Identität ist. Eriksons Auseinandersetzungen mit Identität basieren in erster Linie auf der Pathologie des Menschen und ausgehend von dieser Perspektive beschreibt er Identität vorrangig negativ, indem er darlegt, was sie nicht sei und wodurch sie gefährdet werde. Entsprechend entwickelt er das Konzept einer proteischen Persönlichkeit nicht direkt als »neue« Identitätstheorie. Es ist im Rahmen der Auseinandersetzung mit Jefferson, den er als proteischen Präsidenten bezeichnet, entstanden. Seine diesbezüglichen Überlegungen führen ihn nicht umhin zu erkennen, dass diese Form von Persönlichkeit einschließlich ihrer negativen und positiven Potentiale die Identitätsentwicklung seiner Zeit charakterisieren. Eine Vorstellung bezüglich den Relativismen seiner Zeit, der er sich (vorerst) nur fragend widmen kann. Hinsichtlich der Thematik Wandel, sich wandelnde gesellschaftliche Bedingungen und der sich entsprechend wandelnden Identitätsbildung des Einzelnen sehe ich also Eriksons Buch

»Dimensionen einer neuen Identität« als eine äußerst wichtige Arbeit an, die viele Überlegungen, die heutzutage die Identitätsforschung bestimmen, vorwegnimmt, sodass ich darauf im Folgenden näher eingehen möchte.

Dimensionen einer neuen Identität: Proteische Persönlichkeit

»Dimensionen einer neuen Identität« ist die Buchfassung der Jefferson-Vorlesung, die Erikson am 1. und 2. Mai 1973 in Washington gehalten hat. In dieser Arbeit werden aus psychoanalytischer Perspektive spezifische Züge religiöser, ethischer und politischer Art der Person Thomas Jefferson, dem dritten Präsidenten der Vereinigten Staaten, aufgezeigt. Zusammengenommen würden diese den bestimmten Typus der amerikanischen Identität konstituieren. Außerdem widmet sich Erikson den aktuellen Problemen einer »neuen Identität« in einer Zeit, in der alte Legitimationen brüchig geworden seien. Dementsprechend bestehe das Buch aus zwei Teilen: »Die Gründer: Jeffersons Handeln und Glaube« und »Die Erben: Moderne Einsicht und Voraussicht«.

Als Auftakt der Vorlesung hält Erikson fest, wie schwierig es sei, die Gestalt Jefferson zu fassen, und unterstreicht diese Ansicht mit einer Paraphrase von John F. Kennedys berühmter Bemerkung, dass es im Weißen Haus »seit Präsident Jefferson dort allein zu Tisch gegessen habe, kein gleichermaßen außergewöhnliches Zusammentreffen menschlicher Begabung gegeben habe.« (Erikson 1974, 1975: 11) Jefferson sei noch immer als ein rätselhaftes Wesen lebendig, obwohl es zahlreiche Untersuchungen über ihn gebe. Bei diesen habe ein ganzes Jahrhundert lang Jeffersons Rolle als Staatsmann im Mittelpunkt gestanden, an zweiter Stelle seine Rolle als großer Humanist und erst in jüngster Zeit habe sich das Interesse hin zu »einer systematischen Erforschung der rätselhaften und widersprüchlichen *Persönlichkeit* dieses Mannes« (Ebd.: 17) verschoben.

Im Gegensatz dazu beginne Erikson entsprechend seiner Motivation und seines Selbstverständnisses als Psychoanalytiker bei der Entwicklung von Jeffersons Persönlichkeit zu seinem Humanismus, der sich darin äußerte, dass Jefferson sich zu einem Mann entwickelt habe, der sich in seinem privaten und im öffentlichen Leben für die Erneuerung alter Werte auf einem jungen Kontinent einsetzt. Dann erst widme sich Erikson Jeffersons Rolle als Politiker. Dabei gehe er von dem von Jefferson verfassten Buch »Notes on the State of Virginia« aus. Weil hier nicht nur der Zustand des Staates, sondern auch die Verfassung des Autors zum Ausdruck kämen, sieht Erikson in diesem Buch ein Modellfall psychohistorischer Literatur. Das Buch habe Jefferson 1781 im Alter von 38 Jahren geschrieben, zu einem Zeitpunkt, so Erikson, als seine Karriere an ihrem tiefsten Punkt gewesen sei. Er habe bereits seine beiden unsterblichen Erklärungen – die Unabhängigkeitserklärung und die Erklärung für Religionsfreiheit in Virginia – verfasst und sei Gouverneur eines von feindlichen Truppen besetzten Landes und außerdem von einem Amtsenthebungsverfahren bedroht gewesen. Erikson bemerkt bezüglich des Buches: »Man hat jedoch den Eindruck, daß der Autor Jefferson dann am besten und persönlichsten war, wenn er sich in Schwierigkeiten befand.« (Ebd.: 22)

Erikson legt in seiner Arbeit die gegensätzlichen Idealbilder, die Jeffersons Identitätsbildung beeinflusst hätten, dar, ohne jedoch deren Ursache zu erforschen. »Unter den Elementen der individuellen Identität Jeffersons« habe Erikson »neben dem des natürlichen Aristokraten einige intellektueller und ästhetischer Art erwähnt, nämlich die des Amateurs und die des Geometers, des Erziehers und des Ideologen. Jedes dieser Elemente hätte in einer beruflichen Identität besonders ausgebildet werden können. Statt dessen sind sie in eine Vielzahl von Berufsrollen eingegangen: Farmer und Architekt, Staatsmann und Gelehrter.« (Ebd.: 57) Im Mittelpunkt seiner Betrachtung steht die Wirkung bzw. stehen die Folgen von Jeffersons Identitätsentwicklung, die Erikson in der Ausbildung einer proteischen Persönlichkeit sieht. Es gehe um Jefferson als erwachsenen Menschen und dessen Einbindung in eine bestimmte Gesellschaft. Da Erikson nicht die erforderliche Zeit zur Verfügung gestanden habe, zeige er in seiner Arbeit nur Parallelen zwischen Jeffersons proteischer Persönlichkeit und der typischen amerikanischen Identität – der des Selfmade Man – auf. Er versucht, »so etwas wie die Anatomie einer neuen Identität zu skizzieren und sie mit allgemeinen psychischen Bedürfnissen in Zusammenhang zu bringen« (Ebd.: 35f.), indem er auf einige Wurzeln dieser neuen Identität im Denken Jeffersons aufmerksam mache.

Der Begriff »neue Identität« beziehe sich vor diesem historischen Hintergrund darauf, dass sich aus den verschiedenen nationalen Identitäten der nach Amerika ausgewanderten Menschen, die sich auf diesem neuen Kontinent niedergelassen hätten, eine »neue« Nation mit einer eigenen »neuen« Identität habe bilden müssen. Die Aufgabe, die sich gestellt habe, sei »aus den regionalen und generationalen Polaritäten und Widersprüchen einer Nation von Einwanderern und Wanderern einen amerikanischen Charakter zu entwickeln.« (Ebd.: 66) Charakter meine dabei, so Erikson, die klare Abgrenzung einer neuen Identität, die sich ihrer Verbindungen zu den im Heimatland Gebliebenen bewusst sei, jedoch die Grenzen dieser Verbindung überschreite; »einen neuen Typus deutlich gezeichneter und oft überzeichneter Charaktere, die in – in hohem Maße ihrer selbst bewußten – Bildungsromanen dargestellt werden; und eine moralische Kraft, die von den Selfmademen verlangte, nicht zu den stets anders einstellbaren Marionetten neuer Bedingungen und improvisierter Sitten zu werden.« (Ebd.: 66) Dementsprechend hätten die revolutionären Führer den Menschen des Volkes klarmachen müssen, »daß sie ein Recht hatten, die aus ihrer Kindheit herrührenden Loyalitäten gegenüber ihren Heimat- und Vaterländern aufzugeben.« (Ebd.: 37)

Nach Eriksons Ansicht habe Jefferson früher oder später als proteischer Mensch bezeichnet werden müssen, weil er, wie Proteus widersprüchliche Verhaltensweisen miteinander verbunden habe. Proteus sei eine Figur, die viele Gestalten annehmen könne und bezeichne »einen vielseitigen und universell begabten und kompetenten Menschen, einen Menschen, der in vielerlei Gestalt auftritt, aber gleichwohl in einer wahren Identität ruht.« (Ebd.: 56) Die historische Situation, mit der Jeffersons Lebenszyklus koinzidierte, habe die Möglichkeit geboten, eine neue Nation selber »zu machen«, aber auch nach deren Verwirklichung verlangt. Eine Aufgabe, die insofern einen proteischen Charakter voraussetze, um den in dieser Aufgabe implizit enthaltenden »Selfmademen« Anspruch gerecht werden zu können. Denn dadurch, dass die proteische Persönlichkeit viele Rollenbilder subsumiere, vereine sie auch die jeweils damit verbundenen Kompetenzen, deren Fülle die Möglichkeiten des »Selbermachens« charakterisieren. Die proteische Persönlichkeit spiegele die Situation der neu entstehenden amerikanischen Nation wider. Was im Großen die einzelnen Nationen sind, die sich zu einem Nationalcharakter haben entwickeln sollen, deren »Erbauer« (ebd.: 48) Jefferson gewesen sei, entspreche im Kleinen den einzelnen sich widersprechenden Rollen, die von einem Ich organisiert würden.

Der Schöpfer selbst sei als der »Maker« oder der »Fabricator« bezeichnet worden; »Jefferson nannte ihn auch den ›Bewahrer‹ und den ›Lenker‹. In der Vorstellung der Amerikaner wurde Gott selbst neu geschaffen.« (Ebd.: 38) Diese Vorstellung über einen Schöpfer lasse sich auf Jefferson übertragen und auch auf das Ich, den Schöpfer einer »Do-it-yourself-Identität« (Ebd.: 40) inmitten verschiedener, teilweise sich widersprechender Rollen. Dazu führt Erikson aus: »Auch das Wort ›Fabricator‹ ist mehrdeutig, was dem Ideal des neuen *Menschen*, der alsbald zum *neuen* Menschen wurde, der sich mit neuen Idealen und neuen Tatsachen arrangiert, ganz deutlich wird.« (Ebd.: 39) In diesem Zusammenhang impliziere die proteische Persönlichkeit die Fähigkeit, »viele Dinge selbst zu tun, und zwar in einer halb bedachten und halb rebellischen Weise.« (Ebd.: 56)

Im zweiten Teil seines Buches wechselt Erikson die Perspektive[29]. Er macht die Gesellschaft beziehungsweise die amerikanische Identität zum Phänomen, die Entstehungsgeschichte, die Thema des ersten Teils des Buches ist, zum Grund (Titel des ersten Teils ist »Die Gründer: Jeffersons Handeln und Glaube«) und diskutiert nun unter dem Titel »Die Erben: Moderne Einsicht und Voraussicht« mögliche gesellschaftliche Folgen eines proteischen Nationalcharakters. Bezüglich Jeffersons proteischen Charakters, der es ihm erlaubt habe im Laufe seines Lebens eine Reihe scheinbar widersprüchlicher Charaktere anzunehmen, fragt Erikson, ob dieser ihn nicht höchst amerikanisch und prototypisch, aber auch einzigartig unter den Führern seiner Zeit mache. Diese Frage stellt Erikson vor dem Hintergrund, dass in Amerika eine ganze neue Zivilisation davon überzeugt sei, sich selbst zu schaffen, dass diese Überzeugung zu einem bestimmten Selbstbewusstsein führe, welches eine besondere Aufmerksamkeit auf Probleme der Identität einschließe. Erikson scheint den Identitätskonflikt als typisch amerikanisch zu betrachten: »Gibt es ein anderes Land, das sich nicht nur fragt ›was werden wir als nächstes produzieren und verkaufen?‹, sondern sich auch immer wieder fragt, ›wer sind wir überhaupt?‹, eine Frage, die gut erklärt, warum ein Begriff wie der der Identitätskrise in diesem Lande geprägt worden ist und – ob zum Schaden oder Nutzen – in ihm zu Hause zu sein scheint.« (Ebd.: 67)

Indem er seine Überlegungen hinsichtlich einer proteischen Persönlichkeit als spezifisch amerikanisch und abhängig von der Immigrationsthematik darlegt, relativiert Erikson sie. Das wirft die Frage auf, ob dies – ähnlich wie manche Briefe von Freud an Fließ – dokumentiere, »wie weit ein Entdecker geht, um nur ja nicht leichtfertig die traditio-

---

[29] Diese Zweiteilung entspricht meiner Meinung nach Eriksons Verständnis des Lebenszyklus, der aus zwei Kreisen bestehe, einem Zyklus der Generationen, der sich in der nächsten schließt, und einem individuellen Lebenskreislauf, der zu einem Abschluss kommt (vgl. Kapitel 6.4). Anfangspunkt war der Lebenszyklus von Jefferson, der zu einem Abschluss gekommen ist, als Zyklus der Generation sich bis zum heutigen Tage in der jeweils sich anschließenden Generation schließt.

nellen Wege zu ignorieren; wie er diese Wege bis zur Absurdität verfolgen kann, um sie schließlich nur aufzugeben, wenn er am Scheideweg einsamer Suche angelangt ist.« (Erikson 1957a: 21) Was zu Jeffersons Zeit einen unmittelbaren Anpassungswert besessen habe, habe sich, so führt Erikson aus, selbständig gemacht und zu einem Bestandteil der amerikanischen Nationalität entwickelt, dessen Wert und Folgen hinsichtlich der sich veränderten historischen Situation diskutiert werden müssten. Diskussionen, die Erikson entsprechend seiner klinisch-therapeutischen Einstellung vom Standpunkt der psychischen Probleme führt, die eine so konzipierte Identität sowohl für den Einzelnen als auch für seine Gesellschaft hat.

»Angesichts des durch die Ausbreitung amerikanischer Verhaltensweisen geförderten allgemeinen Auftretens eines proteischen Charakters in unseren Tagen ist es sicherlich angebracht, daran zu erinnern, in welch mißlicher Lage Proteus sich befand.« (Erikson 1974, 1975: 121) Proteus habe die Vergangenheit, die Gegenwart und die Zukunft aller Dinge gekannt und die Pseudoidentitäten von Tieren und Elementen der Natur angenommen, um nicht die Wahrheit über die Dinge sagen zu müssen. Sei er jedoch im Schlaf überrascht und festgehalten worden, bevor er sich in ein anderes Wesen habe verwandeln können, sei er gezwungen gewesen, er selbst zu sein und zu sagen, was er wisse. In der ursprünglichen proteischen Persönlichkeit gebe es einen realen und bleibenden Proteus, eine tragische Kernidentität in einer Vielfalt wechselnder Rollen.

»Was heute als proteische Persönlichkeit gilt, scheint ein Versuch adoleszenter Persönlichkeiten – wie sie Amerika stets hervorgebracht hat – zu sein, durch eine Haltung bewußter Veränderlichkeit mit dem ungeheuren Wandel fertig zu werden, ein Versuch, durch Spielen mit der Veränderung die Initiative zu behalten.« (Ebd.: 121f.) Erikson führt weiter aus, dass seine Generation, Mitte der siebziger Jahre, mit Relativitäten und unbewussten Bedeutungen rechnen würde. Mehrfache Identität müsse deshalb zu einer Frage bewussterer und besser begründeter Entscheidung oder Wahl werden. Andererseits sei es »heute« (Mitte der siebziger Jahre) modern, seine eigene Identität zu erfinden. »Man scheint anzunehmen, eine neue Identität ließe sich sozusagen aus dem Boden stampfen.« (Ebd.: 36) Jedoch vermittle das Spielen mit austauschbaren Rollen nur ein flüchtiges Gefühl von Identität, denn »jede wahre Identität ist in drei Aspekten der Realität verankert. Eine neue Identität bezieht sich auf eine neue *Faktualität*, auf ein neues *Realitätsbewußtsein* und auf eine neue *Aktualität*.« (Ebd.) »Wenn eine neue Identität auch ein neues Realitätsbewußtsein voraussetzt, so verlangt dieses seinerseits nicht nur die Freiheit für eine gemeinsame Zukunft, sondern auch eine Befreiung von in der Vergangenheit eingegangenen Verpflichtungen, die als Hypothek auf der Gegenwart lasten könnten.« (Ebd.: 37)

Nach Erikson gebe es sowohl eine Entwicklungsperiode (die Jugend), in der das Experimentieren mit einer Vielzahl von Rollen und wechselnden psychischen Zuständen zu persönlicher Reife führen könne, als auch Charaktertypen, die aufgrund proteischer Möglichkeiten gedeihen würden. So könnten es diejenigen, die für dieses Spiel begabt seien, zu einem wesentlichen Element ihrer Identität machen und dadurch ein neues Gefühl von Zentralität und Originalität gewinnen. Die Vorstellung, dass alles relativ sei, »hat den Charakter der Identitätsbildung in der Gegenwart zweifellos in vielerlei Hinsicht geprägt, in subtiler Weise wie in grober.« (Ebd.: 120)

Den Konsequenzen einer proteischen Identität nähert sich Erikson fragend. Was sei, wenn, wie offenbar in Amerika, eine ganze neue Zivilisation davon überzeugt sei, sich selbst zu schaffen? Was, wenn eine derartige Überzeugung zu einem bestimmten Selbstbewusstsein führe und besondere Aufmerksamkeit auf Probleme der Identität einschließe. Diese seien nach Erikson allgemein und notwendig, doch »stört diese besondere Aufmerksamkeit dann nicht die Unschuld des Entwicklungsprozesses? Oder könnte es sein, daß unsere besondere Neugier im Hinblick auf unbewußte Motivation die Weiterentwicklung eines evolutionären Bedürfnisses nach einem stets bewußteren Kern von Identität angesichts der Beschleunigung des technologischen und wissenschaftlichen Wandels darstellt?« (Ebd.: 114)

Bezüglich des Individuums fragt Erikson, was passiere, wenn »das Spiel mit verschiedenen Rollen zum Selbstzweck wird, mit Erfolg und Prestige belohnt wird und einen Menschen verführt, die in ihm angelegte Kernidentität zu verdrängen?« (Ebd.: 121) Und wie, so fragt er weiter, könnten sich diese proteischen Menschen gegenüber ihren eigenen Nachkommen verhalten: »Könnte ihr Wunsch, stets nur Varianten ihrer selbst zu reproduzieren, nicht dazu führen, daß sie den erwachsenen Wunsch, neue Wesen zu erzeugen (oder für sie zu sorgen), verdrängen – eine Verleugnung, die sich durch den Hinweis auf die Notwendigkeit, die Weltbevölkerung zu begrenzen, leicht rationalisieren läßt?« (Ebd.: 122)

In diesen Fragen offenbart sich die brennende Aktualität des Erikson'schen Werkes: »Denn selbst dort, wo neue Bewußtseinsformen und neue Sozialstrukturen sich in verwirrendem Wechsel bilden, ändert sich das

Grundbedürfnis nach einer vertrauten Identität, wie wir gesehen haben, nur unendlich langsam.« (Ebd.: 119) Jede neue Identität muss offenbar »den *Mut zu ihren Relativitäten* und die *Freiheit von ihren unbewußten Quellen* erwerben; und das schließt ein, der durch beide, Mut und Freiheit, erregten Angst ins Auge zu sehen.« (Ebd.: 117) Jedoch, so legt Erikson dar, würden in allen Gesellschaften dem dominanten männlichen Typus besondere Chancen und Privilegien geboten, damit er selber seine Identität den engen und gleichförmigen Bedingungen des Systems gemäß definiere. »Und die, die nicht die Wahl haben, anders zu sein, können auch nicht frei entscheiden zu bleiben, was sie sind.« (Ebd.: 130) Insofern würden diese Tatsachen und Theorien einerseits enorm die menschliche Macht über die (menschliche) Natur vergrößern, andererseits jedoch eine Phasenverschiebung bewirken zwischen dem, was wir wissen, und dem, was wir »einsehen«, »realisieren« können und dies sei, so Erikson, »eine in der Tat gefährliche Situation« (Ebd.: 118).

9.3 Ausblick

Die Bezeichnung Ausblick führt zur der Ausgangsfrage der Arbeit zurück, welche Art von Panoramablick der Standpunkt auf den Schultern des Riesen biete. Ob es sich um einen Rundblick in die Landschaft oder um ein Rundbild handele, das einen weiten Horizont vortäusche. Um diese Frage zu beantworten, müsse man, so war meine Annahme zu Beginn der Arbeit, von den Schultern des Riesen absteigen und von Angesicht zu Angesicht mit ihm in den Dialog treten. Nur so sei es möglich, und das war das Ziel meiner Arbeit, sein Theoriegebäude zu rekonstruieren und als ein kohärentes Konzept darzustellen, um darauf basierend den Wert seiner Arbeit beurteilen zu können.

Meiner Einschätzung nach ist der Standpunkt auf seinen Schultern, unabhängig von der Art des Panoramablicks, nicht der passende. Einen Panoramablick kann man nur haben, wenn das Wetter gut und der Blick klar ist. Um dann tatsächlich von dem Blick profitieren und damit arbeiten zu können, muss man das Gelände unten kennen, denn erkennen lässt es sich von hier oben aus nicht. Noch etwas anderes lässt sich aus der Perspektive auf den Schultern des Riesen nicht erkennen, nämlich der Riese selbst. Nicht von den Schultern des Riesen abzusteigen, bedeutet im besten Falle, ihn als nicht in Frage zu stellenden Klassiker anzuerkennen. Eine Einstellung gegenüber Klassikern, die Erikson selbst ganz fremd war. Seiner Meinung nach müsse in jeder historischen Periode eine wechselseitige Angleichung aller in den verschiedenen Wissenschaften als klassisch erachteten Begriffe stattfinden (Erikson 1975, 1982). Im schlechtesten Falle bedeutet das Ausharren auf diesem Standpunkt, sich mit der Oberfläche, die man von hier oben aus sieht, zufrieden zu geben und darauf basierend sich entsprechend oberflächlich der jeweiligen Thematik mit Verweis auf Erikson zu widmen.

Das Verfassen der vorliegenden Arbeit und die intensive Auseinandersetzung mit Eriksons Werk lässt mich bekennen, dass es auf den Schultern des Riesen sicherer ist, denn man verliert sich nicht in der Tiefe der Thematik oder in den Tiefen seines Werkes. Hat man sich jedoch unten orientiert, dann bietet das Erikson'sche Werk ein ganzes Instrumentarium, mit dem die soziale Welt erforscht und verstanden werden kann. Als eine solche Orientierungshilfe betrachte ich meine Arbeit. Sie stellt eine Landkarte dar, um sich sowohl unten orientieren zu können als auch oben zu wissen, was der Panoramablick offenbart. Ein Anliegen weiterer Forschung müsste es sein, sowohl die Landkarte um blinde Flecken, noch unerforschtes Revier und nicht eingezeichnete Wege zu erweitern und einzelne Stellen durch eine Änderung des Maßstabes verfeinerter und detaillierter darzustellen als auch diese Landkarte mit anderen Landkarten, dieses oder benachbarter Gebiete zu verbinden.

Tabellenverzeichnis

Tab. 1: Disposition der Arbeit 26
Tab. 2: Eriksons Werk in den Dreißigern 39
Tab. 3: Eriksons Werk in den Vierzigern 39
Tab. 4: Eriksons Werk in den fünfziger Jahren 41
Tab. 5: Eriksons Werk in den sechziger Jahren 42
Tab. 6: Eriksons Werk in den siebziger Jahren 43
Tab. 7: Eriksons Werk in den achtziger Jahren 44
Tab. 8: Elemente einer Epigenese der Ritualisierung
(in Anlehnung an Erikson 1977, 1978: 92) 124
Tab. 9: Dimensionen der psychosozialen Entwicklung
(Erikson 1982, 1988: 36f.) 154
Tab. 10: Entwicklung der Ethik (in Anlehnung an:
Erikson 1982, 1988: 126) 164

Abbildungsverzeichnis

Abb. 1: A scheme for analysing assumptions about
the nature of social science (Burrell/Morgan, 1979: 3) 65
Abb. 2: Realitätsbegriff bei Erikson 67
Abb. 3: Relativität menschlicher Existenz 101
Abb. 4: Eriksons Theorie der psychosozialen Entwicklung 101
Abb. 5: Epigenetisches Diagramm (in Anlehnung an
Erikson 1953, 1999: 268) 136
Abb. 6: Eriksons Identitätstheorie 173
Abb. 7: Epigenetisches Diagramm und Identität 195
Abb. 8: Zeitliche Abfolge der Veröffentlichungen 229
Abb. 9: Insight and Responsibility 231
Abb. 10: Konklusion des Erikson'schen Werkes 238

Literaturverzeichnis

Bortz, J. (1995). Forschungsmethoden und Evaluation. Berlin, Heidelberg, New York: Springer.

Burrell, G./Morgan, G. (1979). Sociological paradigms and organisational analysis: elements of the sociology of corporate life. London: Heinemann.

Conzen, P. (1990). Erik H. Erikson: Leben und Werk. Stuttgart [u. a.]: Kohlhammer.

Conzen, P. (1996). Erik H. Erikson und die Psychoanalyse. Systematische Gesamtdarstellung seiner theoretischen und klinischen Positionen. Dissertation, Heidelberg.

Erik Erikson: A Life's Work. (Davidson, 1991, 38 minutes). http://www.davidsonfilms.com/erikerik.htm.

Erikson, E. H. (1950). Growth and Crisis of the »Healthy Peronality« Symposium on the Healthy Personality, Supplement II: Problems of Infancy and Childhood, Transactions of Fourth Conference, March 1950. Ed. M. J. E. Senn, New York (Josiah Macy, Jr. Foundation)

Erikson, E. H. (1953). Wachstum und Krisen der gesunden Persönlichkeit. In: Psyche 7, 1-6, S. 1-31 und S. 112-153.

Erikson, E. H. (1957a). Trieb und Umwelt in der Kindheit. In: Freud in der Gegenwart. Vorträge an den Universitäten Frankfurt und Heidelberg. Frankfurt a. M.: Europäische Verlagsanstalt, S. 43-64.

Erikson, E. H. (1957b). Sigmund Freuds psychoanalytische Krise. In: Freud in der Gegenwart. Vorträge an den Universitäten Frankfurt und Heidelberg. Frankfurt a. M.: Europäische Verlagsanstalt, S. 10-30.

Erikson, E. H. (1958). Young Man Luther: A study in Psychoanalysis and History. New York: Norton & Company.

Erikson, E. H. (1959). Identity and The Life Cycle: Selected Papers by Erik H. Erikson. Psychological Issues, Vol. I, No. 1, Monograph 1, New York: International Universities Press.

Erikson, E. H. (1963). Childhood and Society − 2. ed., rev. and enl. − New York.

Erikson, E. H. (1964). Insight and Responsibility: Lectures on the Etical Implications of Psychoanalytic Insight. New York: Norton & Company.

Erikson, E. H. (1966). Einsicht und Verantwortung: Die Rolle des Ethischen in der Psychoanalyse. Stuttgart: Klett.

Erikson, E. H. (1966). Ontogeny of Ritualisation in man. In: »Psychoanalysis − A general Psychology; Essays in Honor of Heinz Hartmann«. Ed. Loewenstein u. a., New York: International Universities Press.

Erikson, E. H. (1968). Identity: Youth and crisis. London: Faber & Faber.
Erikson, E. H. (1968). Die Ontogenese der Ritualisierung. In: Psyche 22, S. 481-502.
Erikson, E. H. (1969). Gandhis Truth. New York: Norton & Company.
Erikson, E. H. (1970). Autobiographic Notes on the Identity Crisis. Daedalus, Vol. 99, Nr. 4, S. 730-759.
Erikson, E. H. (1974). Jugend und Krise: Die Psychodynamik im sozialen Wandel. Stuttgart: Klett.
Erikson, E. H. (1971). Kindheit und Gesellschaft. 4. Aufl. Stuttgart: Klett.
Erikson, E. H. (1973). Autobiographisches zur Identitätskrise. In: Psyche 27, 2, S. 793-831.
Erikson, E. H. (1974). Identität and Lebenszyklus: Drei Aufsätze. 2. Aufl. Frankfurt a. M.: Suhrkamp.
Erikson, E. H. (1974). Dimensions of a new Identity: The 1973 Jefferson Lectures in the Humanities. New York: Norton & Company.
Erikson, E. H. (1975). Life history and the historical Moment. New York: Norton & Company.
Erikson, E. H. (1975). Der junge Mann Luther: Eine psychoanalytische und historische Studie. Frankfurt a. M.: Suhrkamp.
Erikson, E. H. (1975). Dimensionen einer neuen Identität. Frankfurt a. M.: Suhrkamp.
Erikson, E. H. (1977). Toys and Reasons: Stages in the Ritualization of Experience. New York: Norton & Company.
Erikson, E. H. (1977). Lebensgeschichte und historischer Augenblick. Frankfurt a. M.: Suhrkamp.
Erikson, E. H. (1978). Kinderspiel und politische Phantasie: Stufen in der Ritualisierung der Realität. Frankfurt a. M.: Suhrkamp.
Erikson, E. H. (1978). Gandhis Wahrheit: Über die Ursprünge der militanten Gewaltlosigkeit. Frankfurt a. M.: Suhrkamp.
Erikson, E. H. (1982). The Life Cycle Completed: A Review. New York, London: Norton & Company.
Erikson, E. H. (1983). Interviewpartner. Der Lebenszyklus und die neue Identität der Menschheit. In: Psychologie Heute, 10 (12), S. 28-41.
Erikson, E. H. (1988). Der vollständige Lebenszyklus. Frankfurt a. M.: Suhrkamp.
Erikson, E. H. (1999). Kindheit und Gesellschaft. 13. Aufl. Stuttgart: Klett.
Gummesson, E. (2000). Qualitative Methods in Management Research. Thousands Oaks, CA: SAGE Publications.
Halen van, C. (2002). The uncertainties of Self and Identity: Experiencing Self-Definition Problems over the Life Span. [online], 230 Seiten. Verfüg-

bar unter: http://www.ub.rug.nl/eldoc/dis/ppsw/c.p.m.van.halen/thesis. pdf [24. März 2004].

Haußer, K. (1983). Identitätsentwicklung. New York: Harper & Ro.

Haußer, K. (1995). Identitätspsychologie. Berlin, Heidelberg, New York: Springer.

Haußer, K. (1998). Identitätsentwicklung – vom Phasenuniversalismus zur Erfahrungsverarbeitung. Hg. H. Keupp und R. Höfer. 2. Aufl. Frankfurt a. M.: Suhrkamp, S. 120-134.

Hollis, M. (1995). Soziales Handeln: Eine Einführung in die Philosophie der Sozialwissenschaften. Berlin: Akad. Verlag.

Keupp, H. (1998). »Diskursarena Identität: Lernprozesse in der Identitätsforschung.« Identitätsarbeit heute: Klassische und aktuelle Perspektiven der Identitätsforschung. Hg. H. Keupp und R. Höfer. 2. Aufl. Frankfurt a. M.: Suhrkamp, S. 11-39.

Keupp, H. u. a. (1999). Identitätskonstruktionen: Das Patchwork der Identitäten in der Spätmoderne. Reinbek: Rowohlt.

Krappmann, L. (1992). »Die Suche nach Identität und die Adoleszenzkrise: Neuere Überlegungen und Weiterarbeit an Eriksons Modell der Identitätsbildung«. In: G. Biermann (Hg.). Handbuch der Kinderpsychotherapie. Bd. V. München: Reinhardt, S. 102-125.

Krappmann, L. (1998). »Die Identitätsproblematik nach Erikson aus einer interaktionistischen Sicht.« Identitätsarbeit heute: Klassische und aktuelle Perspektiven der Identitätsforschung. Hg. H. Keupp und R. Höfer. 2. Aufl. Frankfurt a. M.: Suhrkamp, S. 66-92.

Kraus, W. (2000). Das erzählte Selbst: Die narrative Konstruktion von Identität in der Spätmoderne, Herbholzheim: Centaurus.

Kuhn, Th. (1970). The structure of scientific revolutions. Chicago: University of Chicago Press.

Lamnek, S. (1993). Qualitative Sozialforschung. Band 2: Methoden und Techniken. 2., überarb. Aufl. Weinheim.

Lamnek, Si. (1995). Qualitative Sozialforschung: Methoden und Techniken«. 3. Aufl. Weinheim: Beltz, Psychologie Verlags Union.

Lück, H. E. u. a. (2000). Klassiker der Psychologie. Stuttgart, Berlin, Köln: Kohlhammer.

Matthes, J. (1973). Einführung ind das Studium der Soziologie. Reinbek: Rowohlt.

Miller, P. H. (1993). Theorien der Entwicklungspsychologie. Heidelberg, Berlin, Oxford: Spektrum Akademischer Verlag.

Ulich, D. (1987). Krise und Entwicklung: Zur Psychologie der seelischen Gesundheit. München, Weinheim: Psychologie Verlags Union.

Wetzstein, H.-P. (1987). Fremdwörter: Lexikon für Kinder. 5. Aufl. Berlin (DDR): Der Kinderbuchverlag.

Wittkowski, J. (1994). Das Interview in der Psychologie: Interviewtechnik und Codierung von Interviewmaterial. Opladen: Westdeutscher Verlag.

Witzel, A. (1982). Verfahren der qualitativen Sozialforschung. Überblick und Alternativen. Frankfurt a. M.

Yin, R. (1994). Case Study Research. Thousands Oaks, CA: SAGE Publications.

Printed in France by Amazon
Brétigny-sur-Orge, FR

18846489R00161